닥터 토플의 삶이 영구적인 기록으로 정리되고 한 권의 책으로 소개되어 정말 기쁩니다. 그동안 한센인들을 향한 사회의 시선은 냉랭하다 못해 잔인할 정도였습니다. '하늘이 내린 형벌'이란 낙인을 찍고 죄인을 대하듯 손가락질을 했습니다. 닥터 토플은 몸이 망가지고 마음까지 무너진 한센인들에게 다가가 기꺼이 그들의 눈과 손과 다리가 되어주었습니다. 자신의 소중한 것들을 아낌없이 나누었고, 세상에서 멸시받는 그들을 사랑으로 끌어안았습니다. 닥터 토플의 삶을 돌아보면서 진정한 행복이란 무엇인지 고민해봤으면 좋겠습니다. 나아가 우리의 관심과 섬김이 필요한 곳에 손을 내밀 용기가 조금 더 자라길 기대합니다.

강덕영 장로, 한국유나이티드제약 대표이사

"닥터 스탠리 토플, 그가 의료 선교사로 평생 모험을 즐기며 흔들리지 않고 걸어갈 수 있었던 것은 주님의 말씀에 영혼을 묶어두었기 때문이다. 낮은 곳보다 높은 곳에, 모험보다는 안일함에, 아픈 이웃보다 내 유익이 앞선 탓에 긍휼의 의미를 잊어가는 우리에게 그는 묻는다. '당신은 행복하십니까?'"(258쪽) 미국인, 27세 청년, 외과 레지던트 1년 차를 전라도 여수 애양원으로 인도하신 주님이 여기 계십니다. 그가 평생 선교지 병원에서 살면서 만난 귀한 사람들, 주님이 예비해주신 이들도 여기 있습니다. 애틀랜타 고향의 가족들, 디케이터 교회와 교인들, 각지에서 온 환자와 그의 가족들, 애양병원 직원들, 동료 선교사들, 한국에서 만나 결혼한 노르웨이 여의사 미아, 그리고 전주 예수병원에서 태어난 네 자녀들을 통해 주님이 그에게 쉼없이 부어주신 사랑과 은혜를 여러분도 찾아보시길 바랍니다. 그는 행복한 사람이고, 행복을 주는 사람입니다.

김윤환 한국기독의사회장, 전주 예수병원 영상의학과장, 로제타홀기념사업회 대표

닥터 윌슨에 이어 20여 년의 삶을 헌신하며 오늘의 여수애양병원을 있게 한 닥터 토플과 부인 미아의 삶이 아름답게 펼쳐집니다. 일그러진 얼굴에 손발도 온전치 못한 한센인을 사랑으로 품고 만지고 마주한 예수님의 참 제자입니다. 그가 애양원에 부임하여 가장 먼저 한 일은, 그곳을 둘러친 철조망을 없애고 한센인에 대한 편견을 무너뜨리는 것이었습니다. 우월감과 열등의식을 철저히 수술하기가 환부를 도려내기보다 더 어려웠습니다. 하지만 닥터 토플은 늘 유연함과 유머로 주위 사람을 즐겁고 편하게 만

들였습니다. 선한 사마리아인처럼 '강도 만난' 한센인들을 가슴 깊이 사랑하며 모든 것을 내주었습니다. 그런 다음 재단의 리더십을 아낌없이 한국인에게 이양하고 맨몸으로 아프리카 케냐로 떠났습니다. 여수애양병원이 가장 훌륭한 선교사를 아프리카로 파송한 셈입니다. 한센인들의 진정한 친구 닥터 토플의 삶이 담긴 이 책에서 그를 통해 우리를 사랑하시는 예수님을 만났습니다. 닥터 토플, 당신은 한국에 온 작은 예수입니다. 당신을 닮고 싶습니다.

박상은 샘병원 미션원장, 아프리카미래재단 대표

토플 선교사와의 만남은 축복이었습니다. 어릴 적 소아마비로 몸이 불편해 아이들에게 '철퍽이'라고 놀림당하던 저를 그는 아무런 대가 없이 고쳐주었습니다. 그를 닮고 싶어 저도 의사가 되었고, 은혜와 마음의 빚을 갚기 위해 네팔과 필리핀에서 의료 선교사로 섬겼습니다. 토플 선교사는 예수님의 사랑을 실천하기 위해 한국과 케냐에서 수많은 한센병 환자와 소아마비 환자를 치료하고 재활을 도왔습니다. 제가 그중 한 사람이라는 사실이 기쁘고 자랑스럽습니다. "궁핍한 사람에게 은혜를 베푸는 것은 그를 지으신 분을 공경하는 것"(잠 14:31)이라지요. 이 책은 토플 선교사가 왜 전후 한국에 들어와 가장 천대받던 한센병 환자들을 위해 헌신했는지, 그를 이곳에 보내신 하나님은 어떤 분이신지 잘 보여주고 있습니다. 이 책을 통해 이 땅에 와서 헌신했으나 잊혀진 의료 선교사들을 기억하고, 더 많은 닥터 토플들이 나오길 바랍니다. 부디 그의 빛나는 삶이 자라나는 아이들에게 꿈이 되고 동화처럼 들려지길 기대합니다.

박철성 의사, 로즈클럽 인터내셔널 사무총장

1973년 1월, 젊은 방사선사로 여수 애양재활병원에 들어간 저에게 닥터 토플은 신앙과 인생의 스승이 되어주었습니다. 처음 한센병 환자들을 엑스레이로 찍을 때, 그 잠깐 동안에도 저는 상처에서 나는 역한 냄새를 견디기 힘들었습니다. 그런데 그 환부에 코를 대고 냄새를 맡으며 치료하는 닥터 토플을 보며 존경하게 되었습니다. 토플 원장은 저에게 방사선사 일 외에 의약품과 의료용품 관리를 맡기고, 나중에 병원행정국장이 되게 했습니다. 또 환자들의 병변을 사진과 슬라이드 자료로 남기게 했습니다. 덕분에 잊혀졌을지도 모를 애양원 한센인들의 기록이 모여 지금의 애양원 역사박물관인 한센기념관을 세우는 기초가 되었습니다. 1959년 스물일곱 살 젊은 나이로 낯선 한국의 시골 마을, 그것도 전기와 수도도 들어오지 않은 진료소에 와서 한센인들을 돌보던 닥터 토플은, 10년이 안 되어 현대식 병원을 새로 짓고 한센인뿐 아니라 소아마비 환자 수술로도 유명한 병원으로 일궜습니다. 토플 원장은 늘 청결, 절약, 근면, 세 가지 정신을 강조하고 스스로 실천했습니다. 직원들은 토플 원장을 아버지처럼 따르며 힘을 다해 동역했습니다. 오늘 여수애양병원의 발전된 모습은 닥터 토플과 같은 훌륭한 선교사들과 동역자들의 사랑과 수고의 열매입니다. 닥터 토플과 함께 일하며 하나님의 역사에 동참할 수 있었음에 감사드립니다.

배병심 장로, 애양원 법인이사, 전 애양원역사박물관장

고등학교 3학년 때 선교에 헌신하고 외과 전문의 과정을 밟던 중 스물일곱의 나이에 한국에 와서 한센병 환자들을 위해 20년 넘게 헌신한 닥터 토플(도성래)과 부인 미아 토플(안미령), 그들로 인해 애양원이 새로워지고 많은 환자들이 치료받고 새 희망을 얻었습니다. 한센인들의 친구요 아버지가 되어 사랑을 나눠 준 헌신된 삶의 여정을 읽으며 얼마나 감격했는지 모릅니다. 이후로도 두 사람은 케냐로 건너가 헌신된 자로서 달려갈 길을 멈추지 않았습니다. 졸업 후 사회적으로 보장된 삶을 위해 너도나도 의대를 선호하는, 이른바 '의대 블랙홀' 시대를 살아가는 우리 사회의 모든 기독인 의사와 의대생에게 이 책이 도전이 되고, 토플의 발자취를 따라가는 계기가 되길 바랍니다.

심재두 알바니아 샬롬클리닉 원장, 한국누가회 이사장, 한국로잔전문인사역 위원장

말로만 단편적으로 들어왔던 전설적인 선교사 스탠리 토플에 대한 갖가지 궁금증을 시원하게 해갈해주는 값진 역사 기록입니다. 20여 년에 걸친 한국에서의 사역, 그것도 한센병 환자들의 치료 방식과 사회적 인식을 획기적으로 바꿔놓은 사역의 열매를 현지인에게 고스란히 물려준 뒤 전혀 다른 미지의 사역지 아프리카 케냐로 담담히 옮겨 갔던 토플 선교사는 과연 어떤 사람이었을까요? 작가는 풍성한 증언과 관련 문서들을 토대로 전쟁의 상흔에서 막 벗어나는 시기의 한국과 토플 선교사의 행적을 생생하게 묘사합니다. 당시 불치로 여겨졌던 한센병의 공포가 극복되는 과정이 실감나게 그려집니다. 미국 유수의 의과대학에서 첨단 의술로 무장한 열정의 청년 토플은 뿌리 깊은 믿

음의 가정에서 배운 예수님의 사랑을 일상의 삶으로 온전히 드러내고, 끊임없는 도전과 설득 가운데 동역자들과 더불어 사역했습니다다. 소극적이고 격리에 집중했던 당시 한센병 환자 치료 방식과는 달리 토플 선교사는 '애양원'을 통해 절망이 아닌 희망을 심어주는 치유에 힘썼습니다. 한국 의료 발전사의 한 장면 속 인물들을 상상하며 읽다 보면 마치 현장에 함께 있는 듯한 감동에 빠져들게 됩니다. 토플 선교사의 또 다른 공헌은 인재를 알아보고 키울 줄 알았다는 것입니다. 제2, 제3의 토플이 육성되어 전 세계로 나아갔습니다. 주위 사람들을 감동시키며 동역자로 만들어간 스탠리 토플의 이야기는 이 시대 가진 사람, 소위 '공부한 자들'이 어떻게 살아가야 하는지 여실히 보여주는 감동의 서사시입니다.

이용경 CGN 대표, 전자공학 박사

선한 사마리아인같이 예수님의 사랑과 은혜를 온몸으로 실천한 토플 선교사의 발자취와 역사를 담은 책입니다. "내가 온 것은 양으로 생명을 얻게 하고 더 풍성히 얻게 하려는 것이라"(요 10:10)는 하나님의 뜻을 이루기 위해, 토플 선교사는 전후 한국의 애양원과 아프리카 땅을 찾아가 사회적으로 소외되고 아픈 이들을 보살피며 하나님의 사랑을 전했습니다. 믿음과 삶의 일치를 통해 "네 이웃을 네 자신과 같이 사랑하라"는 말씀에 헌신하며 하나님께 영광 돌리는 모범을 보여줍니다. 한번은 제가 애양원에서 사역했던 분의 집을 방문한 적이 있습니다. 거실에는 토플 부부의 사진이 걸려 있었고, 그분은 토플 원장을 아버지처럼 생각하며 그 은혜에 감사한다고 고백했습니다. 세월이 흘렀지만 토플 선교사의 사랑과 헌신은 이토록 우리 곳곳에 선한 영향력으로 남아 있습니다. 부디 이 책이 모든 신앙인과 다음 세대는 물론 예수님을 믿지 않는 사람들에게 한 의료 선교사의 진솔한 선교 역사를 알려, 이를 계기로 저마다 하나님의 사랑과 이웃 사랑을 실천하는 축복의 통로로 변화되길 소망합니다.

이의상 여수애양병원 원장

새벽 이슬 같은 청년 토플 선교사는 한국에 와서 22년을 하루같이 봉사했습니다. "너희가 여기 내 형제 중에 지극히 작은 자 하나에게 한 것이 곧 내게 한 것이니라"(마 25:40)는 예수님의 말씀을 묵묵히 실천한 삶이었습니다. 같은 민족이어도 나병 감염자를 혐

오하고 무서워하며 멀리하던 당시 현실 속에서, 의료 선교사 토플 부부는 그들을 예수님의 사랑으로 지극하게 섬기며 '나병은 나을 수 있는 병'임을 역설했습니다. 치료 후에는 그들이 사회에 복귀해 한 인간으로 인정받으며 살아가길 바랐습니다. 심한 추위와 열악한 환경, 재정적인 어려움 속에서 '도깍쟁이 원장'으로 불릴 정도로 알뜰하게 병원을 운영하면서도 그는 불평하지 않았습니다. 환자들이 '이 병은 오히려 축복'이라고 생각할 정도로 그들을 위로하며 섬겼습니다. 이 땅의 가장 낮은 자리에서 섬기면서도 그는 떠날 때 "나는 한국에서 최고의 환대를 경험했습니다. 태평양 건너편의 땅에서는 받아보지 못한 왕 같은 대접이었습니다"라고 말했습니다. 그 고백이 오래도록 큰 울림으로 남습니다. 더 낮은 자리에서 섬기기 위해 아프리카로 떠났던 그의 모습은, 오늘날 후배 의사들이 지속적으로 헌신하는 데 큰 동력이 되는 발자취이며 귀감이 아닐 수 없습니다.

임영국 미래한국병원 원장

스물일곱 청년의 때 한국에 와 여수애양병원을 중심으로 의료 선교사로 헌신한 한 그리스도인의 이야기입니다. 스탠리 토플과 부인 미아 토플은 전후 한국의 참 어둡고 힘들던 시대에, 더구나 당시 사회적으로 기피 대상이었던 한센병 환자와 소아마비 환자들을 위해 자신의 인생을 바쳤습니다. 그들의 병을 고칠 뿐 아니라 치료 후 그들 앞에 놓인 사회적 제약까지 해결하기 위해 일했다는 점에서, 그는 이상을 좇는 박애주의자라기보다 현실에 발딛고 선 실천가였습니다. 이 책을 읽다보면 여러 곳에서 성경 이야기가 겹쳐 보일 것입니다. 그 줄거리가 예수 그리스도의 이야기와 맞닿아 있습니다. 확신하건대, 토플의 인생을 읽는 동안 몇 번이고 감동의 조수가 몰려올 것이니 마음의 준비를 하는 것이 좋겠습니다. 물질주의의 욕망이 휘몰아치는 카리타스(하나님의 사랑) 갈증 시대에 이 책은 예수 그리스도를 향한 마음과 시선을 다시 우리에게 돌려줍니다.

정사철 기독대학인회(ESF) 대표

닥터 토플, 행복을 주는 사람

닥터 토플
행복을 주는 사람

이기섭 지음

한센인들의
눈과 손과
다리가 되어준
닥터 스탠리 토플
이야기

좋은씨앗

차례

서문_ 토플 선생을 생각한다 _김인권 015
한국의 독자들에게 _ 스탠리 C. 토플 018

1 하나님은 위대한 조정자

출발 027
위대한 유산 029
헌신 033
하나님은 위대한 조정자 037

2 가시철망으로 둘린 에덴동산

청결함은 거룩함 옆에 045
사랑의 동산이 열리고 050
오직 하나님만이 056
수술대 위의 죽음 060
수영 시합 067
아름다운 숙녀 미아 073

3 아버지라 불린 의사

기적의 약 086
모범마을의 탄생 093
인도 쉐프린 나병연구소 101
나병은 낫습니다 106
이름 없는 영웅들 111

4 인간의 꿈을 넘어선 하나님의 목적	새 병원은 하얀 코끼리 125 하나님의 목적이 우리 꿈을 넘어 129 모두가 신앙의 증인들 132 행복합니까? 137 여긴 우리 병원이여 141 두 번째 안식년 146
5 도깍쟁이 우리 원장님	내 이름은 철퍽이 158 "괜찮아. 사람은 다 똑같단다" 163 도깍쟁이 우리 원장님 168 싸구려를 쓸 순 없습니다 173 믿을 수 없는 말, "이 병은 축복입니다" 180
6 우리가 맡은 최선의 역할	밭 갈던 소도 멈춰 서다 191 네 명의 소녀로 시작한 학교 195 "우리가 얼마나 훌륭한 의사와 함께 있는지" 202 쌀 한 가마니 값의 자립 207 이제 넘길 때가 되었습니다 212 이상적인 의사의 모습이 살아 있는 곳 217

**7 당신은 왕으로
대접했습니다**

나는 종으로 왔으나
당신은 왕으로 대접했습니다 229
아프리카를 향하여 233
두 번째 사역지 키쿠유 병원 240
몇 번이라도 다시 오겠습니다 246

8 에필로그   250

감사의 글 _이기섭 259
연표 261
인명 색인 263
미주 265
참고문헌 270

서문_ 토플 선생을 생각한다

김인권 한국한센복지협회장, 서울예스병원 원장

토플 선생을 처음 만난 것은 1978년 1월이었습니다. 소록도병원에서 근무할 때 애양원 얘기를 듣고는, 일주일의 휴가를 내 여천군 신풍리에 위치한 그곳을 방문했습니다. 토플 선생은 흰머리에 인자한 웃음을 띤 할아버지 같은 모습으로 저를 맞아주었습니다. 당시 그는 마흔 여섯 살이고, 저는 스물일곱 살이었다. 선생은 불과 일주일 만에 애양병원의 모든 것을 내게 보여줄 작정이었던 것 같습니다. 회진과 수술, 외래진료에 빠짐없이 참관시켰고, 마산의 결핵병원 진료에도 데려갔습니다. 또 하루는 제가 한센 환자들을 진료하는 곡성군 보건소 이동진료팀에 합류하게 했습니다. 시골의 작은 병원에서 열심히 바쁘게 활동하는 모습이 좋아 보였습니다.

1980년에 다시 소록도로 가게 된 후로는 수시로 애양병원에 들러 소록도병원에 필요한 수술 기구와 약품을 얻었습니다. 1983년 애양병원에 취직해 일하게 되었을 때, 토플 선생은 그곳을 떠난 후였지만 애양병원 곳곳에 그의 체취가 남아 있었습니다. 수술을 하다가 혹시 이런 때 토플 선생은 어떻게 했냐고 물어보면, 옆에 있던 조수가 즉시 '이러이러했다'고 알려주어 그 방법을 사용할 정도였습니다.

토플 선생이 처음 우리나라에 온 1959년에는 나라 전체가 경제적으로 어려워 많은 환자들이 치료를 제대로 받지 못하고 방치된 상태였습니다. 병원 환경도 열악하고 쓸 만한 약품도 별로 없었습니다. 그래서 젊은 토플 선생은 더 열성적으로 사방에 도움을 구하는 편지를 보내고 필요한 기구를 싸게 구입하는 방법을 모색했습니다.

특히 정형외과 의사인 그는 한센 환자뿐 아니라 소아마비 환자에게도 애정과 열성을 기울였습니다. 수술로 건강한 삶을 살게 해주었고, 수술 후에는 경제적으로 자립해 살 수 있도록 장애인 재활학교를 세워 양재 기술을 배울 수 있게 했습니다. 또 의지제작실을 만들어 한센 환자와 소아마비 환자에게 저렴한 비용으로 의지(義肢)를 제공해 보다 편리한 생활을 도왔습니다. 그는 아무리 형편이 어려운 환자라도 무료로 치료하지 않고 아주 적은 금액이라도 스스로 부담하게 해야 한다는 확고한 생각을 가지고 있었습니다.

1967년 신축 병원을 건립한 후에는 수술을 받으러 오는 많은 소아마비 환자들에게 한센 환자들과 같은 병실을 써야 한다는 점을 주지시키고 동의를 받은 후 그들을 입원시켰습니다. 한센 환자에 대한 사회적 편견을 조금이나마 해소하려는 의도였습니다. 의료인들이 한센 환자들을 거리낌 없이 대하고 치료하는 모습을 보여주어, 한센병이 다른 사람에게 전염되지 않고, 따라서 그들을 거리낄 아무런 이유가 없음을 알리기 위한 방침이었습니다. 당시 누구도 생각하지 못한 혁신적인 발상이기도 했습니다.

토플 선생은 어릴 때부터 신앙 가운데 컸고, 성장하면서 더욱 강건한 그리스도인으로 스스로를 무장시켰습니다. 또 하나님의 인도하심을 따라 두려움 없이 주어진 일을 수행했습니다. 토플 선생을 오랫동안 알고 지냈고 곁에서 보았지만 흐트러진 모습을 한 번도 보지 못할 만큼 그는 자신에게 엄격했습니다.

하나님은 우리나라의 한센 환자와 소아마비 환자를 위해, 또 하나님 자신의 선하심을 보여주기 위해 토플 선생을 예비하여 우리에게 보내주신 것 같습니다.

한국의 독자들에게

스탠리 C. 토플

수천 년의 오랜 역사를 가진 한국은 여러 부분에서 되돌아보고 배울 점이 많은 나라입니다. 1959년 도착했을 때부터 1981년 떠날 때까지 저는 한국의 역동적이고 흥미진진한 순간들을 함께하는 특별한 경험을 했습니다. 당시 한국은 전쟁의 잿더미에서 서서히 일어나고 있었고, 베트남전 이후로 더 빠르게 발전해갔습니다.

당시 우리가 타고 다녔던 개조된 군용 지프와 트럭들은 지금 한국에서 제조되어 전 세계로 수출되는 좋은 품질의 차량으로 대체되었습니다. 흙먼지를 풀풀 날리며 시골길을 달리던 사람들이 이제 고속도로와 공항을 통해 종횡무진 이동하고 있습니다. 사람의 등에 업히거나 손수레에 실려 애양병원 문으로 들어오던 환자들도 더 이상 없습니다. 제2차 세계대전 때 쓰던 엑스레이 장치는 이제 최첨단 기계로 발전했습니다. 제가 처음 한국에 갔을 때만 해도 한센병은 죽고 싶을 만큼 괴로운 격리 수용이나 마비, 손상이 우려되는 치명적인 질병이었으나, 지금은 일상에 큰 지장 없이 완치할 수 있게 되었습니다.

무엇보다 한국인의 사고방식이 변하고 자신감이 높아진 것이 중요합니다. 배울 것도 많고, 남에게 가르칠 것도 많은 민족이 되었습니다. 한국이 구조공학이나 전자공학 등 지정학적으로 실용적인 과학 분야에 집중한 것이 주효했습니다. 해외 유학생들이 조국을 풍요롭게 일구기 위해 한국으로 돌아왔습니다. 교회는 젊은 세대를 위해 신학교를 설립했을 뿐 아니라 아프리카, 남미 등 세계 많은 지역에서 열정적으로 예수 그리스도를 전했습니다. 그런 격동의 시기에 우리 가족이 마치 적은 누룩에 밀가루 반죽이 부풀어 오르듯 놀랍게 변화하는 한국의 발전을 맛볼 수 있었다는 것은 얼마나 큰 특권인가요?

이기섭 작가는 2년여 전, 기독교문서선교회 선교사인 루이스 카딩턴의 소개로 처음 알게 되었습니다. 최근 루이스의 아버지이자 저의 남장로교 선교부 동료 의사이며 친구인 광주기독병원 허버트 카딩턴의 전기를 쓴 작가입니다(『거지대장 닥터 카딩턴』, 좋은씨앗, 2019). 우리는 한 번도 만난 적 없지만 몇 달 동안 수십 통의 이메일을 주고받았습니다. 제가 과거에 썼던 문서와 편지를 보내면, 이기섭 작가는 사실을 확인하고 자세한 이야기를 풀어갔습니다. 그 결과가 이제 우리 앞에 있는 책, 『닥터 토플, 행복을 주는 사람』으로 엮여 나왔습니다.

담대함과 확신을 가지고 예수 그리스도의 십자가를 짊어지는 이 세대의 한국 기독교 청년들에게 이 책이 격려가 되길 바랍니다. 그리고 읽는 이들마다 한 사람의 삶과 역사의 중요한 시기마다 하나님께서 한 개인뿐 아니라 한 민족을 사용하심으로 그분의 뜻과 목적이 어떻게 실타래처럼 풀려나갔는지 보길 바랍니다. 우리에게 강요된 것처럼 보였던 결정과 사건이, 그 모든 일들이 지나간 후에야 비로소 왜 일어났으며 어떻게 이루어졌는지 깨닫게 될 것입니다.

전라남도 여수시 율촌면 신풍반도

* 2023년 현재

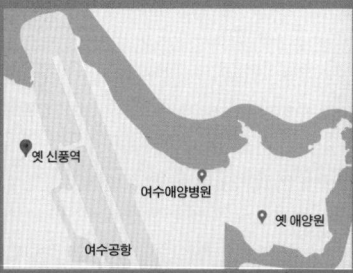

일러두기

1. 나병(Leprosy)은 나균이 피부, 말초신경계, 상기도의 점막을 침범해 감각을 잃게 하고 조직을 변형시켜 사지가 파괴되는 법정 감염병이다. 학술적인 용어로 이 병만큼 인류 역사상 종교적, 사회적으로 죄와 형벌의 의미로 매도된 질병도 없을 것이다. 과거에는 나병을 문둥병, 나환자를 문둥이로 폄하해 부르는 일이 많았으나, 최근에는 명백한 환자의 인격 침해로 여겨 나환자 대신에 한센병 감염자, 나병 감염자라는 표현을 쓰기도 한다. 한센병이라는 이름은 1873년 병원균을 발견한 노르웨이 의학자 게르하르 아르메우에르 한센의 이름을 딴 것이다. 1999년 12월, 대한민국 국회는 나병을 한센병으로 부르기로 결의했으나, 닥터 토플과 그 이전 시대에 쓰인 자료들과 의학 용어가 '나병'으로 되어 있어 이 책에서는 시기와 자료에 따라 '나병'과 '한센병'을 혼용했다.

2. 이 책의 주요 배경인 애양원은, 닥터 윌슨이 1911년에 세운 '광주나병원'으로 그 역사가 거슬러 올라간다. 광주나병원은 '비더울프 나병원'으로 개칭되었다가 1927-1928년 여수로 소재지를 옮긴 후, 1935년에 '애양원'으로 이름이 바뀌었다. 1956년 '재단법인 애양원'으로 인가를 받았으나 미국 선교부 측의 공식 이름은 윌슨 나요양소(R. M. Wilson Leprosy Center)로 명기되어 있다. 1967년 현대식 병원을 신축하며 '재단법인 여수애양재활병원'으로 개칭되었고, 2000년 '사회복지법인 여수애양병원'으로 또 한번 이름이 바뀌어 오늘에 이른다. 이 책에서는 주로 닥터 토플이 활동했던 시기와 자료에 따라 '애양원', '애양병원', '애양재활병원'으로 명칭을 혼용했다.

1 하나님은 위대한 조정자

"내 어깨 아주 강합니다."

푸른 눈의 젊은 이방인 의사가 자기 어깨를 툭툭 치며 사내 앞에서 몸을 구부렸다. 서툰 한국말이었지만 자기 등에 업히라는 뜻이었다. 사내는 당황했다. 발에 석고붕대를 한 그는 나병(한센병) 환자였기 때문이다.

"아이고 아입니더…… 어데예 아입니더…….”

사내는 자기도 모르게 푸른 눈의 의사를 외면하며 손을 내저었다. 이 병에 걸린 사람들이 건강한 사람들을 대할 때의 본능이었다. 병동 2층에 있는 진료실에서 그 사내를 업고 계단을 내려가 숙소까지 데려다줄 보조원은 화장실에라도 갔는지 보이지 않았다. 그 시절 나환자 수용소인 애양원에서 비교적 건강한 환자들은 일정 교육을 받은 후 의료 보조원으로 일했다.

　나병 환자들은 피부에 감각이 없어 여기저기 헐고 상처가 많이 났다. 그대로 두면 상처가 심해져 손과 발을 잃게 된다. 애양원에 새로 온 젊은 이방인 의사는 궤양이 생긴 나환자의 발을 맨손으로 만지고 주무르고, 상처에 코를 대며 냄새를 맡는 데 거리낌이 없었다. 상처에서 나는 썩는 냄새는 환자 본인들도 맡기 꺼릴 정도였다. 자신의 환부를 이방인 의사에게 보여주기 민망해 한사코 거부하는 사람도 있었다. 그럴 때면 그 의사는 늘 그렇듯 환자에게 말했다.

　"괜찮습니다. 냄새 맡아야 잘 낫는지 내가 압니다."

　사내가 머뭇대자 그 의사는 웃으며 다시 한번 등을 내밀었다.

　"나 아주 힘셉니다."

　의사는 머뭇대는 사내를 향해 재촉했다. 마지못해 의사의 등에 업힌 사내는 온갖 생각이 밀려왔다.

　스물아홉 살에 나병에 걸린 그는 스스로 죽으려고 집을 나왔다. 나병을 선고받은 사람들은 누구나 자살을 생각한다. 하지만 생목숨을 끊는다는 것이 쉽지 않았다. 몇 년 동안 구걸하며 떠돌아다니다가 발가락 두 개가 떨어져 나갔다. 어느 날 동료 하나가 겨울밤에 얼어죽었는데 쥐가 손가락을 물어갔다. 그 일로 충격을 받은 사내는 밤이 되어도 잠을 이루지 못했다. 죽는 건 아무래도 괜찮지만 그런 꼴로 생을 마감하고 싶지는 않았다.

　누군가 여수에 있는 애양원에 가면 좋은 약도 주고 살 집과 밥도

준다는 얘기를 했다. 그는 하동에서부터 꼬박 하룻길을 걸었다. 버스는 탈 수 없었다. 동네 어귀에만 들어서도 사람들은 문둥이라고 소리 지르며 돌팔매질을 했다. 문둥이들이 병을 고치려고 아이들을 잡아다가 간을 빼먹는다는 흉흉한 소문을 사람들은 믿고 있었다.

사내는 밤새 걸어서 애양원 문앞에 다다랐다. 하지만 들어갈 수 없었다. 각지에서 소문을 듣고 찾아온 나환자들이 애양원으로 들어가는 입구, 즉 '천국의 문' 앞에 몰려 있었다. 예상치 못한 일이었다. 그 안으로 들어가려면 순서를 기다려야 했다. 게다가 애양원은 일정 주거지 없이 구걸하며 떠돌던 환자는 받지 않는다고 했다. 술과 담배가 금지되고 새벽부터 예배를 드리는 등 기독교 관련 규칙이 엄격해 거기에 적응하지 못한 환자들은 얼마 못 가서 도망치듯 떠났기 때문이었다. 그러나 사내는 간절했다. 한뎃잠을 면하고 병을 고칠 수만 있다면 무엇이든 따를 결심이었다.

푸른 눈의 서양 의사가 그를 맞이했다. 일종의 면접인 셈이었다. 다른 의사들은 장갑을 끼고 온몸을 가리는 위생복을 입고, 되도록 환자와 멀리 떨어져 진찰하기 위해 튜브가 긴 청진기를 쓰는데, 그는 놀랍게도 맨손이었다. 그 의사가 진찰을 마치고 물었다.

"예수 믿으십니까?"

난데없는 질문에 사내는 눈을 껌벅거렸다. 사내는 예수를 몰랐다. 그러나 애양원에는 꼭 들어가야 했다.

"예…… 여기 오면 한번 믿어 보겠십니더."

그의 솔직함에 의사는 웃으면서 손을 내밀었다.

"참 반갑습니다. 예수 믿으면 좋습니다."

그렇게 사내는 사방이 철조망으로 둘러싸인 애양원의 삼중 문 안으로 들어섰다. 세상 사람들이 수용소라고 부르는 곳의 입구였지만 나병 환자들에겐 천국으로 들어가는 문이었다. 더 이상 한뎃잠을 자며 굶주림과 추위에 시달리지 않아도 되었다. 무엇보다 사람들의 멸시와 돌팔매를 피할 수 있었다. 사내의 등 뒤로 문이 닫혔다. 그는 돌아보지 않았다.

자신을 업고 계단을 내려가는 젊은 이방인 의사는 키가 크고 팔 힘이 셌다. 언제까지라도 등에 업고 있을 기세였다. 그의 등에 업힌 사내는 문득 어머니를 생각했다. 그렇게 업힌 기억이라곤 오래전 어머니와 함께 살던 어린 시절뿐이었다. 나병에 걸린 후로는 문둥이로 불리며 조롱과 멸시를 당한 기억밖에 없었다. 자기를 등에 업은 낯선 이방인 의사의 흰 가운이 어머니의 흰 적삼 같았다. 사내는 참으로 오랜만에 자신이 '사람 대접'을 받고 있음을 알았다.

그를 등에 업은 젊은 이방인 의사는 미국 남장로교(PCUS) 선교사 닥터 스탠리 크레이그 토플(Stanley Craig Topple), 한국 이름 도성래였다.

* * * * *

1. 하나님은 위대한 조정자

출발

1959년 9월 18일 샌프란시스코항을 출발한 SS히말라야호는 며칠 후 중간 기항지인 하와이에 도착했다. 화물과 승객들이 분주히 오르내리는 2만 4천 톤급 거대한 여객선 갑판 위에서 푸른 눈의 청년이 부두에 서 있는 두 여성을 향해 손을 흔들었다. 스탠리 토플, 한국의 윌슨 나요양소로 떠나는 신임 선교사였다. 그는 자신을 배웅하기 위해 샌프란시스코에서부터 하와이까지 동행해준 어머니와 여동생 케이트에게 작별 인사를 했다.

승객과 승무원 2천여 명을 태운 여객선이 서서히 움직이며 호놀룰루항을 벗어나기 시작했다. 아쉬워하며 끝없이 손을 흔들던 어머니와 여동생의 모습도 점점 작아지다가 사라졌다.

22노트(시속 약 40킬로미터)로 태평양을 가로지르는 배 위에서 스탠리 토플은 망망대해를 바라보았다. 북미 해안에서 출발해 동방의 작은 나라로 향하는 이 거대한 여객선은 표지판 하나 없는 바다에서 정확히 방향을 잡고 나아가고 있었다. 어머니와 여동생과 작별하고 배에 홀로 남겨진 그는 자신이 선교사로 부름을 받았다는 사실을 비로소 실감하기 시작했다.

한국 선교사로 서원했지만 그가 가진 한국에 대한 지식은 아주 단편적이었다. 전쟁을 겪은 지 얼마 되지 않았고 빈곤과 폐허에서 벗어나려 애쓰고 있다는 것, 그리고 그의 부임지로 결정된 윌슨 나요양소에 환자가 폭증하고 있으나 전담 의사가 없어 도움의 손길이 시급하다는 것이었다. 그런 이유로 미국 남장로교 선교부는 외과 레지던트 1년을 마친 닥터 토플에게 한국으로 가는 일정을 앞당길 것을 권고했다.

앞으로 한국에서 어떤 일에 직면할는지 알지 못했지만 두려움보다 기대가 더 컸다.

"주님, 아프고 고통당하는 사람들을 위해 저를 선교사로 부르셨으니 오직 주님의 영광을 위해 섬기게 해주십시오."

스물일곱 살, 세상을 다 안다고 하기에는 아직 순수한 청년인 토플 선교사는 한국의 나환자들을 어떻게 섬길 수 있을지 그려보고 있었다. 선교사 직분을 받을 때 서원한 대로 낯선 곳에 가서도 예수님의 마음을 제대로 전할 수 있을까 자못 궁금했다. 거대한 배는 일렁이는 파도에 아랑곳하지 않고 목적지를 향해 빠르게 나아갔다.

서쪽으로 항해하는 여객선에는 미국에서 안식년을 마치고 돌아가는 존 서머빌 선교사 가족과 처음 한국으로 부임하는 조셉 카메론 선교사 가족, 타이완으로 가는 선교사 가족이 타고 있었다. 동생이 한국전쟁에 참전했다가 전사한 것을 계기로 한국 선교사가 된 서머빌 목사는 아내 버지니아 벨과 1953년부터 목포에서 사역하고 있었다. 초임인 카메론 선교사는 콜롬비아 신학교를 나왔고, 대전에 있는 한남대학교에서 수학을 가르칠 예정이었다. 그들 모두는 결혼하고 가정을 이룬 상태였다.

닥터 토플이 한국으로 떠날 때 그의 가족은 모두 그를 지지했다. 단지 걱정거리가 있다면 그가 독신이라는 것이었다. 닥터 토플은 아직 미혼이었지만 그다지 문제되지 않았다. 그에게는 기도해주는 가족이 있었다. 무디성경학교를 나온 아버지와 어머니, 신실한 동생들, 그리고 매일 아침마다 낮고 힘있는 목소리로 선교사들을 위해 기도하시는 할아버지와 할머니가 있었다. 그분들은 생의 마지막 순간까지 자신들이 기도해야 할 선교사 명단 맨 위에 사랑스러운 손자 스탠리의 이름을 올려놨을 것이다.

위대한 유산

"이 녀석이 혼자 토론토까지 갑니다. 유니온역에 할아버지가 나와 있을 겁니다. 잘 부탁해요."

시카고 중앙역에서 출발하는 열차에 어린 스탠리를 태운 아버지는 차장에게 팁을 두둑이 주며 말했다. 스탠리를 좌석에 앉힌 후 아버지는 기차 밖으로 나갔다. 스탠리는 겨우 다섯 살이었다. 미국 시카고에서 캐나다 토론토까지 당시의 기차로 21시간이 걸리는 긴 여정을 앞두고 있었다. 중간 정차역인 디트로이트에서는 기차가 거대한 페리에 실려 강 건너 캐나다 윈저까지 간 다음 거기서 다시 토론토까지 가야 했다. 보호자 없이 다섯 살 아이가 혼자서 가기엔 힘든 여행이었다. 하지만 1930년대 시카고에 살던 스탠리의 아버지는 모름지기 사내아이는 강하게 키워야 한다고 생각했다.

'이 여행은 우리 아들이 모험심을 키우는 좋은 경험이 될 거야.'

그 기대대로 스탠리는 10시간 넘게 달린 기차가 디트로이트에 도착해 레일이 깔린 배에 실린 채 강을 건너는 동안 호기심 가득한 눈으로 창밖을 내다보고 있었다. 긴 여행 끝에 토론토 유니온역에 도착했을 때, 그의 조부모가 함박웃음을 지으며 다섯 살 스탠리를 맞이했다. 작고 탄탄한 체구에 위엄 있는 할아버지 헨리 월터 토플과 다정한 할머니 애니였다.

할아버지는 20대 초반에 영국 노팅엄에서 캐나다 토론토로 이민을 왔다. 그는 북아일랜드 발리메나에서 이주해온 할머니 앤을 교회에서 만나 결혼했다. 제1차 세계대전이 일어났을 때, 징집에서 면제된 사람들은 부족한 식량 수급을 지원하기 위해 농사를 짓도록 권유받았다. 할아버지는 토론토 북쪽 리치몬드 언덕에 농장을 세우고 아들 세 명, 즉 스탠리의 아버지 헨리와 삼촌들인 존 그리고 스탠리와 함께 목축업을 시작했다.

솜씨 좋은 목수이기도 했던 할아버지는 실력을 발휘해 건축과 부동산 사업에도 뛰어들었다. 그는 신앙을 모욕하고 기독교인을 괴롭히는 사람들을 보면 "가만두지 않겠다"며 나설 정도로 진지하고 열정적인 장로교 교인이었다. 어린 스탠리는 아침이면 일찌감치 일어나 거실에서 기도하는 할아버지의 기도 소리를 듣곤 했다. 할머니가 차린 아침 식탁은 늘 푸짐했다. 두툼한 베이컨 조각, 달걀 프라이, 베이컨 기름에 데운 아일랜드식 스콘, 그리고 큰 컵에 담긴 차와 설탕, 우유가 있었다.

아침을 먹은 뒤, 스탠리는 작업복으로 갈아입은 할아버지를 따라

집 뒤켠에 있는 목공소에 갔다. 스탠리는 그곳을 좋아했다. 길고 튼튼한 나무 작업대가 인상적이었을 뿐 아니라, 다양한 목재를 거기에 올려놓고 예리하게 날을 벼린 톱과 각종 공구로 섬세하게 가공하고 무언가를 만드는 과정이 흥미로웠다. 작업 중에 쌓이는 나무 조각들과 톱밥을 치우는 것은 스탠리의 일이었다. 종종 완성된 서랍장을 픽업트럭에 싣고 할아버지와 함께 배달을 나가기도 했다. 할아버지는 해외 선교사를 많이 파송한 토론토 만민교회에 출석했고, 종종 케직 사경회[1]에 손자인 스탠리를 데리고 참석했다.

스탠리 토플은 1932년, 시카고에서 태어났다. 캐나다 토론토 출신인 아버지는 청년 시절 미국 시카고의 무디성경학교에 다닐 때, 학장 비서로 일하던 어머니 도로시 코리건 드 영을 만났다. 그녀는 아름답고 쾌활하며 성실한 그리스도인이었다. 할아버지는 그의 아들 크레이그 헨리 토플이 목회자가 되길 바랐다. 할아버지의 바람대로 아버지는 무디성경학교와 북침례신학교를 다녔고, 마치지는 못했지만 노스웨스턴 대학에서도 공부했다.

그 시절 미국은 대공황을 겪던 터라 직업 구하기가 하늘의 별따기였고 단순히 먹고사는 데도 돈이 한참 모자랐다. 아버지는 야간경비를 섰고, 낮에는 노후된 주택의 마루 겉면을 매끄럽게 갈아내는 힘든 일을 했다. 그러는 중에도 어린 스탠리를 데리고 부흥 집회에 자주 참석했다. 친절하고 따뜻한 성품에 유머 감각이 있는 아버지는 목회자보다는 영업과 사업에 수완이 있었다. 그는 시카고의 큰 백화점

가구 세일즈맨으로 채용되어 능력을 발휘할 기회를 얻었고, 이후에 애틀랜타 최대 가구회사의 매니저가 되었다. 그는 상사로서 업무적으로 인정받았을 뿐 아니라 리더로서 직원들의 개인적인 어려움에도 관심을 기울였다. 시카고에서 애틀랜타로 자리를 옮길 때는 나이 들고 교육을 받지 못해 사정이 딱한 찰리라는 직원을 함께 데리고 갔다. 찰리는 늦은 나이에도 결혼을 못하고 홀로 지내던 체코슬로바키아 출신의 이민자였다. 그는 평생을 스탠리의 가족처럼 지냈다.

스탠리의 아버지 헨리는 애틀랜타 디케이터의 제일장로교회 주일학교 교사이자 장로로 섬겼다. 그는 애틀랜타 기독교 지도자들 가운데 한 명으로 빌리 그레이엄 집회를 주관했다. 사업가로 성공한 뒤에는 교회 재정에 큰 도움을 주는 후한 기부자였지만 절약과 근검 정신이 강했다. 스탠리도 소년 시절부터 잔디를 깎고 신문을 배달해 용돈을 벌었고, 겨울에는 삼촌을 따라다니며 배관공 일도 했다. 스탠리가 의료 선교사가 되어 한국의 애양원으로 파송되었을 때, 검소하기로 소문난 아버지가 드리는 교회 헌금 바구니는 부쩍 무거워졌다.

닥터 토플의 할아버지와 아버지는 두 차례의 세계대전과 혹심한 경제공황을 견뎌낸 세대였다. 두 사람 모두 영국에서 캐나다로, 또 캐나다에서 미국으로 이주한 모험가이며 개척자였다. 그들에게 기독교 신앙은 거친 풍랑이 이는 밤바다 같은 세상에서 인간의 품위와 삶의 목표를 잃지 않고, 가난한 이웃을 돌아볼 뿐 아니라 먼 나라에 가서 예수님의 사랑을 전하는 일에도 관심을 기울이게 하는 동력이었다. 그들은 그리스도인의 훌륭한 유산을 스탠리에게 남겨주었다.

한 명의 선교사가 탄생하는 데 이보다 더 좋은 토양은 없었다.

헌신

흐르는 강물을 따라 카누들이 출발했다. 캐나다 토론토 북쪽 무스코카 지역은 아름다운 강과 호수, 야생동물의 천국이었다. 스탠리는 캠핑 장비와 배낭이 실린 카누의 뒷자리에 중심을 잡고 앉아 노를 저어갔다. 일주일 동안 호수와 강을 따라 여행하는 청소년 여름성경캠프의 훈련 일정 중 하나였다. 노 젓는 소리에 놀란 되강오리들이 푸드득거리며 날아올랐다. 늪지대에선 무스들이 한가로이 수초를 뜯고, 강변 숲속에는 흰꼬리사슴과 간혹 곰이 보이기도 했다. 평화로운 순간만 있는 것은 아니었다. 더 이상 카누로 갈 수 없는 위험한 급류라든지 얕은 개울이 나올 때도 있었다.

"카누를 머리에 이고 육로로 올라갑니다."

리더의 지시에 따라 스탠리를 비롯한 아이들은 카누에서 내렸다. 각자 무거운 배낭을 등에 메고, 두 손으로는 머리에 얹은 카누를 붙잡고 수로와 수로 사이에 난 오솔길을 걸었다. 좁은 길을 따라가다 보면 목적지를 향해 다시 카누를 띄울 수 있는 넓은 물길이 나왔다.

밤이면 야영지에서 캠핑을 했다. 모닥불이 스러져가면 늑대와 야생동물의 울음소리가 텐트 가까이 들려왔다. 캄캄한 밤하늘에는 수많은 별들이 반짝였다. 스탠리는 끝없이 펼쳐지는 무한한 우주와 그 모든 것을 지으신 위대한 하나님을 느꼈다. 그는 생각했다.

'그리스도인으로 할 수 있는 가장 의미 있고 모험적인 일이 있다면 선교 사역이 아닐까?'

만일 주님이 그를 중국 선교에 평생을 바친 허드슨 테일러처럼 선교사로 부르신다면, 그는 대답할 말이 준비되어 있었다.

"네, 주님! 그러겠습니다."

고등학교 2학년 때였다.

영국 캠브리지 대학교의 기독학생들이 주도해 기도하고 성경공부하는 모임으로 시작된 파이오니어 청소년 캠프에서는 코버(Cobber)라고 불리는 선교 후보자나 신학생이 아이들의 리더가 되었다. 그들은 따뜻하고 건강한 신앙을 가진 믿음의 선배들이었다. 여름 캠프 분위기는 아주 보수적이어서 소년, 소녀의 캠프 장소가 달랐고 남학생들도 투피스 수영복을 입었다. 스탠리의 동생 제임스와 캐슬린도 캠프에 참석했고 부모님은 카운슬러로 봉사했다. 자연 속에서 모험심을 기르며 하나님이 창조하신 아름다운 자연을 경험하는 캠프는 스탠리의 인생에 큰 영향을 끼쳤다. 에모리 의대를 다닐 때 그도 코버가 되어 믿음의 선배로서 아이들의 카누 여행을 이끌었다. 이 캠프를 거친 청소년들 중 많은 이들이 자연스레 선교사가 되었다.

스탠리는 고등학교 기숙사의 자기 방에서 날마다 성경을 읽었다. 페이지마다 붉은색, 푸른색 연필로 밑줄이 그어져 있고 여백에는 할아버지가 직접 손으로 쓴 주석이 달려 있었다. 손자에게 물려준 할아버지의 성경이었다. 선교사가 되기로 마음먹은 뒤로 성경 말씀은 이

전보다 더 생생하게 그의 마음에 새겨지고 있었다. 스탠리는 플로리다 젤우드에 있는 햄든 듀보스 아카데미라는 기독교계 기숙 사립학교를 다녔다. 이 학교는 매일 성경 읽기와 예배드리기가 가장 중요한 일과였다. 백여 명의 학생 가운데 3분의 1은 선교사 자녀들이었다. 해외 선교사와 선교 관계자가 강사로 초빙되어 학생들에게 선교사와 선교지의 삶에 대한 놀라운 이야기를 들려주었다. 그럴 때면 스탠리는 하나님이 선교사들과 함께하신 것처럼 자신과도 함께하겠다고 약속하시는 것 같았다. 처음에 이 학교를 선택한 동기는 부모님의 권유였지만, 스탠리는 하나님이 예비하신 목적을 위해 자신을 한 걸음씩 인도하고 계심을 느끼기 시작했다.

고등학교 3학년 때 그는 부모님에게 편지를 썼다.

"제가 선교사로 부르심을 받았습니다. 그분의 명령에 순종할 것입니다."

자녀가 해외 선교사가 되겠다고 할 때 보통 부모들은 반대하거나 낙심하지만 스탠리의 가족은 달랐다. 할아버지와 할머니, 아버지와 어머니 모두 진심으로 기뻐하며 그의 선택을 지지해주었다.

스탠리는 의학을 공부해 중국 선교사가 될 마음을 먹었다. 허드슨 테일러의 자서전 『영적 비밀』(Spiritual Secret)을 읽고 감명을 받았기 때문이었다. 또 한 가지 결정적인 이유가 있었다. 열다섯 살 여름에 중국인 요리사들 밑에서 감자를 깎고 냄비 닦는 일을 한 적이 있었다. 요리사들은 자주 술을 마시고 다투다가 서로 칼을 휘두르기도 했다. 하나님을 몰랐던 그들은 스탠리에게 인간적으로 친절했지만 영적으로는 너무나 어두웠다. 믿음의 길로 인도할 수만 있다면 그들의 삶이 얼마나 달라질까? 스탠리는 그들 같은 중국인들에게 복음을 전하고 싶은 마음이 커졌다.

고등학교를 마친 스탠리는 노스캐롤라이나주의 데이비슨 대학으로 진학했다. 복음주의와 근본주의 기독교 성향이 강했던 고등학교 교사들과 친구들은 그의 결정에 적잖이 놀랐다. 대부분의 졸업생들은 같은 기독교 계열인 휘튼 대학으로 갔기 때문이었다. 그러나 스탠리가 일반 대학으로의 진학을 결정한 것은 자신의 소명을 확인하고 싶어서였다. 자신이 진정 선교사로 하나님의 부르심을 받았는지, 아니면 기독교 가정과 학교 분위기에 젖어 감정적으로 서원한 것은 아닌지 검증이 필요했다.

대학 생활은 외로웠다. 온실에서 벗어나 진짜 세상을 경험하면서 하나님의 뜻을 확인하려는 의도로 이곳에 왔지만, 자유주의 성향의 교수들과 학생들은 그의 신앙을 너무 가볍게 여겼다. 하나님과 성경 따위가 무슨 소용이냐는 듯 조롱하기까지 했다. 다행히 주위에 같은 믿음을 가진 몇몇 친구들이 있어 스탠리는 그들과 함께 소명의 길로 묵묵히 들어갈 수 있었다. 그 친구들은 훗날 스탠리와 마찬가지로 선교사가 되었다. 고등학교 룸메이트는 타이완으로, 대학교 룸메이트는 남아메리카로 떠났다. 스탠리는 데이비슨 대학을 마치고 애틀랜타의 에모리 의학전문대학원에 진학했다.

1. 하나님은 위대한 조정자

하나님은 위대한 조정자

모든 것은 스탠리를 선교사로 불러 선하게 사용하려는 하나님의 이끄심이었다. "하나님은 위대한 조정자!"라고 고백한 네덜란드 신학자 코넬리우스 반 틸의 말에 그는 동의했다. 하나님은 그분의 뜻을 더욱 확실히 보여주기 위해 그가 예상치 못했던 의사 한 사람을 보내셨다.

스탠리가 에모리 의전원에 다닐 때였다. 영국인 의사로서 세계적인 나병 권위자이며 오랫동안 인도 선교사로 사역한 로버트 코크레인 박사가 이틀간 에모리 대학에서 강연을 했다. 그는 의대생들에게 이 병에 관한 전문 지식을 전하면서 편견과 무지로 인해 고통당하는 저개발국 환자들에 대한 관심과 지원을 촉구했다.

강연을 마친 닥터 코크레인은 스탠리 부모의 집에 머물렀다. 저녁 식사 자리에서 만난 닥터 코크레인은 아버지처럼 자애롭고 강한 신념의 그리스도인이었다. 선교사의 자녀로 중국에서 태어난 그는 청소년기에 영국으로 건너가 글래스고 대학에서 의학을 공부했다. 학업을 마친 후에는 인도 벨로르 의대와 병원에서 나환자들을 위해 일하다가 미국나병선교회와 영국 보건부의 나병 자문위원을 맡기도 했다. 그는 나병 치료에 댑손(또는 DDS, Diamino Diphenlyl Sulfone)이라는 항생물질을 최초로 사용한 현대 나병 치료의 선구자였다. 닥터 코크레인은 많은 나라에서 나환자들을 무조건 가두거나 방치하는 것은 그들을 "잊혀진 사람들로 채워진 인간쓰레기장"으로 보내는 것과 같다며 분노했다.

"문둥이 같은 용어는 절대 써서는 안 됩니다. 그들의 인격마저 말살하는 끔찍한 표현입니다. 그들은 피부병 환자일 뿐입니다."

특별히 그는 최근 방문했던 한국 나환자들의 실태를 들려주었다. 전쟁 후 파괴된 도시들을 보는 것도 안타까웠지만, 격리만 시켰을 뿐 의사가 없어 적절한 치료를 받지 못하는 환자들과 수용소에 들어가지 못해 이곳저곳을 떠도는 나환자들의 비참한 삶에 대해 이야기했다. 그는 한국에는 15만 명의 나환자가 있을 것으로 추산했다. 애양원에 대해서도 말했다.

"여수에 있는 월슨 나요양소에 가보았습니다. 그곳엔 상주하는 의사와 간호사가 없어 환자들끼리 서로를 치료하고 있었습니다. 치료약도 정량을 복용하지 않았고, 나환자에게 치명적인 눈 건강은 심각할 정도였습니다. 천여 명이 넘는 환자들이 모여 있는 이곳을 전담할 의사가 시급합니다."

닥터 코크레인과 함께 지내면서 스탠리는 한국의 나환자들에게 관심이 생겼다. 하지만 하나님이 그를 중국 선교사로 부르셨다는 확신은 변하지 않았다. 4년 후 한국의 월슨 나요양소를 책임지는 선교 의사가 바로 자신이 될 줄은 전혀 몰랐다.

1957년 6월, 에모리 의학전문대학원을 졸업하고 의사자격증을 취득한 스탠리는 미국 남장로교 세계선교 이사회에 선교사 신청서를 제출했다. 오클라호마 대학병원에서 인턴을 마치고 조지아주 메이컨 종합병원 외과 레지던트 1년 차일 때, 선교부는 스탠리에게 한국 여수의 월슨 나요양소에 의료 선교사로 갈 것을 권유했다. 중국은 공산

화되어 더 이상의 선교사 파견이 불가능했다.

그는 주님의 부르심에 순종했다. 닥터 코크레인은 자신이 작성하고 발표했던 한국 보고서를 보내주었다. 닥터 코크레인과 함께 한국의 나요양소들을 방문했던 전주 예수병원 닥터 크레인 원장도 토플에게 편지를 보내 애양원에 와줄 것을 부탁했다.

1959년 3월 10일, 닥터 토플은 한국 선교사로 임명을 받고 6주간 노스캐롤라이나주 몬트리트에서 선교지의 언어와 문화에 대한 오리엔테이션을 마쳤다. 한국으로 향하는 배에 오르기 전에 그가 해야 할 일이 있었다. 애양원을 책임지고 있던 보이어 목사가 그에게 5천 달러를 보내며 의료용품을 구입해 보내달라고 했다. 그는 뉴욕에 있는 도매회사에서 군용 이동식 피커 엑스레이 기계 한 대와 아스피린 5만 정, 항생제와 결핵약을 사서 미국 해군 편으로 배송했다. 미 해군은 해외 자선단체에 보내는 물품에 대해선 운송 비용을 받지 않았다.

닥터 토플은 1959년 9월 18일, 샌프란시스코항에서 SS히말라야호에 승선했다. 10월 4일 일본 고베항에 도착한 그는 미국 남장로교에서 세운 요도가와 기독병원을 방문해 이틀간 머문 후, 10월 9일 하네다 공항에서 비행기를 타고 김포공항에 내렸다.

하나님이 친히 그를 이끌어 오게 하신 선교지, 한국의 가을 하늘은 파랗기 그지없고 아름다웠다.

1960년 4월 5일, 닥터 토플의 부임을 기념하며 애양병원 앞 계단에서 찍은 사진. 맨 앞줄 가운데 토플과 보이어 원장, 맨 오른쪽은 당시 애양병원의 한국인 의사 국희종 선생이다. 오른쪽 기둥에 한자로 '명심대'라고 쓰인 명판이 붙어 있다.

1. 하나님은 위대한 조정자

2   가시철망으로
     둘린
     에덴동산

"그게 머시오?"

해안가에 둘러앉아 음식을 만들던 애양원의 여성 환우들에게 닥터 토플이 다가와 물었다. 구수한 전라도 사투리였다. 그는 환자들을 스스럼없이 대했다. 손가락이 다 떨어져나가 뭉툭한 주먹손인 사람, 눈이 감기지 않아 토끼눈처럼 눈이 빨간 사람, 콧대가 무너져 콧구멍만 뚫려 있는 사람, 그들 가운데 불그스레한 얼굴에 눈썹만 없을 뿐 비교적 건강해 주걱으로 냄비에 담긴 음식을 젓던 은순이 말했다.

"요것이 죽이랑께요."

"맛있소?"

"겁나게 맛있지라잉."

애양원은 주변이 다 바다였다. 철 따라 꼬막이며 바지락이 지천이었다. 막 캐낸 바지락에 겨울 해풍을 맞고 자라 단맛이 든 시금치를 함께 넣고 죽을 끓이면 그렇게 맛있을 수 없었다. 은순은 망설이다가 죽 한 그릇을 떠서 토플 의사에게 권했다. 환자들이 주는 음식이라 꺼림칙할 텐데 그는 아무렇지 않은 듯 넙죽 받아 맛있게도 먹었다.

'젊은 양반이 참말로 대단허네.'

은순은 토플 의사를 보며 속으로 생각했다. 은순이 애양원에 들어온 것은 스물아홉 살 때였다. 남편은 군대 복무 중이고, 은순 홀로 시집살이를 하고 있었다.

"니는 오살할 이 더위에 땀도 안나고잉 고렇게 피부가 맨질맨질하다냐?"

함께 밭일을 하던 시어머니 타박에 은순은 섬뜩했다. 흉한 병에 걸리면 땀이 안 난다는 말이 생각났기 때문이었다. 그녀는 아무도 모르게 멀리 떨어진 병원에 가서 검사를 받았다. 결과는 나병이었다. 의사는 경찰에 보고해야 하니 속히 신변을 정리하라고 했다.

여자가 이 병에 걸리면 세상은 더욱 가혹했다. 거리에 나가 구걸하기도 어려웠다. 어린애들까지 꼬챙이로 찌르고 괴롭혔다. 살려면 소록도나 애양원으로 가는 수밖에 없었다. 은순은 가족이 모두 잠든 사이 몰래 집을 빠져나왔다. 새벽 첫 기차를 타고 애양원을 향해 여수 신풍역까지 가면서 혹여 아는 사람이라도 만날까 봐 옷가지를 싼 작은 보따리에 얼굴을 파묻었다.

"은순이 아녀? 샛바람부터 어딜 가능가?"

기차로 통근하는 동네 사람이었다. 은순은 당황했다. '병에 걸려 도망치듯 가고 있단 걸 알기라도 하면 어쩌나?' 태연한 척 가만히 앉아 있기엔 두려움이 컸다. 기차가 멈추는 다음 역에서 허겁지겁 내렸다. 신풍역 전 덕양역이었다. 새벽이슬을 맞으며 애양원으로 걸어가는 동안, 그녀는 한 걸음 한 걸음에 지옥을 오갔다.

'철길로 뛰어내릴까…… 나무에 목을 맬까…….'

군대에 가 있는 남편과는 정을 떼야 했다. 그에게는 소식도 전하지 않을 결심이었다. 그녀는 평생 흘릴 눈물을 길 위에 다 쏟았다.

은순이 애양원에 와서 몇 달을 지냈을 때 미혼의 젊은 의사인 닥터 토플이 부임했다. 그는 온 지 얼마 되지 않아 애양원을 둘러싸고 있던 철망을 걷어냈다. 그 젊은 의사는 약을 먹고 완치된 음성환자는 더 이상 전염력이 없으니 사회로 돌아가 살 수 있다고 말했다.

'우리 같은 사람이 다시 집으로 갈 수 있단 말이여?'

꿈 같은 일이었다. 은순은 닥터 토플이 한국 실정을 모르는 철없는 의사라고 생각했다. 은순은 애양원에 들어온 후, 오빠가 처음이자 마지막으로 면회 왔을 때를 기억했다. 그땐 토플 의사가 부임하기 전이라 애양원은 삼중 철조망에 삼중 문으로 격리되어 있었고, 그마저도 수위들이 지키고 있었다. 면회실도 예외가 아니어서 손도 닿을 수 없게 가운데가 분리되어 있었다. 은순은 안쪽에, 오빠는 바깥쪽에 앉아 멀찍이 마주보며 하염없이 울기만 했었다.

미혼으로 이곳에 왔던 닥터 토플은 2년 후 사랑스런 아내 미아를 만나 결혼했다. 토플의 아내는 노르웨이에서 온 의료 선교사로 안과와 피부과 진료를 담당했다. 나환자들은 눈에 감염이 잘 발생했다. 극심한 통증으로 안구를 적출하기도 하고 종종 실명으로 이어졌다. 그녀는 감염된 은순의 눈을 치료해 실명까지 가지 않게 막아주었다.

토플 부부가 첫째에 이어 둘째도 딸을 낳았을 때 은순은 진심으로 안타까워하며 이렇게 말했다.

"어쩐다요! 아무 짝에 쓰잘 데 없는 딸을 또 나아부렀어야. 참말로 서운허시것소."

토플은 손을 내저으며 말했다.

"아닙니다. 우리는 딸 좋습니다. 하나님이 주셨습니다."

딸이라는 이유로 학교도 보내주지 않았던 자신의 부모를 생각하며 은순은 미아 토플이 당당한 의사로서 사람들을 치료하는 모습이 너무도 부러웠다.

'나도 병이 나아불면 세상 훨훨 다니며 예수님을 전해야 쓰것다.'

사실 처음 애양원에 들어와 예수님을 믿으라는 방장의 말에 그녀는 거세게 저항했다.

"나는 조선 구신도 안 믿는 사람인디 뭔노므 서양 구신을 믿는다요?"

은순보다 스무 살이 많은 방장은 그런 은순에게 성경을 하루에 세 장씩 읽게 했다. 성경을 안 읽으면 밥도 먹지 못하게 했다. 그래도 은순이 버티고 안 읽으면 방장도 따라 굶었다.

"밥은 육신의 양식이고, 성경은 영의 양식이요, 기도는 영의 호흡이여."

애양원에서 환자들에게 요구하는 규칙에는 누구도 예외가 없었다. 규칙을 따르며 머무를지 아니면 떠날지 둘 중 하나를 선택해야 했다. 은순은 이곳에서 계속 지내기 위해 어쩔 수 없이 성경을 읽었다. 어느 날 성경을 읽는데 눈물이 쏟아지고 온갖 죄악으로 더러운 자신의 모습이 보였다. 은순은 울면서 회개하고 예수님을 구주로 고백했다.

"이제 옛일은 다 잊어버리고 오직 예수님만 붙잡겠습니다."

방장은 자기 일처럼 기뻐했다. 은순이 학습세례를 받은 날, 같은 방 식구들이 토끼를 잡아 별미를 만들어 축하해주었다.

닥터 토플과 아내 미아 토플도 은순의 변화를 진심으로 기뻐해주었다. 여자라고 무시당하고 천형 같은 병에 걸렸단 이유로 버림받은 은순을 두 사람은 자신들과 다르지 않은 '소중한 사람'으로 대해주었다. 아주 가까이서 두 눈을 마주보고 기꺼이 손을 잡아주었다.

* * * * *

청결함은 거룩함 옆에

서울에서 순천으로 향하는 삼등석 야간열차의 좌석은 좁고 딱딱했다. 1959년 10월 22일 밤이었다. 키가 178센티미터인 닥터 토플은 좌석 앞 좁은 공간에 긴 다리를 구겨 넣고 불편하게 앉아야 했다. 객차 안은 매캐한 석탄 연기로 가득했다. 동행한 보이어 목사는 이런 여행이 익숙한지 편안해 보였다.

한국에 처음 도착한 닥터 토플이 진료 사역에 앞서 먼저 한 일은 연세어학당에서 한국어를 배우는 것이었다. 그렇게 두 주가 지났을 무렵, 애양원 원장인 보이어 목사에게 연락이 왔다. 서울에 업무차 갈 일이 있으니 이참에 자신과 함께 순천에 다녀가면 어떻겠냐고 물었다. 닥터 토플은 기꺼이 그러겠다고 대답했다.

"선교사들은 경비를 아끼기 위해 주로 밤 열차를 이용합니다. 열두 시간을 꾸벅꾸벅 졸고 나면 아침에 순천에 도착할 겁니다. 눈이 빨개져서요. 우린 이걸 토끼눈 여행이라고 하지요."

비좁은 좌석에 반듯하게 몸을 세우고 앉은 보이어 목사가 유쾌하게 말했다. 은퇴를 앞둔 예순여섯의 나이에도 그는 여전히 다부진 체격에 군마처럼 강인한 인상을 풍겼다. 1921년, 스물여덟 살에 한국으로 와 일제 강압에 의한 선교부 철수, 여순사건, 한국전쟁을 다 겪어 낸 베테랑 선교사였다. 그는 무주와 순천 등지에 65개의 농촌 교회를 개척했다. 먼 거리를 순회하면서 목회하느라 열 개의 발톱이 차례차례 다 빠졌다고 한다. 1948년부터 애양원을 책임져온 그는 원래 안식년으로 미국에 돌아가야 했지만, 쌓인 업무를 감당할 마땅한 후임자가 없어 일 년을 연기한 상태였다.

다음 날 아침, 가을비가 추적추적 내리는 가운데 기차는 순천역에 도착했다. 순천선교부 안에 있는 보이어 목사의 집에 들러 아침 식사를 한 후, 두 사람은 낡은 군용 지프를 몰고 20킬로미터 떨어진 애양원으로 향했다. 지프에 연결된 트레일러에는 미국 장로교회 부인회 회원들이 침대 시트를 잘라 만든 붕대를 비롯한 각종 의료용품이 가득 실려 있었다.

작은 마을들과 감나무가 아름다운 시골 풍경 사이로 비포장도로를 40분쯤 달려 애양원에 도착했다. 한국 남서부 지역에 최초로 세워진 고풍스런 나요양소였다. 두 사람은 책임자인 장로와 총무의 안내를 받아 요양소 안으로 들어갔다. 정문에는 목조로 만든 작은 면회실이 있었다. 환자를 만나러 온 사람들은 낮은 칸막이와 유리창을 통해서만 얼굴을 볼 수 있었다. 입구의 정문 외에 두 개의 철문을 더 거쳐야 요양소 안으로 들어갈 수 있었다. 삼면이 바다로 둘러싸인 약 14만 평의 요양소 안에는 환자들이 거처로 사용하는 240동의 돌로 지은 작은 집들이 있었다. 남자와 여자, 부부 숙소로 구분된 이 집들은 32년 전인 1927년, 광주에서 이곳으로 강제 이주를 당하면서 손과 발이 성치 않은 환자들이 직접 지은 건물들이었다. 유일하게 육지와 연결되는 서쪽 면에는 보기에도 끔찍한 철조망 담이 약 800미터에 걸쳐 세워져 있었다. 전염에 대한 우려를 불식시키고 환자를 격리하려는 정부의 방침 때문이었다.

닥터 토플은 눈앞에 보이는 광경에 마음이 무거웠다. 그는 다 나은 환자들조차 세상으로 돌아가지 못하게 쳐놓은 그 가시철망부터 걷어내야겠다고 마음먹었다.

입구에서 1킬로미터쯤 떨어진 곳, 광양만이 내려다보이는 요양소의 가장 높은 곳에는 교회와 최근에 확장한 2층 화강암 병원이 마주 보고 있었다. 광양만 바다 위에는 어선들이 한가롭게 떠다녔다. 그 배들에는 기독교세계봉사회(Church World Service) 마크가 그려져 있고 하얀 밀가루 포대를 기워서 만든 돛이 달려 있었다. 기독교세계봉사회는 애양원에 밀가루와 가루우유, 치즈, 그밖에 여러 물품을 공급해주고 있었다.

병원 앞 마당에는 1,200명의 애양원 환자들을 대표해 여섯 명의 부장과 백여 명쯤 되는 방장들이 두 사람을 맞이하기 위해 기다리고 있었다. 애양원의 행정은 학교, 병원, 식품 조달, 건물 관리, 농사, 인사 등 여섯 개 부서의 부장들로 구성된 위원회가 운영하고 있었다. 보이어 목사는 앞으로 의료팀을 전담할 닥터 토플을 그들에게 소개했다. 군인처럼 머리를 바짝 치켜 깎은 젊은 의사 토플은 오랫동안 기도하며 만나길 고대해온 애양원 식구들과 반가운 첫 대면을 했다. 가을비가 내리는 진흙길 위에서 그는 짧게 영어로 인사했다.

"이곳에 와서 여러분을 만나니 얼마나 기쁜지 모릅니다. 앞으로 우리가 한 팀이 되어 애양원을 나요양소의 새로운 모델로 발전시켜 나가도록 노력합시다."

그리고 찰스 웨슬리의 설교에서 인용한 한마디를 덧붙였다.

"병원에서 가장 필요한 것은 위생입니다. 신앙심만큼 청결함이 중요합니다."

위생이 신앙만큼이나 중요하다는 말에 옆에서 한국말로 통역하던 보이어 목사가 당황하며 머뭇거렸다.[1]

애양원 식구들과의 첫 대면을 마치고 닥터 토플은 병원을 둘러보았다. 병원 입구의 기둥 명판에 쓰인 명심대(明心臺)라는 글씨가 눈에 들어왔다. 1927년 이곳에 병원을 세울 때, 병을 고치려면 먼저 마음을 다스려야 한다는 뜻에서 붙인 명판이었다.

병원이라고 하기엔 기본적인 시설이 열악했다. 우선 수도와 난방 시설이 없었다. 마실 물은 병원 뒤 샘에서 길어왔다. 2층 건물이라 몸이 불편한 환자는 누군가가 업고 계단을 오르내려야 했다. 부족한 의료 기구들은 그마저도 낡았고, 소독은 커다란 무쇠솥에 물을 붓고 장작불로 끓여서 했다. 정맥주사용 소독수를 만드는 구리 증류기, 빗물을 받아 병원에 허드렛 물을 공급하는 지붕의 물받이 통, 그리고 오래되어 닳고 닳은 마룻바닥이 눈에 띄었다. 가구라고는 칠이 벗겨진 에나멜 탁자와 나무 의자, 물건을 넣어두는 유리문 달린 나무 캐비닛이 전부였다.[2]

환자들 가운데 비교적 신체가 건강해 병원에서 의료 보조원으로 활동하는 이들이 여럿 있었다. 소록도나병원 의학강습소에서 2년 과정의 기초적인 의료 훈련을 받은 그들은 처치와 투약, 주사는 기본이고 간단한 수술까지 감당했다. 정식 의사들이 이곳에 오길 꺼리는 탓에 부족한 인력을 메우기 위한 어쩔 수 없는 선택이었다. "환자가 환자를 치료"하고 있다는 코크레인 박사의 말이 맞았다.[3] 실제로 의료 보조원들은 마취 없이(환자가 통증을 느끼지 못하기 때문이다) 환자들의 손가락, 발가락 절단 수술을 하고 때로는 맹장 수술까지 했다.

첫날의 방문은 짧게 끝났다. 병원 시설은 열악했지만 나름대로 체계를 갖추고 운영되고 있었다. 특별히 그가 만난 애양원 식구들은 잠시나마 그들이 나환자라는 사실을 잊게 해주었다. 낯선 이방인 의사를 세심하게 환영해주는 그들이 닥터 토플은 고마웠다. 눈썹도 없고 얼굴은 일그러졌지만 그들의 표정에는 진심이 담겨 있었다.

닥터 토플은 을씨년스런 가을비 속에 애양원을 나서며 앞으로의 일을 잠시 고민했다. 낙천적이고 긍정적인 성품이었지만, 병원이 생각보다 열악한 상태였고 자신이 나병에 대해 아는 것이 너무 적다는 사실에 마음이 무거웠다.

'과연 나는 이곳에서 무슨 일을 할 수 있을까?'

그러다 문득 닥터 토플은 깨달았다. 10월 23일, 애양원을 처음 방문한 그날은 그가 만 스물일곱 살이 되는 생일이었다.

경이로웠다. 새 일을 시작하기에 딱 맞는 타이밍이 아닌가? 애양원을 맨처음 열었던 닥터 윌슨도 나병에 대해 아무것도 모르는 스물여덟의 신참 의사로 한국에 왔었다. 앞으로 어떤 미래가 펼쳐질지 모르겠지만 한 가지만큼은 확실했다. 그도, 애양원 식구들도, 이곳에 요양소를 세우고 이끌어왔던 선배 선교사들도 모두 하나님을 신뢰하며 부르심을 따를 준비가 되어 있었다는 것이다. 토플에게 그것이면 충분했다.

사랑의 동산이 열리고

"자, 나를 꼭 붙드시오. 이 나귀 위에 태워드리리다."

꽃샘추위가 찾아온 1909년 4월의 쌀쌀한 봄날, 신사복 위에 코트를 껴입은 닥터 포사이드가 길에 쓰러져 있는 여자를 안아 올려 자기가 타고 온 나귀 위에 태웠다. 여자는 낙엽처럼 가벼웠다. 그녀가 걸친 것은 넝마였고 온몸엔 고약한 냄새가 절어 있었다. 닥터 포사이드는 동료 선교사인 닥터 오웬이 갑자기 병에 걸려 위독하다는 전보를 받고 급히 목포에서 광주로 가던 길이었다.

얼핏 보기에도 나환자가 분명했던 여자의 "손과 발에는 종기가 가득했고, 한쪽 발에 짚신을 신었으나 다른 발은 두꺼운 종이로 싸매고 있었다."[4] 손가락은 떨어져 나가 두 개밖에 남아 있지 않았다. 상태는 심각했다. 포사이드는 나귀에 오른 여자에게 자신의 코트를 벗어 덮어주었다.

아침 일찍, 포사이드는 닥터 윌슨이 세운 광주진료소에 도착했다. 여자를 병원 안으로 들였으나 나환자를 기피하는 다른 환자들의 격렬한 항의에 쫓겨났다. 마침 진료소 근처에 벽돌을 굽던 가마터가 있었다. 병원을 지을 때 쓰던 곳이었다. 문도 없는 토굴이었지만 한데보다는 따뜻했다. 여자는 이곳으로 옮겨졌다. 선교사 부인들이 따뜻한 스프를 끓여 와 먹였다. 포사이드가 도착하기 전, 이미 남편의 장례를 치른 닥터 오웬의 아내는 슬픔 가운데서도 남편이 생전에 쓰던 휴대용 침낭을 여자에게 깔아주었다. 닥터 윌슨은 정성껏 돌봐주며 마지막이 얼마 남지 않은 여자에게 복음을 전했다. 여자는 세상에서 받지 못했던 사랑을 삶의 막바지에 이르러 그곳에서 받았다. 두 주 후, 그녀는 친절을 베풀어준 이방인들이 지켜보는 가운데 평안히 천국으로 갔다.[5]

포사이드 선교사가 거리에서 죽어가던 나환자를 데려온 이 일은 여러 사람들을 변화시켰고, 훗날 거리를 떠돌던 나환자들을 위해 애양원을 세우게 된 하나의 밀알이 되었다.

윌슨 선교사의 조수이자 한국어 선생이었던 최흥종은 포사이드를 마중 나갔다가 이 모든 일을 처음부터 목격했다. 그는 여자가 떨어뜨린 피고름 묻은 지팡이를 집어달라는 포사이드의 부탁에도 선뜻 움직이지 못했던 일을 깊이 회개했다. 그는 유산으로 받은 광주 봉선리의 땅 천 평을 내놓았다. 그곳에 나환자 진료소를 세워달라는 말과 함께였다. 젊은 시절 건달로 살면서 망치라는 별명이 붙을 만큼 폭력적이었던 그는 예수님을 믿고 목사가 되어 나환자들과 가난한 사람들을 위해 살았다.

광주진료소의 닥터 윌슨도 한국에 온 지 일 년밖에 안 되었지만, 나환자들에게 관심을 갖기 시작했다. 그는 선교관 바깥에 50달러 정도의 비용을 들여 그들을 수용할 집을 짓고 대풍자기름으로 치료를 시작했다. 오얏나무과인 대풍자나무 열매로 만든 이 기름은 항균작용이 있어 오래전부터 인도와 중국에서 피부병이나 나병 치료에 쓰이고 있었다. 20세기 초 나병 치료제 댑손이 개발되기 전까지 유일한 치료약이었다.

대여섯 명의 나환자들로 시작된 나병원은 1911년 정식 인가를 받아 광주나병원이 되었다. 닥터 윌슨이 마련한 치료소에 들어가면, 따뜻한 물로 목욕하고 깨끗한 옷을 입으며 따뜻한 음식을 먹는다는 소문이 나자 전국의 나환자들이 광주로 몰려들었다. 얼마 지나지 않아 병원은 수용 인원을 초과했고, 그럼에도 나병원에 들어가길 기다리는 환자들은 끊이지 않았다. 그들은 병원 주위에 움막을 짓고 광주 시내에서 구걸하기 시작했다. 주민들의 항의가 빗발쳤다. 조선총독부는 1926년, 공공위생을 문제 삼아 나병원을 옮기라는 명령을 내렸다. 윌슨 원장과 미국 남장로교 선교부는 삼면이 바다에 둘러싸여 환자 격리가 용이한 여천군 율촌면 신풍리 바닷가로 이전하기로 했다.

닥터 윌슨은 그동안 재활을 위해 훈련시킨 목공, 석공 등 건장한 백여 명의 나환자들을 신풍리 바닷가로 보내 거주할 집과 건물들을 짓게 했다. 현지에서 채취한 응회암과 사암으로 돌벽을 쌓고 목조로 지붕틀을 올린 간략한 서양식 건물들이었다.[6]

그들은 제일 먼저 교회부터 지었다. '목수간 교회'라고 불린 창고형 건물에서 예배도 드리고 목공 작업을 했다.[7] 병원과 교회, 숙소들이 차례로 완공되자 광주나병원 환자 600여 명은 1928년까지 차례차례 침상과 짐가방을 이고 지고 광주에서 여수까지 137킬로미터를 걸어서 이동했다. 그야말로 "눈물의 이주"였다. 마을 사람들에게 들키면 돌팔매를 당했기에 낮에는 산기슭에 숨어 있다가 밤에만 걸어서 새 보금자리로 들어갔다.[8]

힘겨운 이동 중에 고갯길에서 죽은 여자 환자가 있었다. 동료들은 슬펐지만 어쩔 수 없었다.

"여기 양지바른 곳에 묻어주고 갑시다."

그러나 닥터 윌슨은 반대했다.

"살아 있을 때 이 여자분의 소원이 무엇이었겠습니까? 좋은 병원에 가서 병 고치는 것이 아니겠습니까? 우리 다 같이 가서 그곳에 묻어줍시다."

닥터 윌슨은 시신을 곱게 싸서 자신의 트레일러에 싣고 가서 애양원 내 볕이 잘 드는 곳에 묻어주었다.[9]

처음 윌슨의 집에서 시작한 치료소는 광주나병원이 되었고, 1926년 비더울프 나병원으로 개칭되었다가 여수로 옮겨오고 나서 1935년, '사랑으로 기르는 동산'이란 뜻을 가진 애양원(愛養園)으로 명칭을 확정지었다. 삼면 바다에 물고기와 조개가 풍성하고 14만 평[10]의 널찍한 땅에 농사를 짓고 가축도 기를 수 있는 이곳은 나환자들에게 에덴동산이었다.

나병원을 처음 시작한 윌슨 선교사는 1941년 일본 정부의 신사참배 강요로 인해 미국 남장로교 선교부가 철수할 때 한국을 떠났다. 후임인 탈메이지 목사는 선교부 시설과 재산을 지키기 위해 한국에 남았다가 일본 경찰에 체포되었다. 담양 감옥에 수감되어 있으면서도 애양원을 보살폈으나 그 역시 1942년에 강제 출국당했다. 해방될 때까지 안도와 고마츠라는 일본인들이 애양원의 원장으로 있었다. 그들은 일본식 관료주의로 애양원을 운영했다. 식사를 두 끼로 줄이고 신사참배를 강요했다. 신앙심이 강한 환우들은 몰래 숨어서 예배를 드렸으나 일본인 원장의 운영 방식을 견디지 못한 사람들은 탈출하기도 했다.[11]

일본이 패망하자 신사참배 반대로 형을 받아 감옥에 있던 애양원 교회 손양원 목사가 나와 임시 원장을 맡았다가 1948년부터 보이어 목사가 원장 자리를 이어받았다. 그는 여순사건과 한국전쟁을 겪으며 부서지고 외면받던 애양원의 환자들을 위해 미국에서 후원을 받아 치료약을 공급하고, 어떻게든 양식을 구해 먹이고 교육시키면서 그들의 육신과 영혼을 돌보았다.

특별히 닥터 토플은 손양원 목사를 존경했다. 애양원과 역사를 함께하는 애양원교회의 제2대 목사로 부임한 손 목사는 나환자들을 진심으로 사랑했다. 그들의 환부를 맨손으로 만지고 같이 먹으며 손을 잡고 기도해주었다.

"오 주여, 나는 이들을 사랑하되 나의 부모와 형제와 처자보다도 더 사랑하게 하여주시옵소서. 차라리 내 몸이 저들과 같이 추한 지경에 빠질지라도 사랑하게 하여주시옵소서."[12]

그가 지은 노래 가사 중 일부다. 그는 일본이 강요한 신사참배를 반대하다가 옥고를 치렀고, 여순사건 때 자신의 두 아들을 죽인 좌익 청년을 용서하고 양아들로 삼았다. 1950년 북한군에게 총살당하면서 그의 삶은 멈추었으나 믿음은 변함없이 단단했고 사랑은 오래도록 빛났다. 손 목사는 두 아들과 함께 애양동산에 묻혀 있다.

애양원은 한국 근현대사의 소용돌이 속에서도 나환자들을 지켜냈다. 삶과 죽음의 경계를 넘나드는 전쟁과 배교의 위협, 굶주림 속에서도 작고 연약한 동산은 무너지지 않았다. 놀라운 하나님의 은혜였다. 50년 역사의 질곡을 헤쳐 나온 이 아름다운 동산을 이끌고 나가야 할 젊은 의사 토플이 먼저 해야 할 일은 애양원의 현재 상황을 정확히 파악하는 것이었다. 그 가운데서도 한국어를 능숙하게 구사하도록 익히는 일이 가장 시급했다.

오직 하나님만이

애양원에 부임하기 전 닥터 토플은 한국인 집에서 하숙하며 연세어학당에 나가 집중적으로 한국어를 배웠다. 빨리 진료를 시작하기 위해선 언어 숙달이 중요했다. 그를 가르치는 어학당의 젊은 선생은 그에게 '도성래'라는 한국 이름을 지어주었다. 스탠리 토플과 비슷하게 발음되는 이름이었다. 한자로는 도읍 도(都), 성스러운 성(聖), 올 래(來)였다. '성스러운 사람이 왔다'는 뜻의 꽤 부담스러울 수 있는 이름이었다. 그는 가장 큰 소망을 실어 이름을 지어주는 부모의 마음이라고 이해했다.

언어를 배우는 틈틈이 그는 한국의 기독교 병원들을 돌아보았다. 친구들에게 보낸 편지에는 세브란스 병원과 전주 예수병원을 방문한 이야기가 상세하게 적혀 있었다.

> 서울의 연합장로교와 감리교에서 운영하는 세브란스 병원은 애틀랜타에 있는 오래된 그래디 병원을 생각나게 합니다. 토요일 아침에 케네스 스콧 박사와 함께 회진을 하며 흉곽형성술, 소엽절제술, 기흉절제술, 결핵, 흉막, 폐농양에 대한 피부박리술이 많은 점이 인상 깊었습니다. 특히 오래된 화상 기형이나 구축(拘縮)이 있는 어린이들에겐 성형술도 많이 하고 있었습니다.[13]

그는 나환자 재활을 위한 성형 수술에 관심이 많았다. 감각이 없어져 얼굴에 기형이 생기고 손발에 화상이나 심한 외상을 입는 환자들이 많았기 때문이었다.

전주 예수병원에도 갔다. 예수병원은 미국 대사 부인이 서울의 큰 병원을 마다하고 그곳에서 수술을 받을 정도로 실력을 인정받고 있었다. 닥터 토플은 전주 예수병원이 낯설지 않았다. 사실 그는 열두 살 때, 이웃에 살던 아버지의 친구 닥터 로이드 보그스와 낚시를 간 적이 있었다. 닥터 보그스는 1925년부터 1940년까지 전주 예수병원 원장으로 재직하다가 은퇴한 선교사였다. 그는 어린 스탠리와 함께 물고기를 잡으며 자연스럽게 미래의 선교사 하나를 낚은 셈이었다.

닥터 토플은 두 병원에 비해 시설이 훨씬 열악한 애양원에 가서 자신이 해야 할 수술에 대해 걱정했다. 그는 편지의 수신자인 의사 친구들에게 도움을 청했다.

> 며칠 후 광주에 있는 결핵병원을 방문합니다. 그리고 몇 달 후엔 평생 내가 있어야 할 나요양소로 갑니다. 좋은 수술대, 수술용 조명, 고압 증기 멸균기를 확보해 재건 수술을 할 수 있길 희망합니다. 혹시 여러분 가운데 중고라도 좋으니 사용 가능한 이 기구들이 병원 창고에 묵혀 있다면 내게 파셨으면 합니다.[14]

병원에 머물면서 수술과 처치를 받는 사람들은 그나마 형편이 나았다. 닥터 토플은 서울역에서 아기를 업고 구걸하는 엄마들과 상이군인들, 구두통을 메고 다니는 소년들과 껌과 담배, 볼펜을 팔러 다니는 더 작은 아이들을 만났다. 그들에게 미국인은 좋은 표적이었을 것이다. 그럼에도 그는 그들이 내미는 손을 거절할 수 없었다. 그는 주머니의 돈을 있는 대로 털어서 주기도 하고, 그들에게 도움이 되길 바라며 지역 교회에 헌금을 했다. 한국에 오기 전에 할아버지에게 꽤 넉넉하게 받은 비상금이 바닥날 정도였다. 그러나 도움이 간절한 이들은 거리에도, 기차 안에도, 전주역, 광주역 등 어디에도 넘쳤다. 휴전이 이루어진 지 6년이 지났으나 전쟁의 상흔은 여전히 그대로였다. 한국에 도착하고 두 달이 채 안 되었는데 그는 참혹한 광경을 곳곳에서 마주했다.

전쟁으로 무너진 건물들은 다시 건축되고, 부서진 도로 위로는 전차가 다녔다. 부지런한 한국인들은 새벽부터 바쁘게 움직였다. 특히 펑퍼짐한 일바지 차림의 젊은 여인들이 대나무 바구니 가득 돌과 모래를 담아 머리에 이고 공사장에서 일하는 모습은 그의 기억에 오래 남았다. 그렇게 사회는 활력을 되찾고 건물과 도로도 복구되고 있었다. 그러나 전쟁고아들, 실업자들, 무섭게 퍼져가는 결핵 환자들, 그리고 다리 밑에 집단으로 기거하는 나환자들까지 돌볼 사회적 여력은 아직 없었다. 닥터 토플은 가진 돈을 다 내어주고, 자신의 의술로 열심히 고쳐준다 해도 그들을 돕는 데 한계가 있음을 깨달았다. 경제적으로 별 부족함 없이 어린 시절을 보냈던 젊은 의사는 생전 처음 마주한 거대한 고통 앞에서 무력감을 느꼈다. 그는 하나님의 도우심만이 해답임을 알았다.

2. 가시철망으로 둘린 에덴동산

고통이 극심하고 만연한 이 땅, 환자들이 정말 아파하는 이곳에서 솔직히 말하자면, 그리스도만이 해답입니다. 우리 의사들이 할 수 있는 일은 아픈 이들의 육체의 고통을 경감시켜주는 것이지만, 열린 무덤 너머에 있는 진정한 위안과 희망, 생명의 향연을 제공할 수 있는 분은 오직 위대한 의사 예수 그리스도뿐입니다.[15]

애양원에 정식으로 부임하기 전 닥터 토플이 겨우내 서울에서 언어를 배우는 동안, 11월부터 애양원에는 광주의대 전문부를 졸업하고 군대를 막 제대한 국희종 선생이 진료를 맡았다. 열정적이고 순수한 신앙을 가진 국 선생은 목포 프렌치(부란취) 병원 의사 국순홍 선생의 아들이었다. 프렌치 병원은 찰스 프렌치의 유산으로 1916년 미국 남장로교 선교부가 세운 병원이다. 국희종 선생은 애양원 환자들의 진료 및 투약 기록 등이 제대로 정리되어 있지 않은 것을 발견했다. 오랫동안 전임의가 없었던 까닭이다.

국 선생은 애양원에서 근무하는 1년 반 남짓한 기간 동안 환자들의 신상 카드, 병형 분류, 진료 차트들을 차곡차곡 분류하고 정리해놓았다. 그는 이듬해 봄 닥터 토플이 애양원에 부임해 자리를 잡을 때까지 반 년 정도 함께 일한 후 무의촌이던 순창의 복흥으로 들어갔다. 그는 그곳에서 농지를 개간하며 가난한 사람들의 의사로 평생을 보냈다. 국 선생이 정리해놓은 임상 자료들은 닥터 토플이 진료하는 데 큰 도움이 되었다.[16]

수술대 위의 죽음

"허리가 아픈 지 얼마나 되었습니까?"

흰색 가운을 걸치고 넥타이를 단정하게 맨 닥터 토플이 이곳저곳이 쑤시다고 호소하는 환자에게 서툰 한국어였지만 또박또박 물었다. 나환자들은 신경섬유의 손상으로 피부에 통증을 못 느끼는 증상을 주로 겪지만, 그밖에도 관절과 피부가 욱신거리고 쑤시는 증상도 흔했다.

"열흘 될랑가. 또 뭘 묵기만 하면 명치가 꽉 멕히능게 소화가 안 되부요."

애양원의 환자들은 나병 치료제인 댑손뿐 아니라 진통제 남용과 고춧가루가 많이 들어간 음식 때문에 소화기관이 약했다.

"설사가 때때로 나옵니까?"

"설사는 없는디 머리가 아파부요."

"그럼 우선 아스피린 두 개만 잡수세요. 많이 드시면 안 좋습니다."

외래 진료실로 새로운 환자가 오면, 닥터 토플이 문진을 마치기 전 반드시 하는 일이 있었다.

"교회 다니십니까?"

"묵고 살기도 깝깝헌디 뭔노프 예배당이다요."

"네, 우리는 언젠가 죽습니다. 예수님 믿어야 합니다. 예수님 안 믿으면 천국 못 갑니다."

그는 성경 말씀이 인쇄된 전도지를 주었다. 환자들은 진찰실을 나서면서 한마디씩 했다.

"아따, 미국 양반이 우리말을 솔찬히 잘 허네이!"

처음부터 그가 한국어를 잘한 것은 아니었다. 닥터 토플은 1960년 봄부터 순천에 내려와 환자들을 진료하기 시작할 때, 이삼석 전도사를 통역으로 고용했다. 두 사람은 매일 아침마다 버스를 타고 순천에서 애양원으로 함께 출근했다. 외래 진료뿐 아니라 애양원 나환자들의 숙소를 찾아가 진료할 때도 이 전도사가 동행했다. 닥터 토플은 그의 도움을 받아 진료에 필요한 모든 대화를 영어로 표기해 외워나갔다. 실생활에서 부딪히며 한국어를 익히는 방법은 효과가 좋았다. 덕분에 그는 구수한 전라도 사투리로 말하고 한국의 속담도 구사할 줄 알게 되었다.

애양원의 의료 부문을 전담하면서 그는 병원을 청결하게 유지하고 환자의 진료기록을 분류, 정리하는 일에 우선을 두었다. 그 전까지 보이어 목사는 일주일에 한 번 애양원에 와서 약을 전달하고 학교, 병원, 식품 조달, 건물 관리, 농사, 인사를 맡은 여섯 명의 부장들과 업무를 상의해왔다. 하지만 전담 인력 없이 자율적으로 의료 부문을 운영한 탓에 적지 않은 문제가 발생했다. 무엇보다 병원 내 의료 보조원들이 환자가 요구하는 대로 가루 위장약과 아스피린을 주었고, 먹는 약보다 효과가 좋다고 오해해 무분별하게 주사를 놓았다. 닥터 토플은 이런 잘못된 관행을 고쳐나가기 시작했다.

투약 체계도 새로 정비했다. 특히 일주일 치 나병 치료제를 한 번에 주던 방식을 바꾸었다. 한꺼번에 많은 약을 주면 환자들이 제 맘대로 과용하거나 아니면 복용을 중단해 병을 키웠다. 닥터 토플은 전염력 있는 나종형 나환자들은 일주일에 두 번 환자들이 직접 병원에 와서 의료인이 보는 앞에서 약을 복용하게 했다.

그는 애양원에 있는 환자들 1,045명의 상태를 재분류했다. 그 결과 3분의 1은 음성환자였고, 개중에는 신체적으로 건강하고 의학적으로도 당장 퇴원할 수 있는 사람들도 있었다. 이들은 애양원 내의 중증 환자들을 돌보고 애양원을 유지하는 데 필요한 인력으로 전환할 수 있었다. 그다음 3분의 1은 건강하진 않으나 농사 정도는 지을 수 있는 사람들이었고, 나머지 3분의 1은 정상 생활이 어려울 정도로 시각장애가 있거나, 손과 발에 궤양이 있고 절단 상태거나, 얼굴에 변형이 있거나, 장애가 심한 고령 환자들이었다.

댑손과 함께 새로운 약들도 사용하기 시작했다. 눈썹 위 피부조직을 떼어내 피부도말검사를 해서 양성으로 나온 환자들에게 시바 1906, 람프렌, 설페트론 등을 투여했다.

닥터 토플이 중점적으로 고민한 부분은 나환자들의 발에 생겨 잘 낫지 않는 피부궤양이었다. 감각이 둔화된 나환자들이 계속 걷거나 상처에 자극을 주면 증상이 심해져 발의 변형이 나타났다. 근육마비로 발 앞 부위를 들어올리지 못하는 족하수가 생기고 발이 안쪽으로 굽는다. 감염이 지속되면 잘라내기도 해야 했다. 그는 환자의 상처 난 발바닥에 석고붕대를 감아 완전히 밀폐한 후 견딜 수 없을 정도로 냄새가 나도 내버려두는 방법을 썼다. 한 달 후에 보면 놀랍게도 석고붕대 안에서 궤양이 나아 있었다.

이 방법은 그가 레지던트로 있던 조지아주 매콘 병원의 한 나이 든 정형외과 의사에게 배운 것이었다.[17] 그 노의사는 당뇨로 인한 발 궤양에 이 방법을 써서 효과를 보고 있었다. 2년 반 후, 닥터 토플은 나병의 최고 권위기관인 인도의 쉐프린 나병연구소에 갔을 때, 그곳에서도 이 방법을 사용하고 있는 것을 보고는 무척 기분이 좋았다. 같은 원리의 처치법이 미국, 인도, 한국 등에서 독자적으로 발전하고 있었다.

갓 부임한 젊은 의사가 몇십 년 동안 굳은 관행을 바꾸고 새로운 치료법을 도입하려는 시도에 애양원의 구성원들은 당황했을 것이다. 그러나 원칙을 세우고 그 원칙이 합당하다면 그대로 밀고 나가는 것이 닥터 토플의 성격이었다.

애양원에서는 나병에 관련된 것 외에도 나환자들의 크고 작은 수술이 많았다. 탈장과 포피절제 수술, 치질 수술, 종양 제거 수술, 그리고 종종 응급을 요하는 수술도 있었다. 그가 처음 맡은 수술은 종양 제거 수술이었다. 환자는 키가 작고 마른 체구에 신앙심이 깊은 애양원교회의 장로였다. 그는 목 오른쪽 아래에 지름 5센티미터 크기의 종양이 있었다. 피부 깊은 곳에 연결되지 않은 양성 종양으로 보여 부분마취만 하고 수술을 했다. 장로는 잘 회복되었고 이후 닥터 토플과 친구가 되었다. 그는 젊은 이방인 의사가 밀어붙이는 애양원의 의료 개혁을 지지하고 적극적인 후원자가 되었다.

그다음으로 맡은 건 담낭 절제 수술이었다. 환자는 나병에 걸린

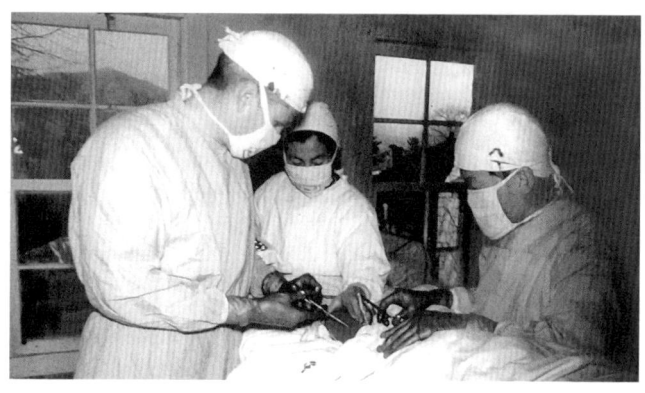
수술 중인 닥터 토플

데다 오랫동안 담낭에 발생한 염증으로 몹시 쇠약해진 상태였다. 계절은 봄이었지만 애양원의 수술실은 아직 추웠다. 돌을 쌓아 만든 건물의 숭숭 뚫린 구멍 사이로 바닷바람이 들어왔다. 먼지와 균을 가라앉히기 위해 수술실 바닥에 물을 뿌려놓은 탓에 찬바람이 드는 겨울에는 바닥이 얼기도 했다.

닥터 토플은 옷소매를 팔꿈치 위로 올리고 에나멜 대야 위로 조수가 팔과 팔뚝에 부어주는 깨끗한 물로 10분간 소독한 다음, 그 위에 수술 가운을 입었다. 머리에는 광부들이 사용하는 헤드랜턴을 차기도 했다. 전기를 아껴야 했기 때문이었다. 애양원에는 30킬로와트짜리 디젤 발전기가 100미터쯤 떨어진 작은 집에 보관되어 있었다. 그것은 밤에 응급상황이나 엑스레이를 찍을 때, 원심분리기를 가동할 때, 검사실 기구를 사용할 때에만 가동했다.

수술실 천장에는 창문이 나 있어 닥터 토플은 그곳으로 들어오는 햇빛에 의지해 수술을 했다. 수술이 길어지면 조수들이 해의 방향에 따라 빛이 들어오는 쪽으로 수술대를 옮겼다. 그래도 시야가 확보되지 않는 수술 부위 깊은 곳은 손전등을 비추었다. 수술대 위에는 옷을 가슴 위로 올리고 바지는 사타구니까지 내려 복부를 드러낸 환자가 누워 있었다.

닥터 토플이 소독약으로 수술 부위를 소독하자 수술방 조수가 척추마취를 하고 수술포로 덮었다. 이 수술포는 끓는 찜통의 증기를 쐬어 소독한 것이었다. 수술 도구는 병원 뒤쪽의 커다란 무쇠솥에 넣고 물을 부어 장작불로 끓여냈다. 정맥주사용 소독수는 검게 그을린 구리 증류기를 사용해 뽑아냈는데, 마치 1920년대 미국의 금주령 시절에 불법으로 술을 만들던 기구 같았다. 미국의 의사들이 봤으면 아마도 머리카락이 곤두섰을 것이다. 이 모든 도구와 시설은 처음 애양원을 세운 윌슨 원장 때부터 사용해온 것들이었다. 토플은 열악한 상황을 개선하고 시설 수준을 높이려면 많은 시간과 인내가 필요하다고 생각했다.[18]

토플은 재빨리 환자의 배를 열고 담낭을 떼어냈다. 그러는 동안 의료 보조원은 수술 부위가 잘 보이도록 계속해서 손전등을 비추었다. 수술은 무사히 끝났지만 병원에는 별도의 회복실이나 입원실이 없었다. 수술이 끝난 나환자는 애양원 내 자기 처소로 옮겨져 누워 있어야 했다. 척추마취가 풀리면 당연히 고통이 따랐다. 토플은 환자를 따라가 수액과 항생제 등을 처치했다. 불행히도 닥터 토플이 두 번째로 수술한 환자는 기력을 회복하지 못하고 다음 날 사망했다.

나환자는 죽어서도 사회로 돌아가지 못했다. 혈육을 부르지도 못했다. 시신을 받아줄 곳은 애양원 안의 간이 화장터 말고는 없었다. 그의 육신은 바다가 보이는 언덕 위 허름한 화장터에서 한 줄기 연기와 한 줌의 재로 사라졌다. 닥터 토플은 장례식에 참석했다. 병든 육신의 질고를 벗은 영혼은 애양원 형제자매들의 기도와 찬송 가운데 주님 품에 안겼다.

얼마 후였다. 신풍역 근처 철길에서 기차에 치인 청년 한 명이 실려 왔다. 두 다리가 잘려나갔고 엄청난 양의 출혈이 있었다. 닥터 토플은 청년을 살리기 위해 가능한 모든 수단을 동원했지만 소용없었다. 토플과 동년배로 보이는 젊은 청년은 수술대 위에서 사망했다. 당시 의료시설이나 의술로는 피할 수 없는 죽음이었으나 이 일은 그의 마음에 오랫동안 남았다.

'병원의 설비가 좀 더 좋았더라면…… 내 수술 실력이 더 나았더라면…… 그 청년이 살 수 있지 않았을까?'

자신이 집도한 수술대 위의 죽음으로 그에게 새로운 간절함이 생겼다. 애양원 안의 나환자들만 위한 병원에 머물지 않고 제대로 시설을 갖춘 병원으로 개선시켜 더 많은 이들의 생명을 구해야겠다는 결심이었다. 마침 닥터 토플은 전주 예수병원에서 미군에게 기증받은 낡은 침대를 더 이상 쓰지 않는다는 소식을 들었다. 군용인 데다 낡은 접이식 침대였지만 애양원에 아예 없던 것이라 그것도 감사했다. 닥터 토플은 스무 개를 구해와 일단 입원실로 사용할 여성 병동에 세 개, 남성 병동에 다섯 개를 설치했다. 그래도 입원한 환자들은 자신이 덮을 담요를 가져와야 했다. 입원실에 난방이 안 되어 겨울에는 정맥주사용 링거병이 얼어서 깨지기도 했지만, 더 이상 환자가 수술 후 바로 자기 처소로 돌아가는 일은 없었다.

닥터 토플은 '미군의 한국 원조' 프로그램을 통해서도 병원 장비 지원을 요청했다. 그가 서울에서 한국어 공부를 하고 돌아온 어느 날, 보이어 목사가 말했다.

"자네가 없을 때 커다란 군용트럭이 여기 와서 꽤 많은 나무상자들을 내려놓고 갔네. 뭔지는 몰라도 아마 자네에게 온 것이라고 생각해 창고에 보관해뒀네."

닥터 토플과 보이어 목사가 상자들을 열어보니 그가 신청했던 의료 장비가 들어 있었다. 수술대, 수술실의 조명 시설, 수술 기구를 보관할 캐비닛 그리고 각종 의료용품들이었다. 대부분 스테인레스로 제작되어 눈부시게 반짝이고 아름다운 최신형 제품이었다. '우연히도' 그날은 크리스마스였다. 닥터 토플은 이 멋진 의료 장비를 가져다 준 엉클 샘(미군)과 하나님께 감사드렸다. 이 장비들은 수년 동안 애양원 운영에 큰 도움이 되었다.[19]

수영 시합

"이겨라! 이겨라!"

애양원 동쪽 해변에서 떠들썩한 함성이 울려 퍼졌다. 뜨거운 여름

햇살이 반짝이는 바다에서 청년들 스물댓 명이 수영 시합을 하고 있었다. 선두를 다투는 몇 명의 청년 가운데 유난히 흰 피부에 건장한 체격, 바짝 치켜 깎은 밝은 노랑머리의 닥터 토플도 있었다. 그가 애양원에 오고 나서 처음 맞는 여름이었다.

지난 가을 애양원에 온 날, 그는 나환자들을 세상으로부터 철저히 격리하는 이중 삼중의 출입구와 철조망을 보았다. 그러면서 나환자들의 병을 치료하는 것도 중요하지만, 그들에게 마음의 해방감을 주는 것도 중요하다고 생각했다. 약을 복용해 더 이상 균이 나오지 않는 환자들을 수용소에 가두는 것은 의미가 없었다. 건강이 회복된 사람들은 사회로 돌아가야 했다. 정부의 정책과 사회의 인식도 변해야 하지만, 먼저 애양원 환자들의 자존감 회복이 필요했다. 그들은 자신이 병에 걸렸다는 사실과 망가진 외모 때문에 위축되어 세상으로 나갈 힘이 없었다. 닥터 토플은 환자들이 애양원에 있는 동안 복음의 기쁨을 알게 되고 사회로 돌아가선 예수님 안에서 승리하길 바랐다.

그는 특별한 제안을 했다. 젊은 환자들과의 수영 시합이었다. 나환자가 일반 사람들과 몸을 부딪히며 어울리는 것 자체가 생각하기 어려웠지만, 세상과 나환자들 사이에 나 있는 마음의 거리를 좁힐 수 있다면 충분히 해볼 만한 일이었다.[20]

"와아, 이겼다."

바닷가에서 이들의 시합을 바라보던 애양원 사람들은 환호하며 박수를 쳤다. 결승선에 일등으로 들어와 숨을 가쁘게 쉬며 승리의 주먹을 불끈 쥔 청년은 젊은 나환자였다. 토플은 두어 명이 먼저 들어온 후 뒤따라 들어왔다. 사람들이 그에게도 박수를 보냈다. 그는 환하게 웃으면서 손을 흔들었다. 힘들어 보이지는 않았다. 사실 그는 어린 시절부터 온타리오 호수에서 수영을 즐겼고 대학 다닐 때는 선수로도 활동했다. 그는 청년 환자들에게 '건장한 미국 선교사를 이겼다'는 자부심을 심어주고 싶었다. 닥터 토플과 청년들은 서로 어깨를 두드리며 격려했다. 그들 사이에 놓였던 장애물이 치워지고 마음의 거리도 줄어들었다. 토플은 환자들에게 자신이 일원으로 받아들여졌음을 느꼈다. 얼마 후 그는 애양원 바닷가를 빙 두르고 있던 가시철망 담장을 제거해버렸다.

토플이 한국에 온 지 1년 반이 지났다. 1961년 4월 부활절에 그의 부모님과 그가 다니던 교회 교인 에드 커닝햄 박사가 일본과 대만을 거쳐 한국을 방문했다. 닥터 토플의 부모님은 아들이 어학당에 다닐 때 하숙했던 집에서 하루를 묵었다. 하숙집 여주인은 차와 과일을 대접하며 스탠리의 어머니에게 말했다.

"선교사님이 아직 총각이라 걱정이네요. 한국 나이로 치면 노총각입니다. 이번에 부모님이 오실 때 신붓감을 데리고 오지 않을까 했는데요."

스탠리가 미국을 떠나올 때부터 어머니의 유일한 걱정은 아들이 결혼하지 않은 채 선교지로 가는 것이었다. 하지만 어머니는 담담하게 대답했다.

"예수님이 마땅한 짝을 보내주실 거예요. 기도하고 있습니다."

스탠리의 어머니 도로시는 다음 날 새벽, 하숙집 여주인이 네 살 된 딸을 데리고 평소처럼 새벽예배에 다녀온 사실을 알고는 자신이 수요일 밤과 주일에만 교회에 가는 것이 부끄럽다고 느꼈다. 그날 그들은 서울역에서 기차를 타고 순천으로 왔다. 스탠리의 어머니는 일기에 이렇게 썼다.

> 다음 날 우리는 차로 15마일(25킬로미터) 떨어진 윌슨 나요양소에 갔다. 이곳에는 1,180명의 환자가 있으며, 그중 900명이 기독교인이다. 그들은 모두 교회에 모여 우리를 환영해주었고, 그들을 위해 아들을 보내주어 감사하다고 인사했다…… 이곳은 아름다운 반도에 위치하며 사람들은 작은 집에서 산다. 어떤 사람은 결혼을 했는데, 아기가 생길 경우 그 아기는 병에 걸리지 않도록 기숙사에서 따로 길렀다. 아이들은 부모를 방문할 수 있다.[21]

애양원에는 보이어 목사가 나환자들의 자녀인 미감아(미감염아동)들을 위해 1952년에 세운 명성보육원이 있었다. 나환자들에겐 정부의 방침에 따라 강제적으로 정관수술이 시행되었지만, 종종 아기가 태어나기도 하고 외부에서 데려오기도 했다. 나병은 유전이 아니기 때문에 태어난 아이들은 병이 없었다. 하지만 부모와 함께 지내면 피부 감염의 우려가 있어 격리해서 키워야 했다.

토플이 부임했을 당시엔 55명의 아이들이 보육원에서 초등교육을 받고 있었다. 일반 학교에서 미감아의 입학을 거부했기 때문이었다.

초등교육을 마치고 나면 기독교 학교인 매산중학교와 매산고등학교로 진학했다. 물론 자신들이 나환자의 자녀라는 사실을 되도록 숨겨야 했다. 교육열 높은 한국인의 특성이 나환자 부모라고 해서 예외는 아니었다. 그들은 꼬부라지고 잘려나간 손에 호미를 묶어 농사를 짓고 닭을 길러 아이들을 교육시켰다. 선교부에선 장학금을 지급했고, 많은 아이들이 부모의 기대를 저버리지 않고 대학에 진학했다. 토플이 부임했을 당시, 애양원과 명성보육원 출신으로 대학에 다니는 학생이 40명이나 되었다.

애양원 환자들은 스탠리의 어머니에게 금목걸이를 선물했다. 도로시는 그들이 누구보다 가난한 사람들이라는 것을 알고 있었다. 그녀는 고맙고 가슴이 아팠다. 스탠리의 부모님은 몇 년 후, 애양병원을 새로 지을 때 어마어마한 기부금을 냈다. 교회를 통한 목적헌금 방식으로 해 자신들의 이름이 드러나지 않도록 했다.

스탠리의 어머니는 신실하고 활발하며 틀에 매이기보단 늘 새롭게 생각하는 사람이었다. 스탠리가 유치원에 다닐 때, 어린이 분장대회에 참여한 적이 있었다. 어머니는 스탠리에게 카우보이 복장을 입히고 세발자전거에는 윈체스터 담배 포스터에서 오린 말머리를 붙여 일등 상을 타게 해주었다. 어머니는 스탠리가 선교사로 애양원에 부임한 후, 교회 여전도회를 통해 침대보로 붕대를 만들어 보내고, 바쁜 아들을 대신해 선교 편지를 타자기로 일일이 쳐서 발송하는 등 헌신적으로 도움을 주었다.

닥터 토플은 먼 한국까지 오신 부모님과 일행이 미국으로 돌아가는 길에 경유지로 들른 홍콩까지 직접 동행했다. 그의 목적은 홍콩에 있는 헤이 링 차우 나요양소를 방문하는 것이었다. 홍콩에서 모터배를 타고 약 한 시간 정도 가면 나오는 섬에 1951년 영국 나병선교회가 세운 이 요양소에는 540여 명의 나환자들이 수용되어 있었다. 그곳은 풍부한 재정 지원을 통해 최신의 설비를 갖추었고, 의료 인력도 필요한 대로 잘 구성되어 있었다.

토플은 이곳 수석 의사인 그레이스 워렌 박사와 여섯 명의 선교사들이 진행하는 나환자의 신체 변형과 마비에 대한 재건 수술 및 재활에 관심이 많았다. 늘어지거나 변형된 발의 힘줄 이식 외에도 뼈 수술, 의수족, 물리치료와 환자 교육 등 당장 애양원에 필요한 프로그램들이었다. 이곳에서 섬세한 수술법과 의료 지식을 습득한 닥터 토플은 애양원으로 돌아와 나환자들의 변형된 발 재건 수술에 곧바로 적용했다. 마비와 변형으로 평생 장애를 안고 살아가야 했던 환자들의 발을 어느 정도 정상 생활이 가능한 상태로 회복시킬 수 있다는 것은 토플에게도, 환자들에게도 감격스러운 일이었다.

그는 홍콩에서 돌아오면서 많은 석고붕대도 들여왔다. 발에 궤양이 생긴 환자들에게 석고붕대를 하고도 잘 걸어 다닐 수 있도록 짧은 다리(단하지) 석고붕대를 해주었다. 토플은 나무와 고무판을 이용해 일본 게다처럼 생긴 신발을 만들어 석고붕대를 한 발에 신을 수 있게 했다. 그는 어머니 도로시를 닮아 혁신적인 데가 있었다. 자신에게 허락된 한정된 자원을 최대한 활용해 필요한 개선을 이루어냈다.

아름다운 숙녀 미아

1961년 9월, 순천역에 도착한 기차에서 키가 크고 젊은 서양 여성이 내렸다. 미소가 선해 보이는 이 여성은 이틀 전 계단에서 넘어진 탓에 팔을 다쳐 어깨에 삼각건을 두르고 있었다. 그녀는 오슬로 의과대학 출신의 소아과 의사 안네 마리에 아문센 선교사였다. 노르웨이선교연맹 소속으로 1960년 11월에 파송된 닥터 아문센은 월드비전에서 김포에 새로 짓는 어린이병원의 책임자로 일할 예정이었다. 그녀는 노르웨이선교연맹이 나병에 걸린 어린이들을 위해 쓸 기금 2천 달러의 사용처를 찾다가 자문을 얻기 위해 닥터 토플을 만나러 온 것이었다.

닥터 토플은 마침 애양원을 비우고 영국구라선교회 소속 제랄드 윌슨 박사와 함께 소록도에 가 있었다. 정부가 운영하는 국립소록도병원에선 5천여 명의 나환자를 의사 두 명이 관리하고 있었다. 두 사람은 통계 수집과 약품 주문서에 결재 도장 찍는 일을 하고, 아주 작은 창문을 통해 환자들에게 주사약을 처방했다. 환자들을 만날 때는 마스크, 모자, 장화, 가운 등으로 중무장하고 절대 맨손으로 환자를 만지지 않았다. 클리닉은 의료 훈련을 받은 나환자들이 운영하고 있었다. 환자와 의료진, 직원의 숙소가 엄격하게 구분되어 있고, 이를 위반하면 엄한 처벌이 따랐다. 이곳에는 감옥도 있었다. 환자들과 의료진이 자유롭게 오가는 애양원의 분위기와는 너무도 달랐다. "절망적이고 가련한 생활 환경"을 직접 눈으로 본 토플은 안타까운 마음

이 들었다.²²

그 시각, 닥터 아문센은 닥터 토플이 소록도에서 돌아오길 기다리며 순천 장로교 선교부의 미첼 페트리 가족과 함께 즐거운 시간을 보냈다. 닥터 토플이 소록도에서 돌아왔을 때 그녀는 깜짝 놀랐다. 당연히 나이가 지긋한 기혼 남성인 줄 알았는데 스포츠형 머리에 젊고 잘생긴 청년이 나타난 것이다!²³

두 사람은 일요일 아침과 월요일 종일을 애양원에서 함께 보냈다. 닥터 토플은 노르웨이 기금을 받을 수 있는 환자들이 있는지 이곳저곳을 전화로 수소문했다. 애양원에서 가장 어린 환자들은 다행히 십대였고, 보육원에는 나환자의 자녀들이 지내고 있어 기금을 받을 자격이 충분했다.

닥터 아문센은 스탠리에게 자신을 미아라 부르라고 했다. 미아는 1930년 2월 9일, 오슬로 외곽 지역인 베켈락쇼에서 1남 4녀 중 장녀로 태어났다. 할아버지는 목수였고, 아버지는 오슬로 시내 전차회사인 오슬로 스포베이엘의 전기 엔지니어링 자문역으로 일했다.

그녀는 닥터 토플과 함께 애양원 안을 걷다가 자연스럽게 환자들과 어울려 이야기를 나누었다. 그녀가 만난 환자들은 얼굴의 신경조직이 손상되어 눈과 코, 입, 얼굴이 일그러져 있거나 눈을 감지 못했다. 일찍 발견해서 적절한 치료를 받았다면 그런 지경까지 이르진 않았을 것이다. 미아는 그들을 보며 마음이 아팠다. 한편으론 토플에 대한 존경심이 커졌다. 빗물을 받아 증류수로 쓰고, 전기가 부족해 천창으로 들어오는 햇빛에 의지해 수술하면서도 그는 불평하거나 위축되지 않았다. 오히려 자신감이 넘치고 활기찼다. 그의 신념은 단순하고 확실했다.

"기도하라. 그러면 네가 가지고 있는 것으로 네가 할 수 있는 일을 이룰 수 있다."[24]

두 사람은 신앙심 좋은 집안에서 자란 것 말고도 공통점이 많았다. 스탠리가 어릴 때부터 선교사들의 여름 캠프에서 영향을 받고 십대에 선교사 서원을 했던 것처럼, 미아 역시 어린 시절에 마다가스카르와 중국에서 사역하다가 은퇴한 선교사들과 가까이 지냈고, 열두 살 즈음에는 성경캠프에 참석해 예수님을 위해 살겠다고 결심했다. 그 후 의학을 공부하면서도 주님께 자신을 선교사로 부르셨는지 알게 해달라고 계속 기도하다가 한국의 고아들을 위한 의료 선교사로 서원했다.

젊은 청년 의사에게 미아만 일방적으로 호감을 가진 것은 아니었다. 스탠리는 그야말로 미아에게 한눈에 반했다. 사실 그는 한국에 온 지 얼마 안 되어 할아버지에게 편지 한 통을 받았었다. 할아버지는 월드비전의 후원자라 그곳의 소식지를 받고 있었는데, 젊은 노르웨이 여성 의사가 서울에 새로 짓는 고아들을 위한 병원에 파견된다는 기사를 읽고 편지를 쓴 것이었다.

"다음에 서울 갈 일이 있을 때 이 독신 여성을 방문하는 것은 어떻겠니?"

실제로 두 사람은 지난 겨울 모르는 사이에 만난 적이 있었다. 스탠리가 운전하는 차에 미아와 다른 어학원 학생들이 동승했던 것이다. 그들은 연세대 캠퍼스에 도착하자마자 짧게 인사하고 헤어졌다. 서로 이름도 모른 채 말이다.

미아가 애양원을 방문하고 돌아간 후, 닥터 토플은 일을 핑계 삼아 몇 번이고 서울로 가서 미아를 만났다. 10월에는 부산에서 열린 선교사 대회에 같이 참석했는데, 누가 봐도 두 사람은 '갈라놓을 수 없는 사이'였다. 스탠리는 미아에게 정식으로 청혼했다. 순식간에 진행된 일이었지만, 두 사람은 깊은 평안과 하나님의 인도하심을 확실하게 느꼈다. 미아는 자신의 책에서 당시의 심경을 이렇게 적었다.

> 나는 여전히 내 삶에서 성령이 인도하심을 놀라워한다. 우리의 관계를 어떻게 설명할지 모르겠다. 젊은 미혼 남자들에게 둘러싸여 있던 의대 시절 내내, 어느 누구도 내 마음을 흔들지 못했다. 내 삶의 동반자를 한국의 시골에서 만날 것이라고 어느 누가 생각했을까? 하나님 외에 누가 이런 흔치 않은 이야기를 만들 수 있었겠는가?[25]

스탠리 역시 미아와의 만남을 예사롭지 않게 받아들였다. 부모님이 한국에 왔을 때 주위 사람들이 스탠리가 미혼으로 지내는 것을 많이 걱정했던 게 불과 몇 달 전인데 모든 것이 달라져 있었다. 스탠리가 미아와 만난 직후 가족에게 보낸 편지가 있다.

> ……닥터 아문센이 순천으로 내려와 일요일과 월요일, 이틀 반을 애양원에서 보냈습니다.…… 그녀는 능력이 유난히 뛰어나며, 앞으로 분명 제가

그녀에 대해 더 많은 편지를 쓰게 될 것 같습니다. 그런데 치아로는 나이를 짐작할 수 없어 나중에 출생증명서를 받아봐야겠어요.[26]

두 달 후, 친구의 어머니이자 선교 후원자인 데니스 여사에게 보낸 편지는 제목부터 "내가 꿈꿔온 여인을 소개합니다"였다.

> 남은 삶을 저와 함께하겠다고 약속하는 멋지고 아름다운 여성을 찾았습니다. 미아 아문센은 의사입니다…… 그녀는 지난 9월에 어린이 나환자를 위한 기금을 어디에 사용하면 좋을지 알아보려고 애양원을 방문했습니다. 저는 그녀에게 완전히 반했습니다. 결국 저는 기금을 집행하는 그녀에게 보조금뿐 아니라 그녀 자신을 오롯이 받게 되었습니다! 온화하고 사랑스럽고 정말 모든 게 멋진 여성이에요. 주님이 왜 저를 지금껏 홀로 '버티게' 하셨는지 이제 알게 되었습니다. 기다림은 그만한 가치가 있었습니다![27]

다만 한 가지 걸림돌이 있었다. 미아가 일하는 월드비전의 책임 선교사는 만난 지 석 달 만에 결혼하겠다는 두 사람에게 너무 빠르다며 우려를 표했다.

"선교사는 적어도 결혼하기 전 일 년은 교제해야 한다는 내부 규정을 고려해야 합니다."

책임 선교사의 말에 스탠리는 더 큰 목소리로 대답했다.

"성경에는 그런 규정이 없습니다. 어린 사람들에겐 그 규정이 현명한 권고겠지만, 미아와 나는 이미 성인이고 이 일은 하나님이 우리에게 원하시는 바라고 생각합니다."

닥터 토플은 애양원의 가시철망을 거둬낸 추진력으로 결혼을 진행했다. 그들은 1962년 1월 1일, 서울연합교회에서 결혼식을 올렸다. 웨딩드레스는 미아가 시장에서 고른 한국의 실크 원단을 재봉사가 놀라운 솜씨로 아름답게 만들었다.

동료 선교사들의 축복을 받으며 결혼식은 무사히 끝났다. 신혼 여행지인 일본으로 떠나기 전, 공항에서 동료 선교사 존 서머빌과 휴 린튼이 리본으로 장식한 커다란 선물상자 하나를 신랑신부에게 건넸다. 그 안에는 상상도 못한 것이 들어 있었다.

일본 다이치 호텔에 도착한 스탠리는 그 수상한 상자를 슬며시 로비에 두고 객실로 올라갔다. 새벽 한두 시쯤 되었을까? 두 사람이 자고 있는데 호텔 로비에서 전화가 왔다.

"손님, 혹시 닭을 잃어버리셨나요?"

"닭이라니요?"

스탠리가 묻자 로비 직원은 자신이 혹시 영어 발음을 잘못했나 싶어 당황하며 버벅거렸다.

"치킨(chicken) 아니 키친(kitchen)이요."

스탠리는 단호하게 대답했다.

"당신에게 그 치킨을 선물로 주고 싶네요. 지금 당장이요!"

다음 날 아침, 체크아웃을 하러 로비로 내려갔을 때, 데스크 뒤에서 수줍게 손으로 입을 가리고 터지려는 웃음을 참는 두 명의 젊은 일본 여성들이 있었다.

"손님의 닭을 보시겠습니까?"

그들은 신혼부부를 뒤쪽에 있는 방으로 데려갔다. 거기에는 커다란 갈색 암탉이 고개를 빳빳이 들고 거드름을 피우고 있었다. 짓궂은 선교사 친구들이 그들의 결혼식을 더욱 기억에 남게 하려고 음모를 꾸민 것이었다.[28] 지금 같으면 동물 학대에 해당할 일이지만, 그땐 신혼여행 길의 '닭 이야기'가 한국어로, 영어로, 노르웨이어로 전해지며 여러 사람을 즐겁게 해주는 에피소드가 되었다.

두 사람은 신혼여행에서 돌아와 연세어학당에서 4학기 한국어 수업을 마쳤다. 1962년 4월, 스탠리가 운전하는 지프차 랜드로버에 살림살이를 싣고 미아는 순천으로 이사를 왔다. 그들은 이곳에서 한복과 사모관대, 족두리까지 갖춘 전통 혼례 복장으로 한국식 결혼사진을 찍었다.

1. 가마니를 지고 다니며 부랑하던 한센인들 2. 한센 환자를 처음 입원시켰던 벽돌가마와 그 옆에 서 있는 윌슨 원장 3. 1927-1928년, 광주 봉선리에서 여수 애양원까지 걸어서 이주해온 한센인들

2. 가시철망으로 둘린 에덴동산

1. '천국의 문'이라고 불렸던 애양원 정문 2. 한센인과 소아마비 환자의 치료와 재활, 사회적 인식 개선에 힘쓴 닥터 토플(1973년) 3. 진료 후 환자에게 전도지를 주며 복음을 전하고 있다. 4. 서울연합교회에서 결혼식을 올린 토플 부부(1962년 1월 1일)

3 아버지라 불린 의사

"나병은 낫습니다. 나병은 낫습니다."

애양원에서 나온 나병 관리원들이 확성기에 대고 소리쳤다. 그중에 선태라 불리는 이가 있었다. 장날이라 곡성 장터는 사람들로 발 디딜 틈 없이 붐볐다. 『나병의 위험과 안전』이란 작은 책자를 나눠 주던 선태의 눈에 한 청년이 딱 들어왔다. 그는 사람들 뒤에 숨어 관리원들을 뚫어지게 바라보고 있었다. 몸은 건강해 보였지만 성긴 눈썹에 얼굴이 약간 부은 듯 불그레한 청년이었다.

"감추거나 두려워하지 맙시다. 나병은 낫습니다. 굿하러 가지 맙시다. 돈만 버립니다. 애양원으로 오십시오."

선태는 그 청년에게 관심이 갔지만 굳이 아는 척하지는 않았다.

나병 관리원들이 책자를 다 나눠 주고 돌아가려 하자 아까 그 청년이 쭈뼛거리며 선태에게 다가왔다.

"나 쫌 봐주실라요?"

선태는 그 청년의 얼굴과 손을 보았다. 다행히 병이 깊이 파고든 것 같지는 않았다.

"요번 금요일 오전에 토플 원장님이 여기 보건소에서 진찰하시니 꼭 오시이다. 인자부터 약 먹으면 완전히 나으니 염려마시오."

그는 선태를 찬찬히 보며 말했다.

"선상님도 환자시오?"

선태가 오그라들었다가 펴진 그의 손을 보여주었다.

"이제 다 나왔소. 이렇게 사회활동도 하고 있잖소?"

"애양원이나 소록도로 안 가불고 집에서 고칠 수 있소?"

"매달 보건소에 와서 약을 타가시오. 만일 안 오시면 우리가 방문하지요. 정기적으로 균이 나오는지만 보면 됩니다."

청년이 심각하게 물었다.

"동네 사람이나 울 가족이 모르게 할 수 있다요?"

선태가 웃으며 말했다.

"부부 사이라도 모르게 해드립니다."

수심이 가득했던 청년의 얼굴이 환하게 펴졌다. 가벼운 걸음으로 돌아가는 그의 뒷모습을 보는 선태도 흐뭇했다.

선태 역시 고등학생 시절에 나병을 앓았다. 불행히도 병이 진행되어 손가락들이 오그라들었지만 닥터 토플에게 수술을 받고 펼 수 있었다. 그는 이제 더 이상 균이 나오지 않는 음성환자였다.

닥터 토플은 그런 음성환자들을 나병 관리원으로 채용해 인근 지역과 마을에 파견했다. 그들은 시장이나 학교 같은 곳에서 나병에 관한 슬라이드를 보여주고, 나병이 저주받은 천형이 아니라 약만 잘 먹어도 고치는 병이라고 계몽했다. 그들이 환자를 발견하면 매주 닥터 토플과 미아 토플, 사회복지사와 간호사가 한 팀이 된 이동진료반이 보건소나 지정된 곳으로 나와 환자들을 진찰했다. 남의 눈에 띌까 봐 두려운 사람들은 마을에서 멀리 떨어진 으슥한 산 밑에서 만나자고 했다.

나병 관리원들은 보건소에서 일했지만 닥터 토플의 이동진료팀 일원으로 애양원에서 월급을 받았다. 이 일은 나환자를 조기에 발견해 치료함으로 가족 간의 전염을 막고, 얼굴 기형이나 실명, 마비 등의 심각한 증상으로 병세가 악화되지 않도록 하는 데 아주 효과적이었다.

닥터 토플은 나환자의 조기 발견 및 치료는 물론이고 특별히 재활에 정성을 쏟았다. 얼굴 윤곽이 무너진 사람에게는 성형 수술을, 손과 발이 없어진 사람에게는 의수와 의족을 맞춰주었다. 그의 목표는 환자들이 재활을 통해 사회로 복귀하는 것이었다. 그러나 진심이 좌절되는 순간도 있었다.

"깁스 비용을 천 원이라도 받아야겠습니다."

어느 날 닥터 토플이 한숨을 쉬며 말했다.

"왜요?"

"돈을 안 받으니 소중한 줄 모릅니다."

닥터 토플이 정성을 들여 석고붕대를 해줘도 걷는 게 불편하다는 이유로 이내 벗어던지는 환자들 때문이었다. 그나마 석고붕대 값 천 원도 종종 닥터 토플의 주머니에서 나왔다. 나병 치료를 위해 환자가 감내해야 할 최소한의 일마저 나 몰라라 하는 환자들의 무심함이 아쉬웠던 것이다.

일에서만큼은 원칙적이고 깐깐하기 이를 데 없는 토플 원장이었지만 환자들에겐 더없이 부드럽고 너그러웠다.

애양원에 들어와 밖으로 나가지 못하고 고인이 된 김기옥이란 환자가 있었다. 그가 어느 날 앉지도 서지도 못하는 중병에 걸려 닥터 토플에게 진찰을 받았다. 토플은 병세가 위중한 것을 알고는 그를 급히 자기 차에 태우고 전주에 있는 예수병원으로 갔다. 그는 운전하는 도중 틈틈이 차를 세우고 환자를 살폈다.

"아픕니까? 덥습니까?"

닥터 토플은 환자에게 물도 주고 우유도 주고 부채로 땀도 식혀가면서 병원에 도착했다. 입원 수속은 물론이고 비용까지 자신이 치렀다. 병이 다 나은 후 기옥은 사람들에게 말하고 다녔다.

"내가 여즉 천국은 못 가봤어도 예수님을 만난 것 같당께."

이바우로라는 환자도 닥터 토플을 사랑 많은 의사로 기억했다. 그는 나병에 척추 질환까지 앓아 전신을 쓰지 못하고 누워 있었다. 어느 날 닥터 토플이 바우로의 처소에 찾아왔다.

"이 병은 허리를 따뜻하게 해야 합니다."

그는 바우로가 건강을 되찾고 정상적으로 몸을 일으킬 수 있을 때까지 틈틈이 찾아와 그의 몸을 직접 주무르고 만지며 보살폈다. 일반인은 물론 의사들도 나환자를 맨손으로 만지는 것은 고사하고 진료하는 것조차 꺼리던 때였다.

나이는 많지 않았지만 밝은 노랑이던 토플의 머리 색은 날이 갈수록 은발에 가까워져 마치 할아버지 같았다. 어느새 환자들은 닥터 토플을 "아버지"라고 부르기 시작했다.

* * * * *

기적의 약

봄날의 순천은 꽃들이 만발했다. 연분홍 벚꽃과 진분홍 진달래, 노랑 개나리, 품위 있는 자주빛과 상앗빛 목련이 눈길 닿는 곳마다 가득 피었다. 순천선교부에서 애양원으로 향하는 먼지가 풀풀 날리는 좁은 흙길을 차로 달리다 보면 낡은 집들과 길에서 뛰노는 아이들, 바쁘게 움직이는 농부들을 눈부신 꽃들이 감싸주는 것 같았다. 하이킹과 등산을 좋아하는 미아 토플은 순천에 정착하고 나서야 비로소 한국에 사는 것 같은 기분이 들었다.

닥터 토플과 결혼한 그녀가 임시로 애양원에서 맡은 일은 우선 환자들의 투약 관리와 토플이 기록한 환자 차트를 정리하는 것이었다. 효율적인 병원 운영과 환자 진료에 반드시 필요한 작업이었다. 그다음은 진료 및 작은 규모의 수술, 그리고 입원 환자들의 치료였다.

애양원에는 수용된 환자들에 비해 의료진이 너무 부족했다. 토플은 이 상황을 친구들에게 보내는 편지에 썼다.

> 내가 이 시기에 편지를 쓰는 이유는 나병 치료에 우리와 함께할 한국인 의사가 오도록 함께 기도해달라고 부탁하기 위해서입니다. 지난 1년 동안 전주에 있는 장로교의료원(예수병원)에서 5주씩 인턴과 함께 전임 의사를 보내주었습니다. 그러나 인력은 여전히 부족하고 그나마 전임으로 일하던 닥터 김이 군대에 가게 되었습니다. 우리는 너무 많은 일을 짊어지게 되었고 의료 프로그램을 줄여야 할 것 같습니다. 이 나라에는 나병 치료에 나서고자 하는 의사가 매우 적습니다. 감염이 두렵기 때문이지요. 인구 2,500만 명에 8천 명이 채 안 되는 의사 숫자를 감안하면 도시에 나가 개인 병원을 여는 것이 그들에겐 최고의 선택일 것입니다. 우리 병원은 시골에 있습니다. 이곳에 누가 오려 하겠습니까? 주님이 우리를 축복해주시고, 그 필요를 주님의 선택으로 채워주시리라고 확신합니다.[1]

의사가 부족하기 때문에, 나균이 더 이상 검출되지 않는 음성환자들 중에서 의료 교육을 받은 보조원들이 많은 일을 감당해야 했다. 엑스레이 기사와 간호사 외에도 20명 정도가 드레싱, 수술, 실험실, 귀-눈-코 치료, 치의학 등 병원의 여러 부서에서 의료 교육을 받고 있었다.

작년에 우리 실험실은 총 2,679건의 검사를 했고, 132번의 엑스레이를 찍

없습니다. 17건의 큰 수술과 293건의 작은 수술을 했습니다. 그중 71건의 시술에는 기형 교정이나 흉한 외모를 고치는 성형 수술이 포함되어 있습니다.[2]

병원에는 여전히 난방과 전기, 수도시설이 없었다. 한겨울 수술실에선 내복을 입고 목도리를 두른 채 최대한 빠른 속도로 수술을 해야 했다. 에테르를 이용한 마취를 할 땐 화재의 위험이 있어 수술실에 난로를 켤 수 없었다. 그런 형편에서도 닥터 토플은 주어진 재정안에서 필요한 개선을 조금씩 해나갔다. 병원 건물의 크기가 50퍼센트 커졌고, 대형 고압 증기 멸균기와 물 증류장치를 복구했다. 신형 엑스레이 장비를 기증받았고, 실험실은 새로운 장비와 기구를 갖추어 추가 실험이 가능하도록 개조했다.

병원 의료 인력 부족 문제에서 가장 시급한 사안은, 손상되기 쉬운 나환자의 눈을 진찰할 의사가 없다는 것이었다. 토플은 전주와 광주에서 개인병원을 운영하고 있는 한국인 의사 두 명의 도움을 받아 정기적으로 환자들이 진료를 받을 수 있게 했다. 하지만 외부 의사가 와서 진료하는 데는 한계가 있었고, 이것이 후에 소아과 전문이던 미아가 안과와 피부과 진료를 맡게 된 이유다.

미아 토플이 애양원에 정식으로 부임해 남편과 함께 일할 수 있게 되기까지는 넘어야 할 과제가 있었다. 미국 남장로교 소속의 스탠리는 애양원이 있는 한국의 남쪽 바닷가 여수가 근무지였고, 미아는 노르웨이선교연맹 소속으로 정식 근무지는 여전히 서울의 월드비전

아동병원이었다. 두 사람이 맡은 임무를 제대로 수행하기엔 서울과 여수는 지리적으로 너무 떨어져 있었다. 미아는 매달 세 주는 애양원에서 일하고, 나머지 한 주는 아동병원에서 일하겠다고 월드비전 측에 제안했지만 받아들여지지 않았다. 아동병원에는 전임 의사가 필요했다. 미아는 결국 월드비전을 사임하고 남편과 함께하기로 했다. 그녀는 노르웨이의 국교인 루터교에서 장로교로 교단을 바꾸고, 정식으로 미국장로교 소속 선교사가 되어 애양원의 선교 의사로 부임했다.[3]

애양원에서 진료하는 동안, 서양에선 흔치 않은 나병에 대해 알아가는 것이 그녀에게 정말 흥미롭고 뜻깊은 일이었다.

나병의 원인균인 마이코박테리아는 원핵세포로 지구상에 인류가 출현하기 전부터 있었다. 기원전 600년경에 쓰인 인도의 『수슈루타 삼히타』(Sushruta Samhita)에는 나병이 신경계와 피부의 질환으로 기록되어 있다. 감각 저하와 감각 이상, 개미가 기어가는 느낌과 손발의 변형, 손가락이 떨어져 나가거나 콧등이 말 안장처럼 움푹 꺼진 안장코에 대한 언급이 있다.[4]

우리나라의 조선왕조실록에는 나병을 앓는 딸을 바다에 던져 죽게 한 비정한 부모가 장 60대와 참형을 받은 기록과[5] 나병을 치료하기 위해 제주도 바닷가 세 군데에 구질막(求疾幕)을 세웠다는 기록이 있다. 구질막은 제주도 방언으로 '병막이모루'라고 불렀다.[6] 또 이런 기록도 있다.

제주도의 제주, 정의, 대정 세 곳에 나병이 유행하여 병에 걸린 자가 있으면 전염되는 것을 우려하여 바닷가의 사람 없는 곳에 두므로, 그 괴로움을 견디지 못해 바위 벼랑에서 떨어져 그 생명을 끊으니 참으로 불쌍합니다.

당시 제주목사 기건은 승려들로 하여금 뼈를 거두어 묻게 하고, 세 고을에 각각 병을 치료하는 구질막을 설치했다. 그는 병자를 모아 의복과 식량과 약물을 주고, 목욕하는 기구를 만들어 의생과 승려들이 맡아 감독하여 치료하게 했다. 당시의 치료법은 고삼원(고삼의 뿌리를 으깨어 끓인 물)을 먹이고, 바닷물에 목욕시키는 것이었다.[7]

조선 시대의 허준이 저술한 『동의보감』에서는 여러 가지 부스럼 중 대풍창(나병)을 가장 먼저 서술하고 있다.[8] 나병은 대풍창, 대마풍, 대풍라 등으로 달리 불렸지만 증상은 같았다.[9] 허준은 대풍창이 외부의 기운인 6기(氣) 중에서 풍(風)이 원인으로 안장코, 피부궤양의 증상을 나타내며, 다섯 가지 나쁜 증상, 즉 피부의 감각 마비, 신체가 잘려도 모르는 육사, 혈액이 죽어 생기는 궤양과 노포, 근육이 죽어서 생기는 손발 작은 뼈들의 소실을 보이고, 골이 죽어 코가 주저앉고 눈이 삐뚤어지고 입술이 뒤집어지고 목소리가 쉰다고 했다.[10]

침이나 한약으로 고쳤다는 기록은 보이지 않는 것으로 보아 한방으로는 치료가 어려운 병이었을 것이다. 애양원의 닥터 윌슨이 사용한 대풍자유가 한국에서 나병 치료제로 그나마 효과가 있는 것으로 알려졌다. 대풍자유는 냄새가 고약해 삼키기 어렵고 주사를 놓으면 매우 아파 환자들이 겁을 내고 피했다는 기록이 있다.[11]

그러나 모든 병에는 치료약이 있고 인류는 질병을 정복해간다. 외모가 끔찍하게 변하는 전염병이란 이유로 하늘이 내린 벌로 여기던 나병에도 현대적인 약이 개발되었다. 미국 국립나병센터인 카빌 요양소의 의사 파젯은 1943년 프로민을 정맥주사해 나병을 효과적으로 치료할 수 있다는 사실을 입증했다.

국내에서는 일본의 신사참배 강요로 미국으로 철수했던 닥터 윌슨이 해방 직후인 1946년 미군정의 나병 고문으로 돌아와 미국에서 구한 프로민을 소록도병원의 청소년 10명과 애양원의 성인 환자 10명에게 시범적으로 사용했다. 그 결과 젊은 층에 더 효과적이라는 결과가 나왔다.[12] 하지만 모든 환자에게 고가의 이 약을 쓸 순 없었다. 1950년대에 들어와 간단하게 먹을 수 있고 가격도 저렴한 획기적인 나병 치료제 댑손이 개발되었다. 1951년 가을, 댑손 30명 분량이 애양원에 처음 들어왔다.

대풍자유와 아스피린으로 빈약하게 치료받던 환자들은 이 약 덕분에 나환자촌을 나가도 될 정도로 치유되었다. 그 후 1956년 11월 28일, 나환자촌의 1,172명을 위한 댑손이 공급되었다.

닥터 토플은 애양원에 부임한 후, 댑손을 효과가 좋은 다른 비싼 약제들과 함께 사용해 치료 효과를 더욱 높여갔다. 애양원의 환자들 대부분은 댑손 처방을 통해 더 이상 나균이 나오지 않는 음성환자로 바뀌었다. 의료적으로 완치가 된 이들은 수용소를 떠날 수 있었다. 1897년 제1차 국제나회의에서 나환자를 강제 격리하기로 한 결정이 있었지만, 이는 당시에 마땅한 치료법이 없기 때문이었다. 댑손

남자병사 앞에 선 애양원 재원자들. 팻말에는 집을 후원해준 미국인 후원자의 이름이 적혀 있다.

이라는 치료약이 나오면서 더 이상 그들을 강제로 격리할 근거가 사라졌다. 정부에서도 음성환자들을 사회로 복귀시키는 쪽으로 정책을 변환하기 시작했다. 1961년 보건사회부와 나관리협회, 세계보건기구가 합동으로 전국 나요양소에 수용된 환자 전체를 대상으로 건강검진을 시행해 더 이상 치료가 필요하지 않은 수용자를 가려냈다.[13]

하지만 애양원에 있던 환자들은 밖으로 나가길 두려워했다. 집으로도, 다른 곳으로도 갈 곳이 없었다. 일반 사람들이 그들과 함께 사는 것을 거부했기 때문이다. 애양원 밖으로 나가기 싫어 1년에 수차례 시행하는 검출 검사에 응하지 않는 이들도 많았다. 유일한 해결책은 음성환자들을 위한 정착촌을 요양소 밖에 만드는 것이었다. 이미 보이어 목사의 주관 아래 여천과 애양원 근처의 공제리, 남원 세 군데로 그들을 이주시킬 계획이 진행되고 있었다. 토플은 자세한 내용을 편지에 썼다.

> 올여름 초, 우리는 320명의 완치된 환자들을 퇴원시킬 것입니다. 이제 그들은 병이 다 나았고 신체도 건강해 애양원에서 60마일(약 100킬로미터) 떨어진 산간지방에 우리가 구입한 정착지에서 독립된 생활을 시작할 것입니다. 정착 프로그램을 책임지고 있는 보이어 목사는 시멘트 블럭으로 60여 채의 건물을 짓기 시작했습니다. 이 모든 일은 나병이 사회로부터 평생 고립시켜야 하는 혐오스러운 병이 아니라 치료할 수 있는 병임을 알리는 훌륭한 진전입니다.[14]

음성환자들이 사회에 복귀하고 자립해 살아가게 해야 한다는 결정은 합리적이고 고무적이었다. 우선 여천농원에 백여 명, 공제리에 수십 명, 그리고 남원의 산성에 131명을 이주시킬 예정이었다.[15] 그러나 편견과 무지, 두려움에서 비롯된 저항으로 일의 진행은 힘난한 산을 넘어야 했다. 애양원 안과 밖, 양쪽 모두에서……

모범마을의 탄생

애양원의 분위기는 어수선했다. 정착촌으로 나가야 할 건강한 음성환자들을 추리는 작업이 진행되었기 때문이다. 안식년에서 돌아온 보이어 목사는 쉴 사이도 없이 여천과 공제리, 남원 정착지 건설에 매달리고 있었다. 그러나 의료는 물론이고 먹을 것과 입을 것, 잘 곳이 항상 마련되어 있고 든든한 동료들도 가까이 있는, 천국 같은 애양원에서 평생 살 줄 알았던 환자들은 안전과 미래가 확실치 않은 정착촌으로 떠나는 것이 말할 수 없는 두려움으로 다가왔다.

평범하지 않았던 그날, 닥터 토플은 여느 때처럼 애양원 정문에 붙어 있는 사무실 한켠에서 점심을 먹고 있었다. 갑자기 요란한 고함 소리가 들려왔다. 내다보니 수백 명의 환자들이 한 남자를 둘러싸고 있었다. 당장이라도 무슨 일이 벌어질 것 같았다.

"해고하라. 저놈을 해고하라."

성난 무리 한가운데서 어쩌지 못하고 서 있는 남자는 애양원 검사실장 주 씨였다. 그는 환자들의 눈썹 위 피부를 조금 떼어내 나균이 검출되는지 현미경으로 검사하는 일을 맡고 있었다. 닥터 토플은 급하게 뛰쳐나갔다. 그가 애양원에 온 후로 이렇게 많은 환자들이 단체로 거친 행동을 하기는 처음이었다. 심상치 않았다. 분노의 열기가 소동을 넘어 폭동으로 번질 수 있다는 위기감이 들었다. 닥터 토플은 무리를 진정시킬 생각에 공사를 위해 한켠에 쌓아둔 자갈 더미 위로 올라갔다. 자갈 더미에서 미끄러질까 조심하며 그는 소리를 높였다.

"자, 조용히…… 부디 진정하십시오. 여러분 마음을 가라앉히고 제 말을 들어보세요."

성난 무리는 닥터 토플의 만류에 다소 진정되는 듯했다. 소란이 수그러들자 닥터 토플이 말을 이었다.

"여러분, 의견이 있으면 저를 찾아와 말하십시오. 이렇게 하는 건 기독교인이 하는 행동이 아닙니다."

토플은 우선 소동을 일으키고 위협적으로 행동하는 사람들을 책망했다. 그런 다음 무리 중 대표라고 할 만한 두 사람을 차례로 자갈더미 위로 올라오게 해 무슨 일인지 설명하게 했다.

"검사실 저 썩을 놈의 인간 주 씨는 부정을 저질렀습니다. 병이 나아 정착촌으로 가야 하는 사람들에게 돈을 받고는 아직 균이 나와 여길 떠날 수 없다고 검사 결과를 조작하고 거짓 보고서를 올렸습니다. 뇌물 받은 거 우린 다 압니다."

"글고 저놈은 나이도 적음시롱 항시 우릴 무시하고 함부로 대했당께요."

애양원의 환자들은 일찍부터 자율적으로 생활해왔고 주인의식이 높았다. 대학에서 공부한 똑똑한 사람들도 많았다. 병에 걸려 외모는 일그러졌어도 자존심은 강했다.

토플은 주 씨에게도 해명할 기회를 주었다. 그는 자신이 위협을 당한 것에 화가 나서 식식댔지만 제대로 해명하지도, 그렇다고 잘못했다는 말도 하지 않았다. 그는 광주에 사는 부잣집 아들이었다. 기독교인은 아니었고 닥터 토플과 같은 나이였다. 그의 아버지는 아들이 미국인 의사와 함께 일한다는 사실에 기뻐하며 종종 닥터 토플에게 선물도 하고 낚시도 함께 가곤 했다.

진실은 명백했다. 닥터 토플은 주 씨를 내보내는 것이 옳은 일이라고 확신했다. 개인적인 친분이 있다 해도 잘못된 행동을 모른 척할 순 없었다. 하지만 한국인의 정서를 고려해야 했다. 그는 한국에서 태어나 오래 사역해온 휴 린튼 목사에게 전화해 상황을 설명하고 무엇이 올바른 결정인지 물었다. 전라남도 기독교 선교의 선구자인 유진 벨 목사의 외손자이며, 한남대 설립자인 윌리엄 린튼(인돈) 목사의 아들로 삼대에 걸쳐 전라도에서 살아온 린튼 목사는 거의 한국인이라 해도 지나침이 없었다. 사정을 들은 린튼 목사의 의견도 그와 같았다. 주 씨는 애양원에서 해고되었다.

또 다른 소동이 남원에서 일어났다. 음성환자들이 지낼 정착촌 건설을 반대하며 남원 군수와 원로들, 지역 주민들이 들고일어났다. 애양원과 가까워 나환자에 대한 이해가 높았던 여천농원과 공제리 정착촌은 별다른 반대 없이 건축과 이주가 완료되었다. 그러나 전라북도 지방청에서 낙찰받은 37만 평의 남원 내척동 산성역 정착지는 주민 거주지에서 한참 떨어진 산속에 있는데도 불구하고 격렬한 반대에 부딪쳤다.

닥터 토플은 보이어 목사와 선교부 행정을 맡은 미첼 페트리 선교사를 차에 태우고 남원에 가서 주민들을 설득하고 여러 차례 협상을 시도했으나 번번이 무산되었다. 보이어 목사는 더 이상 지체할 수 없었다. 그는 밤에 몰래 착공 예배를 드리고 공사를 강행했다. 주민들은 자재가 들어가지 못하게 몸으로 길을 막고 눕기도 하고, 밤이면 공사장에 침입해 둔기로 인부들을 폭행하기도 했다. 보이어 목사는 경찰의 허락을 받아 총기까지 휴대하고 다녀야 했다.[16]

보이어 목사는 미국 일리노이주에서 1893년에 태어나 웨스트민스터 대학과 루이스빌 신학교를 졸업했다. 여동생 에타가 평양에서 사역하는 선교사들의 자녀들을 가르친 적이 있어 한국 선교사를 지망하게 되었다. 그는 일본 정부의 탄압으로 한국에서 철수도 했었고, 여순사건과 한국전쟁을 모두 겪었다. 특히 여순사건 때는 피난하지 않고 순천선교부를 지켰다. 총알이 날아오는데도 길에서 학살당한 주민들의 시신 25구를 거두어 선교부 뒤편에 묻어주었다. 기독교인을 증오하는 북한군이 순천을 점령한 가운데서도 그는 밤에 불을 끄고 편히 잤다고 한다. 하나님은 졸지도 주무시지도 않는다는 성경 말씀을 글자 그대로 믿었기 때문이었다. 은퇴 후 그는 회고록에서 이렇게 고백했다.

"둘 다 깨어 있을 필요가 없다고 생각했습니다."[17]

1948년부터 애양원 원장을 맡아온 보이어 목사는 일리노이주 농부 출신답게 부지런하고 항상 바쁘게 사역했다. 수십 군데의 농촌 교회를 개척하고 순회하느라 오랜만에 집에 돌아오면, 아버지 얼굴을 잊어버린 아이들이 "도둑이야"라고 소리치며 엄마 품으로 도망가기도 했다.[18]

어느덧 68세의 백발노인이 된 보이어 목사는 여전히 사역에 열심이었다. 정착촌 건설에 집중하기 위해 인부들과 함께 숙식하며 남원의 공사 현장을 떠나지 않았다. 이는 주변의 위협과 폭력 속에서 집을 짓는 정착민들에게 큰 힘이 되었다.

주민들의 거센 반발로 인명 사고의 우려가 높아지자 정부가 군병력을 동원해 정착민들을 보호하고, 고위 관리와 새마을 지도자들이 반발하는 군수와 지역 주민들을 설득해갔다. 초봄부터 시작한 공사로 5개월이 지난 7월까지 46채의 연립주택이 완공되었고, 1962년 8월 2일 마침내 감격의 입주 예배를 드렸다. 정착촌의 이름은 보이어 목사의 '보'와 지역명인 산성의 '성'을 따 '보성농원'이라고 지었다.[19] 보성농원의 건설 비용은 한국 정부가 제공한 1만 7천 달러와 미국나병선교회와 개인이 기부한 9천 달러로 충당되었다. 보이어 목사는 정착촌 입주자 전체가 회원인 조합에 정착촌 부지의 소유권을 양도하고, 향후 조합원의 의사에 따라 분할 소유도 할 수 있게 배려했다.[20]

보성농원 입주와 더불어 정착민들에게 좋은 일이 생겼다. 입주를 앞두고 70일간 기도회를 가진 정착민들 가운데 결혼을 원하는 사람들을 위해 교회에서 단체 결혼식을 열어준 것이다. 애양원 안에선 남자와 여자가 분리되어 생활했기 때문에 서로를 잘 몰랐다. 장로들은 정착민 중에 결혼을 희망하는 이들의 신청을 받고 한국식으로 중매를 섰다. 그중 열두 쌍의 남녀가 결혼을 결정했다. 결혼식은 간소하게 치러졌다. 신랑과 신부가 옷을 단정하게 차려입고 줄지어 결혼 서약을 위해 목사 앞으로 가면, 옆에 서 있는 들러리가 신랑의 오른팔을 들어주며 서약하게 했다.

"신랑은 신부를 맞아 하나님 앞에서 평생 사랑하고 아낄 것을 약속합니까?"

"네, 그렇게 하겠습니다."

서약을 마친 신랑과 신부는 좋기도 하고 부끄러워하기도 하는 웃음을 지으며 행진했다. 눈이 안 좋아 선글라스를 낀 신랑, 다리를 저는 신랑을 신부는 팔짱을 꼭 낀 채로 걸어갔다. 연약한 두 사람이 서로 의지하며 걸어가는 첫 걸음이었다.

그동안 애양원에선 원칙적으로 결혼이 금지되어 있었다. 결혼을 원할 땐 환자 자치회 부장회의의 승인을 받고 정관절제 수술을 받은 후에라야 가능했다.[21] 닥터 토플은 애양원에서 관례적으로 해오던 정관수술을 하지 않았다. 그는 이 수술이 비인간적이라고 생각했다. 환자들의 미래를 위해 그들이 정상적인 가정생활을 하도록 돕고 싶었다. 그런 점에서 그에게는 사회로 복귀하는 음성환자들이 이 세상에 받아들여지기 위해 꼭 필요한 수술을 연마해야 할 과업이 주어졌다. 성긴 눈썹, 무너진 코, 감기지 않는 눈 등 일그러진 외모를 교정하는 성형 수술과 굽은 손가락, 늘어진 발에 대한 재활 수술이 매우 중요해졌다. 의사로서 그가 전문적으로 더 배워야 할 분야였다.

신랑신부가 미래에 대한 불안과 희망을 함께 품은 채 부부의 첫걸음을 떼듯 애양원의 음성환자들은 하나둘 차례로 낯설고도 새로운 정착촌을 향해 첫 이주를 시작했다. 1927년, 광주에서 여수 애양원으로 사람들의 눈을 피해 밤에만 걸어서 들어왔던 나환자들이 용기를 내어 세상으로 나가기까지 35년이 걸렸다. 일반 사람들의 냉대와 편견은 여전했지만, 지금은 그들에게 두 가지 무기가 있었다. 애양원에서 배우고 몸에 밴 신앙생활과 생존 기술이었다.

음성환자들이 애양원에서 정착촌으로 들어간 1962년에는 유달리 자연재해가 심했다. 8월 말에 순천 동천의 범람으로 저수지 둑이 터져 시내의 3분의 2가 물에 잠기고 242명이 사망했다. 높은 곳에 위치한 선교부 바로 아래까지 물이 차올랐다. 선교부에서는 이재민을 위해 긴급자금과 옷과 이불 등을 보냈고, 휴 린튼 목사는 갈 곳 없는 아이들을 자기 집으로 데려다가 보호했다. 홍수 이후에 결핵환자가 급증해 휴 린튼의 아내 로이스 린튼 선교사는 결핵진료소를 차리게 되었다.

남원 정착촌에도 때 이른 큰 눈이 내려 밭작물을 모두 망쳤다. 그들은 낙담했으나 애양원으로 돌아가지 않았다. 더 이상 물러날 생각이 없었다. 자신들에게 허락된 그곳에서 연약한 육체 노동력으로 모든 걸 해내야 했다. 보성농원의 정착민들은 돌투성이 산을 개간해 과수원을 만들고, 새로운 소득 마련을 위해 축산업에도 뛰어들었다. 그들은 정부에 건의해 마을에 기차가 설 수 있게 간이역도 마련했다. 눈에 띌 만큼 확실한 열매가 쌓이기까진 그리 오래 걸리지 않았다. 정착민들은 재정적으로도 여유를 찾아갔다.

지역 주민들의 시선도 조금씩 바뀌기 시작했다. 정착촌을 반대하던 그들이 직접 보성농원에 찾아와 농사와 축산법을 가르쳐달라고 요청했다. 이후 남원 정착촌은 정부로부터 "10년 만에 기적을 일군 보성마을"이라는 칭호를 얻고 표창장을 받는 모범마을이 되었다.[22] 그들을 통해 복음이 전해지고 사람들이 예수님을 믿게 된 것은 어쩌면 자연스런 일이었다.

닥터 토플과 미아에게도 기적 같은 생명이 선물로 왔다. 1962년 11월 3일, 전주 예수병원에서 예쁜 딸 앤 클레어가 태어났다. 체중이 2.7킬로그램으로 작았지만 달이 차서 나온 건강한 아기였다.

인도 쉐프린 나병연구소

첫째 딸 앤 클레어가 태어나고 4개월이 지난 1963년 4월, 닥터 토플은 아내 미아와 함께 인도 카리기리에 있는 쉐프린 나병연구소로 연수를 떠나게 되었다. 쉐프린 나병연구소는 나병 연구와 기형의 외과적 교정, 재활에 관해 세계적으로 가장 권위 있는 곳이었다. 토플은 한국의 나환자와 애양원이 가야 할 방향에 대해 고민했다. 닥터 토플이 환자들의 재활에 꼭 필요한 수술법을 배울 수 있도록 미국나병선교회(ALM)가 인도 연수 비용을 후원해주었다.

어린 아기와 함께하는 긴 여행은 고생스러웠다. 홍콩과 싱가포르를 거쳐 인도에 도착하기까지 오랜 시간이 걸릴 뿐 아니라, 아기 용품까지 꼭 필요한 것만 챙긴다 해도 짐이 늘어난 탓에 추가 비용에 대한 부담도 컸다. 심지어 비행기 표까지 잃어버리는 우여곡절을 겪었다. 인도 마드라스(현재 첸나이) 공항에 도착했을 때, 한국보다 더 남루한 거지들의 무리와 거리를 활보하는 소 떼에 마주쳐 당황하기도 했다.[23]

쉐프린 나병연구소는 첸나이에서 남서쪽으로 약 140킬로미터 떨어진 벨로르시 외곽의 카리기리에 있었다. 도심선 나환자를 위한 센터를 세울 수 없기에 후미진 곳으로 들어온 것이다. 연구소에는 병원, 연구실, 직원 사택, 환자 숙소, 물리치료실 이외에도 신발과 의수족을 만드는 곳, 냄비 받침이나 바구니 등 환자들이 만든 공예품을 판매하는 곳도 있었다.[24] 매일 아침이면 벨로르시에서 10킬로미터 떨어진 쉐프린 나병연구소까지 인도의 많은 나환자들이 거의 맨발로 걸어서 왔다. 대중교통도 없었거니와 있다 한들 그들이 이용할 수도 없었다.

스탠리와 미아는 한국에선 접하지 못했던 갖가지 종류의 나병과 그 진행 단계를 확실하게 볼 수 있었다. 환자들은 신경 손상으로 신체 여러 부분의 감각이 사라지고 궤양이 생겼으며, 근육 손상으로 구축과 마비, 관절에 문제를 겪었다. 안면신경 마비로 입을 다물지 못하는 심각한 경우도 있었다. 미아는 이런 환자들이 겪는 어려움과 고통에 연민을 느꼈다.

경멸과 버려짐, 절망이 있는 곳에 하나님의 은혜가 넘치는 법이다. 세상에서 가장 낮은 곳에는 예수님의 사랑으로 그들을 위해 헌신하는 그리스도인들이 있었다.

쉐프린 나병연구소는 세계에서 발생하는 나환자의 거의 3분의 1을 차지하는 인도의 나환자들을 위해 나병선교회와 미국나병선교회(ALM), 그리고 벨로르에 있는 기독의대 병원의 협력으로 1955년에 세워졌다. 쉐프린 나병연구소는 기독의과대학 의학센터의 부설기관으로 자금을 지원한 당시 ALM 회장인 윌리엄 쉐프린의 이름을 따 명명되었다. 인도 최고의 의과대학인 기독의과대학의 설립자 역시 선교 의사였다. 1900년 미국인 선교사 닥터 아이다 스커더는 여자 의사가 없어 치료받지 못하고 죽어가는 인도 여성들을 위해 작은 진료소들을 세우고, 이곳을 인도에서 가장 실력 있는 의과대학과 병원으로 발전시켰다. 그녀가 나이 많아 소천했을 때, 벨로르의 가게들은 문을 닫았고 버스는 운행을 멈췄으며 운동 경기도 중단되었다. 애도하는 사람들이 병원으로 몰려와 도로가 인산인해를 이루었다.[25]

나병의 세계적 권위자이며 닥터 토플을 애양원으로 이끈 선교 의사 닥터 코크레인도 이 연구소 설립에 큰 역할을 했다. 그는 설립 당시 인도 마드라스주의 나병 고문이었으며 기독의과대학 학장으로 있었다.

닥터 코크레인이 나병 분야로 인도한 또 한 명의 유명한 의사는 닥터 폴 브랜드였다. 그는 벨로르 기독의과대학과 병원, 쉐프린 나병 연구소에서 나환자의 손을 고치는 새로운 재건 수술을 개발해 세계적인 명성을 얻은 그리스도인 의사다. 그는 닥터 코크레인의 권유로 아내와 함께 인도의 나환자들을 위해 1946년부터 17년 동안 일했다.

폴 브랜드 박사는 기독의과대학과 병원에서 나환자들의 손이 구부러지고 손가락이 점점 짧아져 갈고리처럼 변하는 것에 관심을 가졌다. 그는 손의 균형을 유지하는 근육의 신경계를 나균이 공격해 환자의 손에 변형이 일어난다는 사실을 알아냈다. 그는 제2차 세계대전 중 팔과 다리에 부상을 입은 병사들의 힘줄 이식을 여러 번 집도한 경험이 있었다. 나병 환자들에게도 같은 원리를 적용한 그는 환자의 마비된 힘줄에 건강한 힘줄을 이식했다. 이 수술로 나환자들에게 놀라운 재활의 기적이 일어났다. 그는 외모가 변형되어 취직이 힘든 음성환자들이 남에게 고용되지 않고도 먹고살 수 있는 직업훈련을 시켜 경제적인 독립도 할 수 있게 했다.

나환자들에 대한 수술과 재활, 이 모든 것은 닥터 토플이 한국의 애양원을 위해 꼭 배워가야 할 분야였다.

닥터 토플 부부가 쉐프린 연구소에 도착하기 바로 전, 폴 브랜드 박사는 나병선교회의 수술 및 재활 책임자로 임명받고 인도를 떠나 서로 만날 순 없었다. 하지만 그에게 훈련받은 의료진, 특히 빌 레녹스라는 영국인 외과 의사에게 수술을 배울 수 있었다. 닥터 토플은 곧바로 나환자 수술에 투입되었다. 오그라드는 손은 환자의 팔뚝에서 건강한 근육을 떼어내 손목을 앞으로 움직이는 힘줄 하나에 연결시키고, 이식된 힘줄을 네 가닥으로 잘라 손가락 뒤의 힘줄에 봉합했다.[26] 늘어지는 발은 종아리 뒤쪽의 후경골건을 전방으로 옮겨 제2계상골에 부착했다.[27] 모두 폴 브랜드가 개발한 수술법이었다. 발에 난 종기를 처치하는 방법은 닥터 토플이 애양원에서 시도했던 석고붕대 활용법과 동일했다. 닥터 토플은 나환자의 무너진 코를 재건하고 눈썹을 이식하는 수술과 손과 발의 재활 수술, 물리치료에 특별히 관심을 가졌다.

미아 토플이 관심을 가진 분야는 나환자의 눈이었다. 나균은 눈꺼풀을 마비시켜 눈을 감을 수 없게 하고 최악의 경우 시력을 잃게 만들었다. 손과 발, 얼굴에 장애가 있는 환자가 눈까지 보이지 않으면 얼마나 참담하겠는가?

쉐프린 연구소에는 폴 브랜드의 아내인 마가렛 브랜드가 시작한 훌륭한 안과 클리닉이 있었다. 인도에선 나환자의 40퍼센트가 전염력 있는 나종형 나병이었고, 그들의 90퍼센트가 안과적 이상이 있었다.[28] 마가렛은 폴 브랜드와 같은 런던 의과대학에서 소아과를 전공했으나 인도에 와서 안과로 전공을 바꾸었다. 미아 토플 역시 소아과 의사였지만 나환자들을 위한 안과 공부를 위해 안과 진료에 참여했다. 이곳에선 관자놀이 근육의 일부를 떼어내 눈꺼풀 속을 지나는 근막에 연결하는 방법을 쓰고 있었다. 백내장 수술도 흔했다. 그러나 수술보다 중요한 것은 합병증을 미리 진단하고 정기적인 안과 검진을 통해 실명을 예방하는 것이었다.

인도에 머무는 동안 38도가 넘는 더위와 청결하지 않은 환경 때문에 어린 딸 앤 클레어가 이질에 걸려 벨로르 의학센터 소아과 병동에 입원하는 바람에 애를 태웠다. 닥터 토플도 의료 연수 도중 발이 감염되어 입원을 해야 했다. 길지 않은 인도 연수 시간을 쪼개어 사용해도 모자란데 덜컥 입원해 움직일 수 없게 되자 닥터 토플은 답답함을 토로했다. 하지만 병상에서도 의지만 있다면 배울 수 있는 것은 많았다.

현재 저는 발이 감염되어 침대에 누워서 지내는 신사 신세가 되었습니다. 어쩔 수 없이 아무것도 못하게 된 상황은 안타깝지만 해부학을 공부하고 여러 분야의 책을 읽는 데는 도움이 되었습니다. 이곳 나병연구소는 6천 명 이상의 외래환자와 150명 이상의 입원 환자에게 오늘날 할 수 있는 최상의 치료법을 제공하고 있습니다. 저는 안과, 약학, 전염병학, 병리학, 물리치료학 등 다양한 학과를 오가며 지식의 향연에 심취하고 있습니다.[29]

세계 최고 권위의 나병연구소에서 닥터 토플 부부는 전문 지식과 수술법을 습득하며 나환자들을 위해 무엇을 할 수 있는지에 대한 폭넓은 가능성에 눈떴다. 닥터 토플은 애양원에 도입할 수술과 치료에 대한 구상을 세우고 7개월 만인 11월에 순천으로 돌아왔다.

나병은 낫습니다

계절이 추운 겨울로 접어들 때면 유독 닥터 토플을 찾아오는 눈에 띄는 나환자들이 있었다.

"여그 좀 한번 봐주쑈."

사내가 닥터 토플의 진료실에 들어와 바지를 둘둘 걷어올렸다.

"요로코롬 새까맣게 썩어부렀당께."

토플은 자신의 눈을 의심했다. 사내의 두 무릎과 발목 사이 뒤쪽 부분 절반이 까맣게 죽어 있었다. 사내는 나병에 걸린 삼십 대 젊은이였다. 추운 겨울 내내 구걸을 하며 떠돌아다니다가 동상에 걸렸지만 통증을 느끼지 못하는 탓에 상태가 심각해질 때까지 방치한 것이었다. 닥터 토플은 고민했으나 대안이 없었다. 그는 사내의 두 다리 무릎 아래를 절단했다.

손가락을 거의 잃은 채 손에 깊은 화상을 입은 환자도 찾아왔다. 추운 겨울, 석탄불 가까이서 잠자던 중 손이 불 속으로 미끄러져 들어갔으나 그는 뜨거움을 느끼지 못했다. 살이 타는 냄새에 눈을 떴을 땐 이미 깊은 화상을 입었고 손가락은 남아 있지 않았다. 닥터 토플은 손상된 부분을 절제하고 피부이식을 해서 그나마 손의 일부를 살릴 수 있었다.

닥터 토플은 인도에 머물면서 익힌 여러 수술과 치료법을 적용하기 시작했다. 오그라든 손가락, 늘어진 손목과 발의 힘줄이식, 피부이식, 안면마비 및 눈꺼풀 근육의 이동, 처진 아랫입술의 교정, 기형인 발 뼈 재정렬 및 유합, 두피에서 눈썹을 이식하는 수술 등이었다. 마취도 정맥주사로 투여되는 혼합약물인 '마취 칵테일'을 썼다. 이는 저렴하고 안전하며 효과적인 마취 방법이었다.

아내 미아 토플은 안과 진료를 맡았다. 루프, 조명, 검안경 같은 진단을 위한 기본 도구와 수술 장비가 부족했지만, 나환자의 눈 검진은 무엇보다 중요했기에 주어진 여건에서 할 수 있는 일들을 하나씩 해나갔다.

힘줄이식 수술을 받은 환자에게 꼭 필요한 전문 물리치료사도 확보되었다. 1963년 가을, 미국나병선교회에서 유능하고 경험 많은 물리치료사 루비 틸먼을 애양원에 파견해주었다. 시카고 출신인 그녀는 한국의 매서운 겨울 바닷바람이 들어오는 허술한 숙소에 머물며 고생하면서도 불평없이 자기 일을 해나갔다.

닥터 토플은 틸먼에게 음성나환자 가운데 재건 수술을 하면 효과가 높을 만한 환자를 따로 분류하게 했다. 그렇게 선정된 환자들에게 닥터 토플은 인도에서 배운 물리치료를 먼저 시작했다. 손가락이 굽은 환자의 경우 수술에 앞서 환부에 물리치료를 받으면 수술 결과가 좋기 때문이었다. 물리치료실의 유일한 물리치료 기구는 연탄난로 위에 파라핀이 담긴 솥이었다. 따뜻하게 녹인 파라핀 속에 손을 담그고 굳을 때까지 기다렸다가 파라핀을 제거하고 부드럽게 마사지하면 굳은 손가락 관절이 수술을 할 수 있는 정도까지 펴졌다. 그 후 간단한 근력 검사를 하면 수술 준비가 완료되는데 이 작업이 수 주일이 걸렸다.

수술 후 상처가 아문 다음, 손가락에 석고붕대를 하고 물리치료를 했다. 환자 출신으로 물리치료를 배운 권 씨가 틸먼을 도왔다. 병원 안에는 수도시설이 없었다. 필요한 물을 길어다가 연탄난로 위에서 데워 손가락 석고붕대를 제거하고 물리치료를 한 후 다시 석고붕대를 했다. 물리치료의 경과는 비록 진척이 더뎠지만 하나님의 도우심으로 좋은 결과가 있었다.[30]

재활 및 물리치료의 도입 소식에 애양원의 환자들은 물론이고 근처 다른 수용소의 환자들도 앞다퉈 수술을 받길 원했다. 닥터 토플은 인도에서 돌아온 이후로 5개월 동안 136건의 재활 수술을 진행했다.

인도 쉐프린 나병연구소에서 연수를 마치고 돌아왔을 때, 자신을 반갑게 맞이하는 애양원 환자들을 보면서 닥터 토플은 새로운 진료 시스템에 대한 구상을 다졌다. 나병에 걸리더라도 환자들이 사회에 복귀하는 길이 막히지 않으려면, 나병을 조기에 발견하고 장애가 생기기 전에 치료하는 시스템을 마련해야 했다. 사람들은 나병에 걸렸다고 생각하면 무지와 두려움 때문에 일단 숨어버린다. 정부 정책에 따른 격리 조치 때문에 그렇기도 하지만, 그동안 쌓아온 모든 인간관계가 단절되는 극단의 현실을 감당하기 어렵기 때문이다. 그러다 보면 병이 깊게 진행되도록 방치하는 경우가 많았다. 미처 자신의 병을 알아차리지 못하고 때를 놓치는 환자들도 다수 있었다. 그들을 조기에 찾아내 격리 조치 없이 집에서도 치료를 시도할 수 있게 '찾아가는 진료실', 즉 이동진료가 필요했다.

그 무렵 나환자에 대한 정부의 시책에도 변화가 있었다. 본격적인 시발점은 1955년 3월, 나병의 세계적 권위자 닥터 코크레인이 나환자들의 실태를 파악하기 위해 한국을 방문했을 때였다. 닥터 코크레인과 동행했던 한국 관리들은 나환자들을 대하는 그의 모습에 놀랐다. 항상 장갑을 끼고 틈틈이 손 소독을 하는 한국 관리들과 달리 닥터 코크레인은 맨손으로 나환자들을 만지고 진료했기 때문이었다. 닥터 코크레인은 투약을 통해 음성이 된 환자는 위험하지 않다는 점을 확실하게 이해시켰다. 그는 정부 관계자들에게 나환자들을 공적 시스템을 통해 격리 수용하기보다 재택 격리를 통해서도 충분히 치료하고 관리할 수 있음을 권고했다.

> 한국에서는 집에 방이 많고 각자 작은 상에서 밥 먹는 것도 익숙하므로 자택 격리가 가능하다…… 지금 이곳에 필요한 사람은 사실 나병 학자가 아니라 한국 마을의 특성을 잘 아는 노련한 검역관과 그를 도우며 마을 조사에 참여할 수 있는 한국인 보조원이다.[31]

그는 먼저 해당 마을을 잘 알고 훈련받은 나병 관리원들이 나병

의심자와 재택 환자들을 관리하고 한 달에 한 번 의료진이 마을 보건소 등을 방문해 진찰과 투약을 하는 시스템을 제안했다. 이에 따라 격리가 원칙이었던 한국의 나환자 정책이 재가 치료와 보건교육, 이동진료에 눈을 돌리게 되었다. 1957년부터 일부 지역에서 이동진료가 시작되었으나 정부 지원이 미흡해 확대되지는 못했다. 1963년 2월에 개정된 전염병 예방법에 따라 나환자의 격리 규정이 마침내 삭제되었고 전면적인 정책 개편이 잇따랐다.

닥터 토플은 진료 초기부터 나병의 조기 진단과 치료 및 후속 조치를 위해 외래환자 클리닉을 열었다. 또한 학교와 교회 및 시 단체에서 사진과 슬라이드를 이용한 강연, 책자, 포스터를 통해 대중교육을 병행했다.[32] 미국나병선교회에 물리치료, 복원 및 재건 수술, 이동식 클리닉을 위한 재정 지원을 요청해 1962-1963년에 1만 8천 달러를 약속받았다.[33]

닥터 토플은 1964년 6월, 에모리 대학 정형외과에서 일 년간 레지던트 과정을 밟기 위해 가족과 함께 미국으로 들어갔다. 미국으로 떠나기 4주 전, 5월 19일에 전주 예수병원에서 둘째 딸 시슬 케이가 태어났다. 네 식구는 노르웨이를 거쳐 닥터 토플의 부모님이 살고 있는 조지아주 디케이터의 미션 헤븐으로 갔다. 미아 토플은 정식으로 미국 시민권을 얻었고, 결혼한 지 3년 만에 토플의 조부모님과 부모님을 만날 수 있었다.

정형외과 레지던트 과정을 마친 후, 1965년 8월에 한국으로 돌아온 닥터 토플은 그동안 애양원 원장으로 있던 보이어 목사의 은퇴식을 치르고, 9월에 정식으로 원장으로 부임했다.

44년 동안 한국의 선교사로 사역한 엘머 보이어 목사는 애양원교회에서 마지막 예배를 드렸다. 수백 명의 나환자들이 모여 고난의 순간을 함께해온 노선교사의 퇴임을 아쉬워했다. 1948년부터 애양원의 책임을 맡았던 보이어 목사는 인정이 많았다. 애양원의 미감염 아동을 위한 명성보육원, 나환자 목회자 양성을 위한 한성신학교, 음성 나환자 정착촌인 보성마을을 세웠다. 9월 11일, 보이어 목사와 아내 글래디스는 정든 순천을 떠나 미국으로 돌아갔으나 그의 아들 케니스 보이어(한국 이름 보계선)와 며느리 실비아는 아버지의 뒤를 이어 1960년부터 제주에서 선교사로 사역하고 있었다.

1965년이 끝나가는 12월 3일, 토플 가족에게 한 아기가 새로 찾아왔다. 전주 예수병원에서 태어난 엘렌 도로시, 귀여운 빨강 머리의 셋째 딸이었다.

이름 없는 영웅들

"쩌기 오시네이."

곡성군의 마을과 시장 등을 돌며 나병에 대한 지식을 계몽하고 환자들을 찾아내는 나병 관리원 이 선생이 산모퉁이 길을 가리켰다. 이동진료팀에게 꼬불꼬불한 산길을 돌아 마을에서 멀리 떨어진 이곳까지 와달라고 한 것은 동네 사람들의 눈에 띨까 두려워서였다. 이동진료팀을 부른 오십 대 남자는 마을 이장이라고 했다. 그늘 아래 애써 가린 그의 얼굴은 창백하게 질려 있었다.

"이리 와보세요."

애양원의 이동진료팀을 맡은 문국원 의사가 그를 햇빛이 있는 밝은 곳으로 불러냈다. 문 의사는 닥터 토플이 이동진료 책임을 맡긴 피부과 의사였다. 이장의 얼굴은 반질반질하고 부어 있으며 반점이 있었다. 문 의사는 확대경으로 반점을 관찰하더니 솜으로 그 부위를 살살 문질렀다.

"어때요? 느낌이 있습니까?"

"……아니요."

"손을 이리 내보세요."

이장이 손을 내밀었다. 문 의사는 손을 잡고 뾰족한 기구로 손바닥 이곳저곳을 눌렀다.

"감각이 있나요?"

이장은 고개를 푹 숙였다. 나병이 확실했다. 문 의사가 조용히 말했다.

"우선 가족에게도 말하지 말고 애양원에 오세요. 검사를 해봅시다."

눈썹 위의 피부를 떼어내 염색해서 보면 나균이 나타난다. 이장이 세상이 끝난 것 같은 얼굴로 문 의사를 바라보았다.

"이 병 걸리믄 경찰이 잡아가분다는디."

문 의사는 이장의 어깨를 도닥였다.

"이제 그런 법은 없어졌습니다. 나병은 약 먹으면 낫습니다. 피부

접촉 조심하시고 빨리 병원으로 오세요."

돌아가는 이장의 발걸음은 올 때보다는 가벼워 보였다.

"그래도 저 양반은 나와부럿네요. 안 와분 사람도 많은디."

나병 관리원 이 선생이 말했다. 그 역시 음성나환자로 애양원 출신이었다.

"나병이 결핵보다 훨씬 덜 위험한 병입니다. 그걸 알려주는 게 우리 일이지요. 자, 다음은 어디로 가지요?"

"요 근처 학교에 가 보셔야것습니다. 학생들이 운동장에 모여 있습니다."

애양원의 이동진료팀은 미국인 사업가가 기증한 지프차 랜드로버를 타고 학교로 달려갔다. 그해 말까지 이동진료팀은 학교와 보건소, 군청을 돌며 강연과 슬라이드를 통해 2만 7천 명을 교육했다.

1966년 초, 한국 정부는 애양원과 같은 나환자 수용소들과 협력해 적극적으로 이동진료반을 운영하기로 했다. 선한 일이 시작될 때 늘 그렇듯 '때마침' 미국 조지아의 부유한 사업가 줄리어스 스콧 씨가 꽤 많은 기부금을 애양원에 보내왔다. 그는 닥터 토플의 아버지 친구이며 디케이터 교회 장로였다. 이 기부금은 이동진료를 체계 있게 시작할 수 있는 자금이 되었다. 스콧 씨는 이동진료에 쓰일 랜드로버 차량도 보내주었다. 닥터 토플은 거문도에서 개업하고 있던 문국원 의사를 애양원 피부과 의사로 채용하고 그에게 이동진료팀을 맡겼다. 그는 이동진료에 관한 아이디어가 풍부했다. 보건 당국에서는 이동진료팀의 일정 및 상황을 라디오 방송과 신문에 공고하는 방식으로 나환자들과 보다 쉽게 접촉할 수 있게 지원했다.

문 의사는 5개월 동안 500여 명의 환자들을 진료하고 82명의 새로운 나환자들을 발견했다. 닥터 토플이 "에너지 넘치고, 헌신적이며 학교 강의를 잘하는" 문국원 의사를 만난 것도 하나님의 예비하심이었다.

닥터 토플과 함께 순천선교부에 속한 휴 린튼 목사는 농어촌에 200여 개의 교회를 세웠다. 그는 해군 장교 출신답게 배를 타고 섬들을 찾아다니며 전도하는 것을 좋아했다.

어느 여름날이었다. 린튼 목사가 닥터 토플을 데리고 여수에서 여덟 시간이나 배를 타고 가야 하는 거문도로 들어갔다. 그 섬에는 병원이 딱 하나 있었다. 일제 강점기에 독학으로 의사 시험을 통과하고, 제중병원에서 실습을 받은 문국원 선생의 병원이었다. 문 선생은 고흥 출신으로 여순사건 때 두 번이나 빨치산에게 끌려갔지만 총살 직전에 극적으로 도망쳐 살아난 사람이었다. 한국전쟁이 터지고 북한군이 쳐들어오자 보복 대상이 된 그의 가족은 아무 연고도 없는 거문도로 피난 와 머물게 되었다. 문 선생은 자신이 죽기 직전에 살아난 것이 하나님의 은혜임을 깨닫고 거문도에 병원과 교회를 세웠다. 린튼 목사와 순천선교부의 선교사들이 거문도에 오면 그는 흔쾌히 자신의 집을 숙소로 제공해왔다.

이동진료의 책임을 맡아달라는 닥터 토플의 제의를 받아들인 문국원 의사는 가족과 함께 애양원 사택으로 이사했다. 막내아들인 도현은 애양원 출신 친구들과 함께 학교를 다녔다. 순천의 매산고등학교는 일반 학교에 다닐 수 없는 미감아들을 몰래 입학시켜주었다. 신풍역에서 순천으로 통학했는데, 기차를 타러 역으로 갈 때면 동네 아이들이 "문둥이 새끼들"이라고 시비를 걸고 돌을 던지기도 했다. 덩치가 큰 도현은 쫓아가 멱살을 잡고 싸우기도 많이 했다.

문 의사는 여름이면 방학을 맞은 아들 대옥과 도현을 데리고 이동진료를 나가기도 했다. 아들들은 일반 사람들이 꺼리는 나환자들을 진료하고 그들과 스스럼없이 함께 식사하며 어울리는 아버지를 존경했다.

"다 같이 기도합시다."

마을 보건소와 나환자 정착촌에서는 진료가 시작되기 전, 기도로 이동진료팀의 업무를 시작했다. 처음에 마을 사람들은 어리둥절했지만 점차 익숙해져 같이 머리를 조아렸다.

"모든 병을 고치시는 예수님께서 여기 모인 환자들에게 안수하시고 깨끗이 고침을 받게 해주시옵소서."

이동진료는 애양원 밖에서 하는 진료였지만 닥터 토플은 자신이 선교사라는 사실을 잊지 않았다. 애양원에서 모든 진료와 행사를 기도로 시작하듯이 사람이 모이는 곳에선 언제든지 진료를 기도로 시작하고 기도로 마치게 했다.

이동진료팀 초기에는 문 의사와 나병 관리원이 모든 일을 전담했지만 점점 인원과 장비가 보완되었다. 진료팀에는 닥터 토플을 비롯한 정형외과 의사와 안과의 미아 토플, 물리치료사, 전도사와 사회복지사가 동행했다. 전도사와 사회복지사는 진료를 받으러 모인 환자들을 전도하고 가정 상담도 했다. 특히 상담이 중요했다. 환자들의 생활 형편과 어려움을 들으면서 그들을 구체적으로 도울 방법을 찾았다. 약과 의료 서비스는 물론이고 크리스마스 때에는 구호물자와 음식 등을 지원했다. 지낼 곳이 없는 환자들에겐 거처를 마련해주었고, 학비가 없어 학교를 그만둘 처지의 아이들에겐 장학금을 지급했다. 당시에 가난한 가정의 아이가 상급학교까지 진학한다는 건 그 아이가 장차 집안의 가장 노릇을 하게 된다는 것을 의미했다.

이동진료팀의 대상은 처음엔 나환자와 피부염에 걸린 사람들이었다. 그러나 병원은커녕 의사도 만나기 힘든 당시의 열악한 의료 상황 때문에 곧 내과와 외과 진료까지 확대해야 했다. 이동식 엑스레이 장비를 싣고 다니며 담요로 암실을 만들어 즉석에서 사진을 현상해 병의 빠른 진단을 내릴 수 있도록 했다. 가야 할 곳은 많고 인원은 한정되어 있으므로 닥터 토플과 진료팀은 약속을 꼭 지켜야 했다. 마을 사람들은 폭우가 쏟아져도 와주는 이동진료팀을 진심으로 기다리고 신뢰했다.[34]

물리치료가 이동진료팀에서 시작된 것은 의료진과 장비를 싣고 다닐 6인승 2톤 트럭을 구입한 덕분에 가능했다.

"손과 발에 상처가 난 사람은 저쪽에 가서 물리치료를 받으세요."

그곳에는 젊은 미국인 여성 수잔 크람이 미소를 지으며 기다리고 있었다. 그녀는 미국 평화봉사단원으로 한국에 온 물리치료사였다. 수잔은 시장에서 냄비와 물을 데우기 위한 전기열판, 수건, 발의 티눈을 깎아내기 위한 칼과 붕대를 구입해 진료팀에 합류했다.

"여기 따뜻한 물에 발을 담그세요."

환자들은 의자에 앉아 상처 난 발을 물에 담갔다. 수잔은 무릎을 꿇고 환자들의 불린 발에서 굳은살을 깎아내고 궤양이 생긴 손과 발을 치료했다.

"발에 물집이 생기지 않게 조심하세요. 뜨거운 것을 잡을 땐 수건을 감고 하세요. 집에서도 이렇게 손과 발을 소중히 여겨주세요."

나환자들 앞에서 무릎을 꿇고 손수 발을 닦아주는 그녀의 모습은 그 어떤 메시지보다 더 사람들의 마음을 움직였다.

무엇보다 애양원 이동진료팀에서 가장 수고하는 사람들은 다섯 명의 나병 관리원들이었다. 그들은 여천, 승주, 광양, 구례, 곡성 등 다섯 개 군을 다니며 시장과 마을, 학교에서 계몽활동을 하고 새로운 환자들을 찾아내 의사들에게 안내했다. 그들은 애양원 소속이지만 군청에 속한 공무원 신분으로 일했다. 처음엔 하루에 한두 번 있는 버스를 타고 외딴 마을과 산길을 걸어 다니며 나환자들을 만났다. 이후에 애양원에서 자전거를 구해주었다. 하지만 그것으로 다섯 개 군을 두루 다니기엔 부족했다. 얼마 후 미국 그린빌에 사는 한 기업인의 기부를 받아 신형 오토바이를 마련해줄 수 있었다. '이 빛나는 두 바퀴의 상품'을 잘 관리하면 나중에 나병 관리원들의 소유로 해주겠다고 닥터 토플은 약속했다.

그들 역시 한때는 나병에 걸려 절망했던 환자들이었지만 이제는 새 인생을 사는 공무원 신분의 어엿한 의료 보조원이었다. 그들이 헌신한 덕분에 80만 명의 지역 주민들을 대상으로 나병 교육을 할 수 있었고, 한 달 평균 여섯 명의 나환자들을 발견해냈다.

미국나병선교회 회장인 하셀블라드 박사는 애양원을 방문한 후 1966년 12월, 아시아 지역 보고서에 다음과 같이 썼다.

"어려운 여건 속에서도 재건 수술을 포함해 이렇게 훌륭한 성과를 이룬 경우는 이제껏 본 적이 없습니다."

토플 원장은 나병 관리원들을 "이름 없는 영웅들"이라고 불렀다.[35]

1. 곡성군 이동진료에 참여한 닥터 토플과 일행들 2. 애양원의 이동진료팀은 기증 받은 지프차를 타고 학교와 보건소, 군청을 돌며 강연과 슬라이드를 통해 보건교육도 했다.

4 인간의 꿈을
   넘어선
   하나님의 목적

"여자 부츠를 하나 맞추고 싶은데 샘플을 보여줄 수 있습니까?"

순천의 한 양화점에서 구두를 만들던 도근은 난데없는 영어에 깜짝 놀랐다. 체격이 단단해 보이는 미국인 부부가 가게에 들어온 것이다. 그 미국인은 아내의 생일 선물로 부츠를 맞춰주고 싶다고 했다.

"잠깐 기다리세요."

도근도 영어로 대답하고 샘플을 내왔다. 그 미국인이 눈을 동그랗게 뜨고 도근을 쳐다보았다.

"영어할 줄 아십니까?"

"조금요."

도근은 부인의 발을 재고 부츠를 재단했다. 며칠 후 구두를 찾으러 다시 가게로 온 미국인은 아내의 구두를 이리저리 꼼꼼하게 살펴

본 후 아주 만족해 했다.

"대단히 훌륭합니다."

그리고 또 물었다.

"당신은 그리스도인입니까?"

도근은 망설임 없이 대답했다.

"네, 그렇습니다."

그는 의미심장한 미소를 지으며 돌아갔다.

박도근은 서울에서 실력 있는 제화 기술자로 일했다. 돈은 많이 받았지만 쉬는 날이 없었다. 교회에 가기는 더욱 어려웠다. 그것이 고민이 되어 고향 순천으로 내려와 제화점에서 일을 하고 있었다. 그에게 부츠를 맞춘 미국인은 아내와 함께 애양재활병원의 물리치료사로 있던 호텐토트 선교사였다. 그의 추천으로 도근은 애양재활병원 의지제작실에서 의족의 속신발 만드는 일을 담당하게 되었다.

애양원은 1967년 현대식 병원으로 신축하면서 이름도 '여수애양재활병원'으로 바뀌었다. 시골에선 보기 힘든 최신 의료장비를 갖추었다는 소문이 나면서 나환자뿐 아니라 전국에서 몰려오는 소아마비 환자들을 교정하는 수술과 재활치료로 점점 일이 많아졌다.

도근은 소아마비 환자와 나병으로 인해 발을 절단한 환자들을 위한 의족을 만들었다. 처음에 그가 가장 힘들었던 건 환자들의 상처에서 나는 냄새였다. 어지간한 냄새는 참을 만했지만 살이 썩는 냄새는 상상 이상이었다. 그런데도 닥터 토플이 나환자의 피고름 가득한 발을 만지고 치료하는 것을 보며 그는 혀를 내둘렀다. 시간이 지나면서 그는 환자들이 가여워졌다. 역했던 냄새도 더 이상 느껴지지 않았다. 도근은 발가락이 떨어져 나가고 상처가 곪아 썩어가는 나환자의 발을 깨끗이 씻기고 바셀린을 발라 부드럽게 한 후 석고로 본을 뜨고 구두를 만들어 신겼다.

닥터 토플은 발에 문제가 생긴 환자들의 무릎 아래를 절단하는 대신 발의 앞부분만 절단하고 뒤꿈치 부분을 남기는 수술법을 썼다. 그런 수술을 받은 경우 발가락이 없는 나환자는 신발이 고정되지 않고 헛돌아 애먹기 때문에 도근은 이를 방지하기 위해 앞부분에 스펀지를 넣은 특별한 속신을 만들었다. 사람들은 속신이 들어가 뚱뚱해진 그 신발을 코끼리 신발이라고 불렀다. 20년 동안 기어다닐 수밖에 없었던 한 중증 소아마비 환자는 그가 만든 보조기를 차고 일어나 겨우 한 걸음을 떼었는데도 기쁨에 겨워 울었다.

애양재활병원에서 맡은 일은 보람 있었지만 월급이 적었다. 토플 원장부터 모든 직원들이 적은 월급에도 불평 없이 일했다. 그러나 집안에 불행한 일이 닥친 도근은 더 이상 버티기 힘든 상황이었다. 목사인 형이 갑자기 죽고 나서 갈 곳 없는 형수와 다섯 명의 조카들이 도근의 집으로 들어오게 된 것이다. 할머니와 어머니, 여동생에 형님네 여섯 식구가 더해지니 늘 먹을 쌀이 부족했다. 도근은 돈을 더 벌기 위해 다시 서울로 갈 결심을 했다. 하지만 자신을 믿고 일을 맡겨준 닥터 토플에게 사표를 낼 수 없어 주머니에 넣고 다녔다.

어느 날 닥터 토플이 도근을 보자고 했다. 아마 그의 사정을 알게 된 다른 직원이 토플 원장에게 귀띔한 것 같았다.

"미스터 박, 서울로 가면 얼마나 더 받습니까?"

토플 원장이 물었다.

"여기보다 두 배 더 받습니다."

도근의 대답에 토플 원장이 고개를 갸웃하며 말했다.

"서울에선 쓸 것이 많으니까 더 가치가 적겠지요?"

"그렇긴 하지만 어쩔 수 없네요. 원장님은 먼 미국에서 오셔서 우리 병든 사람들을 위해 일하시는데 차마 제가 떠나겠다는 말이 입에서 떨어지지 않습니다. 정말 죄송합니다."

토플 원장은 아쉬운 듯 도근을 보며 말했다.

"우리 조금 더 생각해봅시다."

무거운 마음으로 도근은 작업장에 돌아왔다. 총무과장이 다시 그를 불렀다.

"당장 월급을 인상하기는 어렵네. 다른 직원과의 형평성도 고려해야 하고 병원에 재정적으로 그만한 여유가 없기도 하네. 하지만 토플 원장이 개인 돈으로 천 달러를 자네에게 주기로 했네. 어떤가?"

도근은 깜짝 놀랐다. 닥터 토플은 지나치다 싶을 정도로 검소하고 물 한 방울, 돈 일 원도 아껴 쓰는 사람이었다. 그런데 개인 돈까지 손수 마련해주며 붙잡으려는 닥터 토플을 그는 뿌리칠 수 없었다. 한동안은 더 그곳에 남기로 했다. 적어도 닥터 토플이 애양병원에 있는 동안에는……. 아니, 그는 자신이 이곳을 떠나지 못할 수도 있겠다는 생각을 했다.

도근은 결혼할 때, 닥터 토플에게 주례를 부탁했다.

"좋습니다. 내가 합니다."

닥터 토플은 흔쾌히 수락했다. 주위 사람들은 한국인 결혼식에 미국 사람이 어떻게 주례를 서냐고 만류했지만, 도근은 주례로 토플 원장만한 사람이 없다고 생각했다. 평소에 도근은 그의 차를 같이 타고 출근했다. 토플 원장의 딸들도 학교에 가느라 동승할 때가 많았다. 토플 원장은 딸들에게 온몸으로 사랑을 표현했다. 도근은 그것이 너무 부러웠다. 자신이 알고 있던 아버지의 모습과는 정반대였다.

'나도 아이들을 낳으면 저렇게 다정한 사람이 되겠어.'

순천 예식장에서 열린 결혼식에서 닥터 토플은 성경 말씀으로 주례를 훌륭하게 해주었다.

"지혜로운 자는 집을 반석 위에 짓는 것처럼, 지혜로운 가정은 예수님이란 반석 위에 집을 짓습니다. 부디 이런 가정이 되십시오."

하객들은 외국인 주례를 보는 것도 신기했지만, 그 외국인이 한국말을 능숙하게 하자 하나같이 놀라워하며 박수를 쳤다. 토플 원장의 주례 데뷔식은 대성공이었다. 도근은 주례를 선 토플 원장의 응원을 받으며 사랑하는 신부와 함께 다정한 아버지가 되는 길로 힘차게 첫발을 내딛었다.

* * * * *

새 병원은 하얀 코끼리

데이비드 스콧 씨는 애양원 사무실에서 석탄난로를 껴안듯 쬐고 있었다. 1966년 12월 28일, 크리스마스부터 며칠째 매서운 영하의 추위가 닥쳐 지천과 강은 물론이고 애양원 주변 바다까지 얼어붙었다. 돌을 성기게 쌓아 지은 40년 된 병원 안은 바깥이나 마찬가지로 추웠다. 스콧 씨는 원장인 닥터 토플이 난방비를 지나치게 아낀다고 생각했다.

"바람이 그대로 들어오니 환기는 잘 되는군."

그는 궁시렁대며 점심 먹을 준비를 했다. 손을 씻기 위해 난로 위에 올려놓은 물 주전자를 들고 얼어붙은 양동이의 물을 녹였다. 스콧 씨는 7월 1일부터 새로 짓고 있는 애양병원의 건축을 돕기 위해 온 디케이터 장로교회 집사였다. 그는 닥터 토플의 어릴 적 친구이며 기계와 배관, 전기설비 전문가였다. 조지아주의 디케이터 장로교회는 닥터 토플과 그의 부모님의 모 교회였다.

스콧 씨는 점심을 같이 먹으려고 토플을 기다렸지만, 그는 수술실에서 내려오지 않았다. 사무실 창밖은 을씨년스런 겨울 풍경이었다. 마침 목발을 짚은 어린 소아마비 환자가 지나가는 것이 보였다. 걷고 싶다는 마지막 희망을 안고 닥터 토플을 찾아온 아이였다. 어느 때는 부모의 등에 업히거나 지게와 나무 수레에 실려 오는 아이들도 있었다. 그들은 대개 비싼 수술 비용을 마련하지 못해 다른 병원에서 수술을 거절당한 아이들이었다. 그가 듣기로는 큰 병원의 소아마비 수술비가 보통 한국인의 일 년 치 월급만큼 나온다고 했다. 그에 비하면 토플은 거의 5분의 1의 비용으로 수술했다.

닥터 토플은 그날 아침부터 두 건이나 큰 수술을 해야 했다. 토플은 두툼한 털목도리를 두르고 수술실에 들어갔다. 손을 소독하려고 하니 수술실의 외과용 물비누도 얼어붙어 뻑뻑하게 나왔다. 첫 번째 수술은 '발이 늘어지는' 족하수 환자에게 힘줄을 이식하는 것이었다. 두 번째는 십 대 소년의 절단된 팔의 신경을 잇는 수술이었다. 첫 번째 수술은 척추마취를 할 수 있어 석유난로를 틀었지만, 두 번째 수술은 화재 위험이 높은 에테르를 사용해 전신마취를 해야 했기에 난로를 껐다. 토플은 손가락이 시렸지만 절단된 신경을 잇느라 점심도 거른 채 수술에 매달렸다.

오후 3시쯤 스콧 씨가 수술실에 올라가보니 토플과 의료 보조원들이 환자의 팔에 붕대를 감고 깁스 준비를 하고 있었다. 보조원들은 마취와 간단한 의료 훈련을 받은 애양원의 나환자들이었다. 수술실 싱크대에 받아놓은 물에는 얼음이 둥둥 떠다니고 있었다. 닥터 토플이 이 시설 열악한 병원에서 진행한 수술은 해마다 늘어 최대 250건에 달했다. 수혈 설비도 없고 골수염 감염이 높은 수술도 다반사인데 여태 사망자가 없다는 것이 스콧 씨의 눈에는 신기했다. 토플을 비롯한 병원 직원들은 많은 것이 부족한데도 입밖으로 불평을 내는 법이 없었다.

"우리는 어디까지 절약할 수 있고, 또 어디까진 할 수 없는지 배우고 있다네."

닥터 토플은 자신이 원장으로 병원 일을 감당할 수 있다는 점에서 하나님께 감사하고 있었지만, 새로운 병원을 지을 때까지 운영 비용이 증가하지 않도록 매우 조심하고 있었다.[1]

애양원에 새 병원을 건축하려는 계획은 1964년부터 시작되었다. 미국장로교 선교회의 의료부서에서 일본과 한국에 세 명의 의사로 구성된 조사단을 파견했다. 그들은 의료선교 분야에 큰 영향력을 가진 조사관들이었다. 조사관들은 말할 수 없이 낙후된 상황에서도 최선을 다하고 있는 애양원을 둘러보고 놀라워했다. 그들은 미국나병선교회에 이렇게 보고했다.

"닥터 토플이 애양원에 온 후로 의료적 방면에서 큰 발전을 이루었다."

그들은 애양원에 검사실이 증축되어 새로운 검사가 가능해졌고, 안과와 엑스레이실, 물리치료실이 신규 개설되었으며, 1964년 5개월 동안 136건의 재건 수술을 실시한 것, 인공 팔 다리를 제작하는 의지실과 음성나환자 정착촌 조성 등을 큰 성과로 보았다.[2]

조사단은 결론적으로 애양원에 20병상 수준의 재활병원이 필요하다고 권고했다. 지금까진 애양원에 수용된 환자들과 외래 나환자들을 진료하는 병원이었지만, 앞으로는 재활과 지역 주민들의 여러 병을 치료하는 전문의료기관으로 탈바꿈해야 했다. 그러자면 새로운 병원 건물이 필요했다.

토플 원장은 미래를 내다보면서 조사단의 의견보다 두 배 더 큰 규모인 40병상 수준의 병원 건축을 계획했다. 그는 나환자는 열악한 의료시설에서 진료받는 것이 당연하다고 여기는 일반 사람들의 편견을 부술 만큼 깨끗하고 현대적인 시설을 갖춘 최신 병원을 짓고 싶었다. 하지만 보여주는 데만 관심을 둔 선교병원은 지역 사회에 반감을 불러일으키고 한국의 어려운 경제 여건에도 맞지 않을 수 있었다. 그는 새 병원을 순천 시내에 지을 것인지, 아니면 외떨어진 해안 가에 있는 현재 장소에 지을 것인지도 고민했다. 시내로 나가면 수익성이 좋아질 것은 확실했다. 하지만 포사이드 선교사와 윌슨 선교사의 '선한 사마리아인' 정신이 살아 있는 애양원을 포기할 수도 없었다.

그는 기도하며 많은 사람들과 토론하고 조언을 들은 끝에 현재 애양원이 위치한 장소가 합당하다는 결론을 내렸다. 새 병원은 애양원으로 들어가는 정문 입구에 짓기로 했다. 철문으로 세상과 단절이 시작되는 곳에 나환자와 일반 환자가 함께하는 현대식 병원이 선다는 것은 충분히 의미가 있었다. 선교 정신이 살아 있고 아름다운 해안가인 이곳이 환자들의 재활에 최상의 조건이기 때문이었다.

이런 계획을 미국나병선교회에 제안했을 때, 그들은 "이 현대식 병원은 먹여 살릴 수 없는 하얀 코끼리 같은 건물이 될 것"이라며 걱정했다. 하얀 코끼리는 고대 태국에서 왕에게 하얀 코끼리를 선물 받은 신하가 그 코끼리의 사료비를 대다가 파산하고 말았다는 데서 유래한 말로, 선물을 빙자한 재앙처럼 유지 관리비가 많이 드는 건축물을 뜻했다.

또 다른 반대는 애양원 내의 환자들에게서 나왔다. 나이 들고 몸이 성치 않아 정착촌에 갈 수 없었던 환자들은 새 병원이 들어서면 자신들이 '먹다 남은 식은 밥'처럼 버려질까 두려워했다.

하나님의 목적이 우리 꿈을 넘어

이 모든 염려와 걱정을 하나님께 맡기고 닥터 토플은 구체적으로 병원 건립 계획을 진행했다. 디케이터 장로교회의 데이비슨 필립스 목사와 성도들은 10만 달러를 모금하기로 약속했고, 건축이 끝나기 전 2만 달러를 더 지원해 총 12만 달러를 헌금했다. 선교부에서는 24만 달러를 마련했다. 교회 장로이며 조지아주의 유명한 병원 건축설계사인 유진 보스웰 씨가 비용을 받지 않고 닥터 토플의 여러 의견을 반영해 설계를 해주었다. 평소 토플은 국내외 선교병원을 방문할 때마다 미래의 애양병원을 꿈꾸며 꼭 필요한 시설과 동선을 항상 메모하고 있었다. 예를 들면 수술실 옆에 깁스를 위한 석고실을 두었고, 진료실 구역에 엑스레이실을 배치했다. 각 층마다 화장실, 복도 중간에 청소 도구함, 보일러실 옆에 세탁실을 두어 온수 공급이 가능하도록 했다.

    건물 외관은 하버드 대학교에서 구조공학을 전공한 조자룡 씨가 지붕 끝이 살짝 들리는 아름다운 한옥 형태로 설계했다. 그는 종로 YMCA 건물과 정동의 주한 미대사관 한옥 관저를 지은 유학 1세대 건축가였다. 교회 장로이며 은퇴한 건축 기술자 서시 슬랙 씨는 부인과 함께 애양원에 들어와 몇 달을 머물면서 건축에 필요한 여러 준비를 도왔다. 그는 하버드 대학교를 나온 토목 엔지니어로 조지아주의 고속도로와 교량을 건설한 전문가였다. 여든이 가까운 나이였지만 활동적이고 유머가 많아 한국의 건축 기술자들과도 잘 어울렸다. 데이비드 스콧 씨는 배관, 기계, 전기설비를 맡았다. 휴 린튼 목사는 전라도 지역에 수십 채의 교회 건물을 지으면서 쌓은 노하우로 믿을 만한 건축업자와 일꾼을 소개하고 저렴한 비용에 멋진 외관을 지닌 병원을 짓도록 앞장서서 도왔다.

토플 원장은 새 병원이 누더기와 구걸 등으로 상징되는 나환자의 이미지를 완전히 바꿀 수 있도록 '품위 있고 견고한 외형 못지않게 좋은 품질의 자재'를 쓰고 싶었다. 병원의 외벽과 내벽은 세련되고 깨끗한 폴리에스터로 마무리했고, 내부에는 구리 배관을 썼다. 바닥은 인조 대리석 느낌의 테라조 바닥을 깔았다. 이것은 물걸레 청소가 쉽고 오래가며 시각적으로도 아름다웠다. 실내 부속품에도 고급 물건을 썼다. 수입품 전기 스위치와 최고급 베스트사의 마스터키, 중유로 가동되는 보일러를 설치했다. 전기 사정이 좋지 않아 엘리베이터는 설치할 수 없었다. 대신 계단을 넓게 내어 들것을 옆으로 운반할 수 있도록 했다. 화장실은 수세식이지만 환자들이 당황하지 않도록 변기는 한국식과 서양식을 함께 넣었다. 입원실에는 군용 침대 대신 시몬스사의 아주 튼튼한 병원 침대와 매트리스를 들였다.

430평의 산뜻하고 훌륭한 현대식의 2층 병원 건물은 건축을 시작하고 2년 만인 1967년 8월 3일에 준공되었다. 새 병원의 로비에는 페기 롱 화가가 그린 벽화가 장식되었다. 누가복음 17장에서 열 명의 나환자들이 예수님께 고침을 받는 내용이다. 한복을 입은 예수님과 환자들은 실제 애양원 직원들을 모델로 했다. 애양원은 신축 후 재단법인 여수애양재활병원으로 개칭되었다.

닥터 토플은 1959년 10월, 처음 애양원에 왔던 그날을 기억했다. 비가 부슬부슬 내리는 가을날이었다. 삼중 철문과 철망으로 애양원과 세상을 단절시켰던 문을 통과하며 그가 품었던 소망이 있었다. 나환자들을 치유해 사회로 돌아가게 하는 것이었다. 그 정문이 있던 자리 앞에 푸른 하늘을 배경으로 날아갈 듯 하얀 새 병원이 들어섰다.

"우리는 막연히 꿈꿨지만, 하나님의 목적은 우리의 꿈을 초월해 성취되었습니다."

닥터 토플은 한 사람의 꿈을 넘어 하나님이 이루신 결과물을 눈앞에 마주했다.

토플 가족에게도 경사가 있었다. 한 달 후인 9월 12일, 예쁜 아기 크리스틴 슈가 막내딸로 합류했다. 한국에 온 지 8년, 이제 네 명의 딸을 둔 37세의 젊은 병원장 닥터 토플의 앞에는 헤쳐 나갈 문제가 산적해 있었다. 현대식 새 병원이 유지비만 무시무시하게 들어가는 '흰 코끼리' 같은 애물단지가 될 것이라는 우려뿐 아니라 정작 나환자들은 일반 외래환자들에게 밀려나 소외될 것이라는 비관적인 예측이 컸다. 가난하고 소외된 사람들을 위한 선교병원의 역할과, 수익을 창출해야 하는 영리병원의 상충되는 목표 사이에서 안정적으로 병원을 이끌어야 할 그에겐 '이제 소매를 걷고 새날을 위해 힘쓸 일'만 남아 있었다.

모두가 신앙의 증인들

그날 애양원 식구들은 아침부터 바빴다. 새 병원이 준공된 지 일 년 후인 1968년 6월 28일, 봉헌식이 있는 날이었다. 애양원 곳곳에서 맛있는 음식 냄새가 진동했다. 큰 잔치가 벌어졌다. 처음 새 병원을 짓는다는 소식을 들었을 때 애양원 사람들은 불안했다. 평생 이곳에서 살 줄 알았던 그들이었다. 나이는 많고 신체 장애로 노동력을 상실한 형편이라 정착촌으로도 갈 수 없는데 새 병원이 들어서면 내쫓기는 것은 아닌가? 그러나 기우였다. 토플 원장은 여전히 그들을 새 병원의 가족으로 받아들였다. 기존의 병원 건물은 연로한 그들이 계속 지낼 수 있도록 양로원으로 전환할 예정이었다.

오후 3시, 봉헌식이 열렸다. 새 병원을 짓는 데 큰 힘이 되어준 디케이터 장로교회의 데이비슨 필립스 목사의 설교가 있었고, 애양원 교회 찬양대가 축가를 불렀다. 보건사회부 장관을 비롯한 정부의 고위 관리들까지 와서 축사를 전했다. 새 병원 건축에 기도와 헌금을 아끼지 않은 숨은 공로자 닥터 토플의 부모님도 참석해 조용히 앉아 있었다. 토플의 아버지는 한국에 오기 얼마 전 심장마비가 와서 두 주간 병원에 입원했던 터라 몸이 좋지 않았다. 그는 심장발작이 일어날 것을 대비해 니트로글리세린을 양복 호주머니에 넣어두고 있었다. 아버지 헨리 토플은 다섯 살짜리 어린 스탠리를 시카고에서 캐나다 토론토까지 혼자 기차를 태워 보냈던 일이 생각났다.

'네가 잘 해낼 거라고 믿고 있었다.'

그는 젊은 날 자신이 원했던 선교사의 꿈을 아들이 이루어가는 모습을 자랑스럽게 지켜보았다.

나환자 수용소 안의 작은 진료소였던 병원은 이제 정형외과, 안과, 피부과를 갖춘 전문 재활병원으로 거듭났다. 새 병원 건물에는 수도와 전기, 난방시설이 완비된 현대식 병동과 수술실, 입원실, 훌륭한 검사실과 물리치료실, 의지제작실, 행정사무실, 세탁실, 구내식당까지 생겼다. 애양원 식구들은 물론이고 순천과 여수 주변 지역의 주민들 모두에게 이 병원은 귀한 선물이 되었다.

토플 원장은 병원에서 가장 중요한 것은 현대식 건물과 시설보다 유능한 직원들이라는 점을 알고 있었다. 새 병원이 완공되었을 때, 그는 30명이 안 되는 직원의 절반을 음성나환자들로 채용했다. 의료 보조원은 정식 자격증이 있는 사람들이었다. 소아마비와 결핵을 앓은 병력자와 부모가 나병을 앓은 미감아(미감염아동) 출신자, 다리가 절단된 장애인에게도 일자리를 주었다. 어차피 나병에 대한 편견이 강해 애양재활병원에서 일하겠다는 일반인이 드물었다. 대신 사회에 나가 취업할 수 없는 병력자들에게 이곳은 좋은 직장이었다. 그들은 사무실, 외래 진료실, 간호사실, 주방, 수술실, 이동진료, 의지제작실, 검사실의 일을 성실하게 감당했다.

닥터 토플이 처음 애양원에 왔을 때, 음성나환자 출신의 의료 보조원들이 20명 정도가 있었다. 그들은 철망 바구니나 유모차에 궤양 치료에 쓰이는 용품을 담아 환자들의 처소를 순회하며 치료에 참여했다. 토플은 그중에서도 자기 또래인 정 씨와 가까이 지내며 큰 도움을 받았다. 일본에서 고등교육을 받은 그는 나병에 걸린 사실을 알고 나서 자살하려고 철길에 누웠으나 실패한 적이 있었다. 그는 애양원에 와서 치료를 받다가 새 삶을 시작할 기회를 얻었다. 그는 국립소록도병원에 가서 의학 강습을 받은 후 의료 보조원으로 활동했다. 닥터 토플은 그를 친구로 대했고, 그 역시 닥터 토플을 신뢰하고 따랐다. 유능한 의료 보조원이던 그는 척추마취와 전신마취 기술을 배워 토플의 수술실에서 꼭 필요한 사람이 되었다.

애양재활병원에서 일하는 직원들은 가지고 있는 기술과 각종 자격증에 비해 월급이 적었다. 그럼에도 가능하면 이곳에서 일하려고 했다. 대부분이 그리스도인이었기에 병원은 그들에게 직장이자 교회이며 사역지이기도 했다. 원장인 닥터 토플은 따로 병원 전임 목사를 두지 않았다. 모두가 사역자처럼 되기를 바라서였다. 직원들은 자신들도 한때는 나환자였거나 그 가족이었기에 병원 내 환자들을 대하고 돌보는 일에 동병상련의 마음으로 참여했다. 직원으로 이루어진 찬양팀을 만들어 병실을 돌기도 하고, 아침마다 모여 함께 예배를 드렸다. 간호사, 청소부, 의지실 기술자, 원장까지 돌아가며 말씀을 전하고 기도제목을 나누었다. 그러고 나서 하루 업무를 시작했다. 닥터 토플은 신앙이 삶으로 드러나는 애양병원을 사랑했다.

하나님과 함께 하루 일을 시작한다는 것은 다른 어떤 일보다 우리가 해야 할 일을 우선하는 올바른 출발을 의미했다. 나는 애양원의 삶과 일에서 복음의 향기가 묻어나는 것을 좋아했다. 하나님의 말씀과 기도가 넘치는 충만한 분위기로 인해 주님이 우리 병원에 계속 일꾼을 보내주시는 것 같았다. 우리는 길 잃고 상처받은 사람들을 주님께 인도하는 데 최선을 다했다. 병원에서 환자를 등록시키는 일을 하든, 냄새나는 욕창을 깨끗이 치료하는 일을 하든, 마비된 팔다리를 검사하든, 나병이라는 무서운 진단을 내리든, 어떤 일을 하든 우리의 모든 행위는 하나님의 영광을 위한 것이었다. 우리 병원의 교회에는 담임목사를 두지 않았다. 대신 직원 모두가 전도자 사명을 감당하도록 격려했다. 트럭 기사든 간호사든 경리직원이든 의사든 모두가 신앙의 증인이 되기 위해 노력했다.[3]

그가 말한 대로 하나님은 애양재활병원에 실력 있고 유능한 사람들을 계속 보내 힘을 보태게 하셨다. 병원 건축이 완공되기까지 닥터 토플이 수술에 전념할 수 있었던 것은 그와 함께한 여러 전문가들의 도움 덕분이었다. 보이어 목사가 은퇴한 후 애양원의 행정은 순천선교부의 블레어 히키 목사가 맡았다가, 1967년부터는 클라렌스 더럼(한국 이름 노우암) 목사가 전담했다. 더럼 목사는 1932년에 미국에서 태어나 에모리 대학과 콜롬비아 신학교를 나왔다. 그는 1960년, 28세에 농촌 목회를 하려고 광주에 왔고, 1967년에는 순천선교부로 거주지를 옮겼다. 그는 휴 린튼 목사, 안기창 목사 등과 함께 호남지역 선교를 위한 등대선교회 설립의 주축이 되었다. 더럼 목사는 인정이 많지만 원리 원칙을 지키고 시간관념이 철저한 선교사였다. 교통이 불편한 농촌에서 회의로 모일 때, 버스의 정원에 딱 맞추어 그 이상의 인원은 무슨 일이 있어도 차에 오르지 못하게 해 한국 사람들에게 융통성 없다는 소리를 듣기도 했다.[4] 하나님은 그의 직분을 애양재활병원 행정관으로 옮겨주셨다. 그의 철두철미한 성격은 한국의 농촌 목회보다는 병원 행정에 잘 들어맞았다.

애양재활병원은 의약품과 소모품, 기구와 재정 등 90퍼센트 이상의 일이 외국과 관련되어 있어 물품 구입, 재무, 회계 보고, 서신 등 영어 문서를 작성할 일이 많았다. 그의 아내 루스 선교사(한국 이름 노혜련)는 밴더빌트 대학의 피바디 교육대학을 나온 재원이었다. 그녀는 피아노를 잘 쳐서 병원 직원 찬양대를 이끌었고, 수입 물품 관리와 영문 서류 작성을 했다. 더럼 목사는 키가 크고 다혈질에 성격이 급하고 목소리까지 커서 종종 '화를 잘 내는 사람'으로 오해받았다. 닥터 토플은 그를 한국 이름 '노우암'에 빗대 "NO 목사"라고 부르며 놀렸다. 하지만 그는 직원들에게 언제나 정이 넘쳐 여행에서 돌아오면 선물을 나눠 주었고 크리스마스엔 집으로 초대해 음식을 대접했다. 더럼 목사 부부는 닥터 토플이 환자들을 수술하고 돌보는 일에 집중할 수 있도록 병원 행정의 제반을 책임졌다.

닥터 토플은 새 병원을 개원한 후, 본격적으로 나환자와 소아마비 환자의 재활 수술에 박차를 가했다. 재활 수술 전후에는 물리치료가 가장 중요했다. 그는 선교부에 물리치료사를 보내달라고 요청했다. 하나님은 역시 이때를 위해 한 사람을 준비하고 계셨다.

행복합니까?

"아따 또 쫄쫄 굶게 돼부렀어야. 어째 매일 점심시간을 넘겨 수업을 해분다냐."

의족을 만드는 젊은 기술자 최서동이 투덜댔다. 그는 손기술이 좋은 목수 출신의 청년으로 결핵을 앓은 적이 있었다. 애양재활병원에 오기 전에 순천기독진료소의 휴 린튼 선교사 밑에서 일을 배운 그는 열정적이고 리더십이 있어 의지제작실 책임을 맡고 있었다.

"하 선생이야 미국 사람잉께 간단히 빵이나 묵으면 되디 밥심으로 일하는 우린 언제 밥 차려 묵을까이."

"우리말로 해도 어려운디 샬라샬라 항께 머리가 다 아파부러야."

박도근과 황만기, 곽장하도 한마디씩 보탰다. 박도근은 구두 기술자였고, 황만기는 양쪽에 의족을 한 양다리 절단 장애인이었다. 청년들이 하 선생이라고 부르는 로버트 호텐토트(한국 이름 하태신)는 새로 물리치료실을 맡은 치료사였다. 그는 물리치료뿐 아니라 의수와 의족 전문 지식이 있어 의지실 직원들에게 미국의 최신 의지 제작술을 가르쳤다. 미국의 최신 교재를 가지고 골격학부터 시작해 의수족 분야에 필요한 의료 용어, 최신 기술, 그리고 환자를 대하는 법까지 체계적이고 전문적으로 가르치는 강의였다. 통역이 있었지만 열의 넘치는 호텐토트 선교사는 번번이 점심시간을 넘기는 바람에 직원들의 불평을 샀다.

닥터 토플이 새 병원을 짓고 나서 재활 수술을 본격적으로 시작하자 나환자뿐 아니라 일반 소아마비 환자도 많이 찾아왔다. 소아마비 환자의 신경 결손 사례 중 일부는 나환자의 비골 신경 마비로 인한 족하수 사례와 동일한 수술과 재활 치료법이 적용되었다. 닥터 토플의 수술이 소문나면서 소아마비 자녀를 둔 부모들의 문의가 빗발쳤다. 곧 나환자보다 소아마비 환자 수술이 많아졌다. 수술을 받은 환자는 보조기 착용과 물리치료를 통해 재활을 해야 했다. 어느 때보다 물리치료가 중요해진 시점이었다.

호텐토트 선교사는 원래 네덜란드 사람으로 1966년에 아내와 함께 미국으로 온 이민자였다. 그는 오하이오주의 미들타운에 있는 병원에서 물리치료사로 일하고 있었다. 어느 날 미국 물리치료사협회 연례 회의에 참석했다가 인도에서 나환자들과 함께한 그리스도인 정형외과 의사의 강의를 듣게 되었다. 그는 이 일에 동참하고 싶다는 마음이 강하게 들었다. 얼마 후 그와 그의 아내는 미국나선교협회에 물리치료사 선교 지원 신청서를 냈다. 마침 한국의 닥터 토플이 재활 수술에 꼭 필요한 물리치료사를 구하고 있을 때였다. 호텐토트는 아내와 9개월 된 딸을 데리고 1968년 12월에 한국으로 왔다.

그는 오자마자 바쁘게 움직였다. 수술 명단에는 벌써 수백 명의 다양한 정형외과 환자들이 대기하고 있었다. 수술 전후 물리치료가 필수여서 물리치료실은 아마도 업무량이 가장 많은 부서였을 것이다. 의족과 의수, 소아마비 환자의 교정기 제작을 위해 애양원 언덕 위, 예전 성경학교로 쓰던 건물에 정식으로 의지제작실을 열고 젊고 똑똑하고 신앙이 있는 젊은이들 몇몇을 데려와 기술 교육을 시켰다.

그중에 양다리가 없는 황만기라는 청년이 있었다. 호텐토트는 우선 그에게 한쪽 다리 무릎 아래 부위를 만들어 끼워주고 걷는 법을 가르친 다음, 다른 쪽 다리의 무릎 위 부위를 만들어주었다. 황 씨는 손재주가 남달랐다. 소아마비 환자의 교정기를 수정하고 조정하는 법을 금세 배웠다. 호텐토트는 목수 출신인 최서동에게 의족을 만드는 기술을 가르쳤고, 박도근에게는 다발성 발 기형이 있거나 발 감각이 없는 환자들을 위한 신발 제조법을 가르쳤다. 그들은 깐깐한 성격의 호텐토트로부터 혹독하게 훈련받아 얼마 후 모두 정식으로 기사 자격증을 땄다. 수업을 받느라 점심을 거르는 날이 많았던 제자들이었지만 생각보다 쉽게 자격증 시험을 통과한 다음부터는 자신들을 모질게 가르친 '하태신' 선교사를 믿고 따랐다.

호텐토트 선교사는 토플 원장이 진행한 나환자의 마비된 손 재건 수술 전과 후의 경과를 8밀리 영사기로 꼼꼼하게 기록했다. 그 과정에서 그가 두 눈으로 확인한 수술 결과는 놀라울 정도였다. 자신도 토플 원장과 같은 일을 하고 싶다는 소망이 꿈틀거렸다. 곧 두 아이의 아버지가 될 호텐토트의 원래 꿈은 정형외과 의사였다.

닥터 토플의 권유로 거문도에서 애양원으로 옮겨 이동진료팀을 맡은 피부과 문국원 선생의 둘째 아들 대옥은 서울대 의과대학에 다니는 학생이었다. 그는 방학이면 순천에 내려와 이동진료를 나가는 아버지를 따라가기도 하고, 호텐토트 같은 외국인들의 통역을 맡았다. 닥터 토플은 굳이 통역이 필요 없을 정도로 한국말을 잘했다.

"도 원장님 그동안 어떻게 지내셨습니까?"

사람들이 인사를 건네면 그는 이렇게 대답했다.

"네, 그럭저럭 잘 살고 있습니다."

문대옥은 그처럼 한국어를 맛깔나게 하는 외국인을 본 적이 없었다. 어느 날 토플 원장이 병원 직원들과 그들의 자녀들까지 초대해 음식을 대접한 자리가 있었다. 호텐토트와 문대옥도 참석했다.

"어유, 뭘 이렇게 많이 차리셨어요?"

어떤 직원이 이렇게 인사를 하자 토플 원장이 대답했다.

"다 그림의 떡입니다."

그의 말에 사람들은 한참 동안 웃었다. 미아 토플이 준비한 음식 가운데는 김치도 있었고, 아이들에게 인기 만점인 아이스크림도 있었다.

닥터 토플은 그날 의대생인 대옥에게 통역하느라 수고한다며 선물을 건넸다. 열어보니 리핀코트사의 새 청진기였다. 예상치 못한 선물에 당황해 아무 말도 못하는 대옥에게 토플은 웃으면서 물었다.

"행복합니까?"

"네? 아…… 행복합니다. 감사합니다."

대옥은 "행복합니까?"라는 토플 원장의 물음이 이상하게 마음에 남았다. 청진기 선물을 받아서 행복하냐고 물은 것일까, 의사의 길을 가는 것이 행복하냐고 물은 것일까? 아니면 지금 네 인생이 행복하냐고 물은 것일까?

모임이 끝나고 토플의 집을 나서며 호텐토트가 대옥에게 물었다.

"너는 의대를 졸업하고 애양병원으로 올 거니?"

그때 대옥은 그럴 생각이 없었다.

"아니요. 저는 미국에 가서 선진 의료기술을 더 배우고 싶습니다."

가로등 없는 밤은 캄캄했다. 정형외과 의사가 되고 싶은 물리치료사 호텐토트와 미국에 가서 의사가 되고 싶은 문대옥은 토플의 집 앞에서 헤어져 서로 다른 길로 갔다. 두 젊은이의 꿈은 막막해 보였다.

밤하늘에는 하얗게 은하수가 흘렀다. 하나님은 당신의 방식대로 그들에게 가장 좋은 길을 예비하고 계셨다.

여긴 우리 병원이여

"여긴 우리 병원이여, 도 원장님은 우리 원장님이고……."

애양병원 입원실에서 고함이 터져 나왔다.

"아이고, 또 난리가 났네."

간호사와 직원들이 익숙한 듯 소란이 난 입원실로 뛰어 들어갔다.

"제발 방 좀 바꿔줘요. 나는 저, 저, 문둥이랑 같이 못 있어요."

허리까지 깁스를 하고 누워 있는 젊은 여자가 얼굴이 벌게져서는 맞고함을 질러댔다.

"이게 얻다 대고……. 싫으면 니가 나가. 어디서 잘난 체여."

다리에 석고붕대를 하고 식식대며 소리를 지르는 김 씨 할머니는 애양원에 사는 음성나환자였다. 성격이 괄괄한 편인 김 할머니는 비록 코도 없고 얼굴은 일그러졌지만 어디 가서 기죽는 성격이 아니었다. 김 할머니가 이렇게 당당하게 소리를 지를 수 있는 것은 원장인 닥터 토플이 자기 편이라는 믿음이 있기 때문이었다.

토플 원장이 새 병원을 지으면서 세운 원칙이 있었다. 입원실은 일반 환자와 음성나환자가 같이 쓴다는 것이었다. 또 병실 배정을 할 때 아무리 대기 인원이 많더라도 나환자에게 우선순위를 주는 것이었다. 토플 원장은 나환자와 입원실을 같이 써야 한다는 사실을 일반 환자들에게 미리 설명하고 양해를 구했다.

"나병은 치료 가능한 병입니다. 그리고 옆에 있는 이 환자는 더 이상 전염력이 없습니다. 그러니 두려워하지 마세요."

어떤 환자는 이 말에 질겁하고 항의했지만 그는 양보할 생각이 없었다.

"이 환자와 같이 병실을 쓸 수 없으면 우리 병원에서 수술할 수 없습니다."

토플 원장이 한국에선 처음으로 시도하는 나환자와의 통합 입원 정책을 사람들이 이해하고 받아들이기까지 어려움이 많았다.

고관절 결핵으로 고관절 융합수술을 받은 여자 환자가 있었다. 그녀는 수술을 받은 직후에 한쪽 다리는 가슴부터 무릎 위까지, 수술한 다리는 발끝까지 통으로 깁스를 했다. 수술 다음 날 아침 일찍, 닥터 토플이 회진하러 가보니 그 환자는 사라지고 없었다. 깁스만 갈라져 껍데기로 남은 채였다. 움직이기도 힘들었을 텐데 어떻게 전날 수술받은 환자가 스스로 깁스를 잘라내고 종적을 감출 수 있었는지 닥터 토플조차 의아했다. 아마도 마취가 깬 후 옆에 있는 음성나환자를 보고 도망간 것 같았다. 그렇게 사라진 여자 환자는 오랜 시간이 지나서 상태가 매우 악화되어 다시 닥터 토플을 찾아왔다. 6년 만이었다. 그녀는 인공관절 치환수술을 받아야 했다.

반대의 경우도 있었다. 나환자와 같은 병실을 쓰게 된 한 소아마비 청년은, 눈도 멀고 발도 없는 나환자가 찬송하는 모습을 보고는 밤새 울었다고 한다. 청년은 소아마비인 자신의 처지를 비관해 죽으려던 마음을 돌이켰다. 그는 다음 날부터 앞 못 보는 나환자를 위해 물을 떠다 주고 화장실 시중까지 들었다. 그는 목발을 짚고 씩씩하게 퇴원했다.

병원을 새로 지은 후 토플은 3년 동안 372명의 환자를 수술했다. 그중 60명만 나환자였고 나머지는 소아마비 환자였다. 그동안 지방에 사는 소아마비 환자들은 재활 수술을 받을 곳이 없었다. 소아마비 재활 수술을 하는 병원도 드물었고 비싼 병원비를 감당할 수도 없었다.

닥터 토플의 수술이 저렴하면서도 큰 효과가 있다는 사실이 알려지면서 병원에는 소아마비, 골수염, 골관절 결핵, 외상과 화상으로 인해 장애가 생긴 사람들이 몰려왔다. 그중에는 치료나 교정이 아예 불가능한 사람들도 있었다. 중증 뇌성마비 아이들이었다. 그 아이들의 부모들은 간절했다. 그들은 닥터 토플을 붙들고 애원했다.

"돈은 얼마가 들어도 좋으니 제발 우리 아이 좀 고쳐주세요."

그들은 수술을 할 수 없다는 닥터 토플의 말에 눈물을 흘리며 돌아가야 했다. 수술을 하면 정상인처럼 되리라는 큰 기대를 걸고 온 소아마비 환자들에게도 토플은 변형된 팔과 다리가 완전히 정상으로 돌아갈 순 없다는 점을 설득해야 했다.

"우리 의사들은 하나님께서 처음에 주신 그 형태로 회복시키는 일은 할 수 없습니다. 수술로 외형과 기능을 조금 향상시킬 뿐입니다."

그러나 마비된 다리로 기어다니던 아이들이 보조기를 차고 일어서고 한 걸음씩 걷게 된 것은 기적이었다.

새 건물을 짓고 첫 겨울이 왔다. 불행히도 이 멋진 건물에 보일러가 작동하지 않았다. 사람들이 우려했던 대로 새 병원이 돈을 잡아먹는 '거대한 흰 코끼리'가 되는 건 아닌지 토플 원장은 걱정되었다.

> 이 괴물을 작동시키기 위해 한국의 보일러 기술자를 부르는 데 하루에 75달러가 든다고 합니다. 휴 린튼 선교사와 더럼 목사가 이를 해결하기 위해 열흘 전부터 애썼지만 결국 서울에서 기술자를 불러와야 했습니다. 어제 기술자가 내려왔고, 더럼 목사가 문제점을 찾아내기 위해 병원에 가 있습니다.[5]

서울에서 온 기술자가 보일러를 고쳤지만, 그가 돌아간 후 보일러는 다시 멈춰 서고 말았다. 이 골치 아픈 문제는 예상치 못한 곳에서 해결되었다.

한국 정부는 중화학 공업을 육성하기 위해 1967년 초부터 광양만을 둘러싼 여천 일대에 석유화학 단지를 조성하기 시작했다. 이곳의 개발을 돕기 위해 많은 외국인 기술자와 그 가족들이 들어왔다. 그들은 일요일 오후가 되면 미국 남장로교 선교부가 있는 순천에 와서 예배를 드렸다. 미국 칼텍스 석유회사와 합작 투자한 호남정유 공장의 야금 기술자 스티브 씨는 가톨릭 신자였지만 미국인 의사가 애양재활병원에 있다는 것을 알고는 닥터 토플에게 전화를 걸어왔다.

"제 아내가 이번에 일곱 번째 아이를 출산하게 되었습니다. 혹시 애양병원에서 아기를 낳을 수 있을까요?"

토플 원장은 정형외과 의사였고 애양병원에는 산부인과가 없어 완곡하게 거절할 방법을 생각했다.

"미안합니다. 우리 병원엔 서양식 환자 음식이 제공되지 않습니다."

닥터 토플의 말에 스티브 씨는 냉큼 대답했다.

"걱정 마세요. 우리가 먹을 음식은 우리가 가져가겠습니다."

"우리 병원에는 영어를 할 줄 아는 사람이 없습니다."

"그것도 걱정 마세요. 내가 통역할 사람을 데려가겠습니다."

"우리 병원에 지금 난방이 안 됩니다. 서울에서 보일러 기술자를 불러왔는데 그가 돌아가자마자 다시 멈춰버리고 말았습니다."

"뭐라고요? 이 겨울에 난방이 안 된다고요?"

얼마나 급했는지 다음 날 당장 스티브 씨는 전기기사와 난방기사, 그리고 통역인을 대동하고 병원으로 왔다. 보일러는 기술자들이 손본 지 30분 만에 순조롭게 작동하기 시작했다.[6] 돈은 한 푼도 들지 않았다. 다행스럽게도 스티브 씨의 아기는 닥터 디트릭이 원장으로 있는, 산부인과와 소아과를 갖춘 광주기독병원에서 무사히 태어났다.

두 번째 안식년

창밖에서 아이들의 재잘대는 소리가 들렸다. 아이들의 웃음소리는 언제 들어도 행복했다. 그 안에는 앤과 시슬, 엘렌의 목소리도 있었다. 토플 원장의 아내 미아 토플은 어린 크리스틴을 돌보며 밖에서 노는 딸들의 소리에 귀를 기울였다. 영어가 섞였지만 한국인 아이들과 구분이 안 될 정도로 꽤 능숙한 한국어였다. 순천선교부 사택 단지 안에서 선교사 자녀들과 한국인 직원의 자녀들은 함께 어울렸다. 어두컴컴해져 저녁 식사 시간을 알리는 종소리가 들릴 때까지 아이들은 물웅덩이에서 올챙이와 개구리를 잡고 숨바꼭질과 깡통 차기를 하며 뛰어다녔다.

　병원에선 안과와 피부과 의사로, 선교부 안의 유치원에선 아이들을 가르치는 교사로, 많은 사람을 초대하고 대접해야 하는 병원 책임자의 아내로, 그리고 네 딸을 기르는 어머니로 지내는 미아 토플은 늘 분주했다. 토플의 집에는 몇 주 혹은 몇 달씩 묵다가 가는 손님이 끊이지 않았다. 순천을 방문한 다른 선교지의 선교사 가족들, 병원 건축을 위해 온 전문가들, 평화봉사단원들 등 다채로웠다. 여천공단의 외국인들이 순천선교부에서 예배를 드리게 되자 주일마다 그들에게 커피를 대접하는 일도 미아의 몫이었다. 요리와 청소, 아이 돌보는 일을 돕는 옥이 어머니가 있었지만 미아는 안주인으로서 모든 것을 관리했다.

첫째 딸 앤은 "어머니는 항상 많은 목록을 작성하셨다"고 기억한다. 식료품 공급이 쉽지 않아 일주일 치 메뉴를 미리 짜고 충분한 식량이 남아 있는지 확인해야 했다. 시장에서 구할 수 있는 농산물이 한정되어 선교사들은 단지 내 밭에서 채소를 길렀다. 미아는 한국의 일곱 가지 곡식을 볶아서 빻은 미숫가루와 쌀과 보리를 기름 없이 튀겨낸 뻥튀기가 시리얼을 대신하는 훌륭한 아침 식사가 된다는 것도 알았다. 바쁘고 부족한 것이 많았지만 미아 토플은 순천선교부 안 사택에서 지낸 날들을 행복한 시간으로 기억했다.

> 우리 가족이 살고 아이들을 키우기에 이보다 더 평화롭고 사랑스러운 장소를 상상할 순 없었다. 우리는 먼저 온 선교사들이 애써 가꾼 장미, 벚나무, 산딸나무 등이 자라는 아름다운 정원을 좋아했다. 우리는 마르멜로 과일로 맛있는 젤리를 만들었고, 밭을 관리해주는 농부 이 씨는 채소가 가득한 정원과 딸기밭을 가꾸었다. 우리 집은 병원 일로 지친 우리에게 편안한 안식처였고, 아이들에겐 뛰놀고 탐험할 수 있는 안전한 장소였다.[7]

기독교와 외국인에게 적대적이거나 호기심 많은 사람들의 시선과 풍토병으로부터 선교사들을 보호하고, 아이들을 안전하게 키울 수 있는 선교부 공간은 꼭 필요했다. 사람들은 죽음조차 각오하고 온 선교사들이 왜 선교지의 일반인들과 같은 형편에서 지내지 않는지 의

문을 가지기도 한다. 그 이유에 대해 1907년, 남편 존 니스벳 목사와 함께 선교사로 한국에 와서 목포 정명여고 교장을 지낸 애너벨 니스벳 선교사는 이렇게 썼다.

> "왜 당신은 한국인들과 같이 먹지 않습니까? 왜 당신은 침낭과 음식을 가지고 다닙니까?" 이런 질문을 종종 듣는다. 한국인처럼 살려고 노력한 선교사들도 여럿 있었다……그들은 안타깝게도 복음을 계속 전하지 못하고 일찍 세상을 떠나고 말았다. 바울처럼 몸이 허약하고 힘이 없는 사람들도 갈라디아 같은 지역에 교회를 세우며 아주 먼 곳까지 복음을 전할 수 있다. 그러나 대부분의 선교사들은 환자가 되어 집으로 돌아간다.[8]

미국 남장로교의 파송을 받고 맨처음 한국에 온 선교사 일곱 명 가운데 전킨 선교사는 아들 셋을 풍토병으로 잃고 자신도 장티푸스로 죽었다. 린니 데이비스 해리슨 선교사는 병에 걸린 여자들을 돌보다가 발진티푸스로 사망했다. 유진 벨 목사의 아내 로티 벨도 두 아이를 남기고 풍토병으로 삼십 대에 요절했다. 선교에 헌신적이었던 포사이드 선교사는 무장 강도를 당해 심한 상처를 입은 후 스프루(장흡수부전증)에 걸려 선교 사역 5년 만에 하늘로 부르심을 받았다. 선교 단지를 만드는 것은 선교사의 생명을 보호하고 영적으로 서로 격려하며 함께 오래 사역하기 위한 최소한의 울타리였다.

미국 남장로교가 한국 선교를 시작한 것은 1892년 10월, 루이스 테이트, 매티 테이트 남매와 윌리엄 레이놀즈 부부, 윌리엄 전킨 부부, 린니 데이비스 등 일곱 명의 선발대가 도착하면서부터다. 그들은 선교지역 분할 정책(네비우스 선교 정책)에 따라 전라남북도와 충청남도, 제주 지역을 맡았다. 선교사들은 호남의 주요 도시인 전주를 시작으로 군산, 목포, 광주에 선교 단지를 세워나갔다. 단지 안에는 선교사들의 주택과 병원, 교회, 학교가 들어섰다. 순천선교부는 호남지역에선 마지막으로 건립되었으나 "필요한 인적, 물적 장비를 모두 갖춘 상태에서 개설된 조선 최초이자 유일한 선교 거점"이었다.[9]

애양원에서 내륙으로 23킬로미터 떨어진 순천선교부 단지는 프레스턴 선교사의 제안으로 설립되었다. 선교부는 순천 읍성 북문 밖 도시가 내려다보이는 매곡동 언덕 위에 맑은 샘이 있고 건축에 필요한 화강암이 풍부한 약 10에이커(약 1만 2천 평)의 땅을 매입했다.[10] 프레스턴 선교사는 선교 단지의 건설 총책임을 맡았고, 건축 전문인 스와인하트 선교사가 1912년부터 선교사 사택을 짓기 시작했다. 1년 만에 선교 단지의 윤곽이 드러날 정도로 공사 속도는 굉장히 빨랐다.[11] 그는 간이 상수도와 전기시설을 갖춘 본격적인 서양식 건물을 지어나갔다. 이 건물들은 순천 최초의 서양식 건물들이었다.

순천선교부의 건물들은 계획대로 건설되고 있었지만, 선교 사역은 시작부터 예상치 못한 '시련'을 통과해야 했다.[12] 오웬 선교사의 뒤를 이어 순천 지역을 책임진 프레스턴 선교사와 코잇 선교사는 1913년 4월, 주거지가 채 완성되지 않은 상태에서 가족을 데리고 광주에서 순천으로 내려왔다. 일주일도 지나지 않아 악성 이질이 코잇 선교사의 아내와 두 아이를 덮쳤다. 아내 세실은 겨우 살아났으나 하루 사이로 어린 두 자녀 우즈와 로버타는 죽음을 맞이했다. 겨우 네 살과 두 살이었던 아이들은 매곡동 언덕에 묻혔다.[13] 자식을 둘이나 한꺼번에 잃은 슬픔 가운데서도 코잇 선교사 부부는 사역을 포기하지 않았다.

프레스턴과 코잇 목사는 알렉산더 병원과 교회, 매산 남학교와 여학교를 차례로 지어갔다. 코잇 목사는 매산 남학교 교장을 맡았고, 세실은 매산 여학교와 선교사 자녀 학교의 교사로 일하며 순천읍 교회의 찬양대를 지휘했다. 한국에 계속 머물며 사역을 포기하지 않은 코잇 부부에게 하나님은 네 명의 자녀들을 다시 주시며 그들을 축복하셨다.

1903년 한국에 온 프레스턴 선교사는 1940년 신사참배 반대로 일제에 의해 강제 출국당할 때까지 선교와 교육, 한국인 신앙 지도자 양성에 힘을 썼다. 그는 선교부 언덕에 각종 꽃과 나무를 심어 가꾸었다.

닥터 토플은 아침마다 운동으로 선교 단지 내를 달렸다. 할아버지와 아버지 모두 심장에 문제가 있어 토플도 늘 조심했다. 하나님이 허락하신 날까지 건강하게 선교 사역을 마치길 원했다.

프레스턴 목사가 살던 집은 이후에 보이어 목사를 거쳐 토플 가족이 지냈다. 이 사택은 외벽을 화강암으로 쌓은 지하 1층에 지상 2층의 서양식 건물이지만 지붕에는 기와를 올려 한국적인 멋을 냈다. 지은 지 오래되고 난방이 쉽지 않아 겨울에는 매우 추웠다. 아이들은 집안에서도 스웨터를 몇 개씩 겹쳐 입고 지내야 했다. 이 집에서 토플

순천선교부 내의 프레스턴 가옥. 프레스턴 목사 이후 보이어 목사를 거쳐 토플 가족이 살았다. 이 건물은 현재 매산여고 내에 있으며 국가등록문화재 제126호로 지정되었다.

가족은 아침이면 함께 성경을 읽고 예배를 드렸다. 잠자리에 들기 전에, 닥터 토플은 어린 딸들에게 성경과 고전 동화를 읽어주었다. 유머가 풍부한 아빠의 이야기를 들으며 아이들은 유쾌하고 밝게 자랐다.

1969년 여름, 닥터 토플은 두 번째 안식년을 맞아 가족과 함께 미국에 돌아갔다. 그는 미국에서 2년 동안 정형외과 전문의 코스를 마무리지을 예정이었다. 소아마비, 척추측만증, 만곡족, 고관절장애 등 소아정형외과로 유명한 스코티시 라이트 어린이 병원과 조지아 침례병원, 랜초 로스 아미고스 병원에서 전문의 과정을 밟아갔다.

다행히 사우스캐롤라이나주 플로렌스의 노련한 정형외과 의사 랄프 얼스킨 무어가 토플을 대신하기로 자원했다. 그는 토플 원장이 없는 애양재활병원에서 2년 동안 훌륭한 실력으로 환자들을 수술했다.

닥터 무어는 물리치료실과 의지제작실 직원들과 함께 최고의 기술력이 담긴 의수족과 보조기, 특수 신발을 만들어냈다.

호텐토트 물리치료사는 자신이 떠나도 운영이 원활하게 될 수 있도록 물리치료실과 의지제작실의 체계를 정립하고, 유능한 후임들을 길러낸 후 1970년 12월 미국으로 돌아갔다. 그는 자신이 원래 꿈꿔온 정형외과 의사가 되기로 결심하고 의전원에 진학했다. 닥터 토플은 호텐토트가 꿈을 이루어갈 수 있도록 추천서를 써주고 진심으로 그를 지원했다.

1. 1967년에 신축한 현대식 애양재활병원 2. 애양재활병원 로비에 그려진 페기 롱 화가의 벽화. 한복을 입은 예수님과 환자들은 실제 애양원 직원들을 모델로 했다. 3. 현재 한센기념관에 보관, 전시된 목발과 의족들 4. 의수와 의족을 만들던 의지제작실

5   도깍쟁이
    우리
    원장님

가방 하나를 들고 신풍역에 내린 배병심은 1월의 차고 매서운 바닷바람을 맞으며 애양재활병원으로 천천히 걸어갔다. 감개무량했다. 10여 년 전 그가 대학생이었을 때, YMCA 고등부 학생들을 이끌고 이곳에 온 적이 있었다. 그때가 1961년이니 닥터 토플이 부임한 지 얼마 안 되었을 때였다. 병심은 학생들과 근처의 학교에 머물며 농촌 봉사활동을 하고 주일에는 애양원 안에 있는 교회에 가서 예배를 드렸다.

애양원교회는 일반인이 드나드는 출입구가 따로 있었다. 봉사팀은 외부인을 위해 마련된 강대상 옆 격리 구역에 따로 앉아야 했다. 정면 유리창을 통해 가까이서 본 나환자들의 모습은 뭐라 표현하기 힘들 정도였다. 마룻바닥에 앉은 채 예배를 드리는 그들은 얼굴이 일그러졌고 침을 흘렸고 눈도 안 보이는 듯했으며 손가락도 없었다. 그러나 보이지 않는 눈으로 성경을 줄줄 외우고 주먹손으로 바닥을 치며 찬양했다. 처음으로 나환자들을 가까이서 바라보며 받은 충격은 어느새 사그라들고 병심은 자신도 모르게 눈물을 흘리고 있었다. 함께 예배에 참석한 다른 학생들은 아예 엎드려 통곡하고 있었다. 그날 설교는 아무것도 기억나지 않았다. 그러나 세상에서 가장 아름답고 감동적인 예배였다.

대학교를 졸업한 병심은 엑스레이 기사가 되었다. 결핵 전문 목포의원과 린튼 선교사가 운영하는 순천결핵진료소에서 일하던 중 선교 기금이 축소되는 바람에 실직하게 되었다. 마침 애양재활병원에서 엑스레이 기사를 구한다는 소식에 병심은 10여 년 만에 이곳에 다시 오게 된 것이다. 애양병원은 새로 지은 아주 멋진 현대식 병원이 되어 있었다.

"아, 이 기계를 설치하시려고요? 아주 쉬운 일입니다."

병원 구석에 방치되어 있던 새 엑스레이기를 보며 병심이 말했다. 그 기계는 GE사의 100밀리암페어 용량의 성능 좋은 기기였다. 그동안 애양병원에선 미군들이 제2차 세계대전 때 야전병원에서 쓰던 피커 30밀리암페어짜리를 쓰고 있었는데 플로리다의 미국 의사가 최신 기기를 보내주었다고 했다.

"그동안 정식 기술자가 없어 설치도 못하고 있었습니다."

애양재활병원 행정관인 더럼 목사가 말했다. 병심이 쉽게 새 기계를 설치하는 것을 본 닥터 토플은 그가 마음에 들었다. 그리스도인이고 성실한 데다 기술이 좋은 병심을 즉시 채용했다.

병심이 애양재활병원으로 간다고 하자 친구들이 말렸다.

"거기 뭣하러 간다냐. 그 병 아직 법정 전염병 아니여? 그 병원에서 일하는 직원들은 다 그 병에 걸렸던 사람들이라던데. 텃세도 세다드만."

"나는 괜찮아. 결핵이나 나병이나 비슷한 것이여. 공기로 전염되는 결핵이 더 무서운 병이지."

결핵 병원에서 근무한 경험이 있던 터라 병심은 친구들의 만류에도 흔들리지 않았다. 더욱이 대학생 시절 애양원교회에서 받았던 감동을 그는 잊지 않고 있었다.

닥터 토플은 새로 지은 병원의 직원 가운데 많은 수를 음성나환자들로 채웠다. 나환자들이 있는 애양재활병원에서 일하겠다는 일반인이 없는 것도 이유였지만, 더 이상 이 병이 위험하지 않다는 사실을 증명하기 위해서기도 했다.

닥터 토플은 먼 지역에서 소아마비 환자들이 찾아오면 퇴근 시간에 상관없이 진찰을 하고 필요하면 통금 시간이 넘도록 수술도 해주었다. 거동이 힘든 이들이 병원에 두 번 걸음을 하지 않게 하려는 의도였다. 그럴 때면 닥터 토플은 물론 직원들도 퇴근을 못하고 함께 고생했지만, 병심은 그런 토플을 존경했다.

병심에게는 한 가지 고민이 있었다. 그가 혼자 지내는 바닷가 숙소에는 수돗물도 공급되지 않았다. 저녁에 퇴근해서 가보면 바닷바람에 날린 모래가 냄비 뚜껑 위에 수북이 쌓여 있었다. 사실 병심은 신혼이었다. 아내는 목포에서 공무원으로 일하고 있었다. 이런 곳에서 신혼생활을 할 순 없고, 그렇다고 신혼부부인데 떨어져 지낼 수도 없었다. 그러던 차에 목포에 있는 병원에 자리가 났다는 연락이 왔다. 그는 닥터 토플에게 자신이 처한 형편을 말하고 사직 의사를 전했다.

토플 원장이 병심을 가만히 보더니 말했다.

"네, 미스터 배…… 나는 미국에서 여기까지 왔습니다."

그 말에 병심은 머리를 한 대 쾅 하고 맞은 것 같았다. 어려운 형편에서 갓 결혼한 아내와 떨어져 지내는 것이 못 견디게 힘들다고 생각했는데, 이 푸른 눈의 이방인은 자기 나라, 고향, 부모, 형제를 모두 떠나 한국의 변방에 와서 별 불평 없이 살아가고 있었던 것이다.

그날 저녁 애양재활병원의 의사로 있는 유경운 선생이 병심을 자기 집으로 초대했다. 유 선생과 이런저런 이야기를 나누다가 날이 새버렸다. 병심은 출근하자마자 토플 원장을 다시 찾아갔다.

"여기 있기로 했습니다. 앞으로 열심히 일하겠습니다."

"감사합니다."

닥터 토플이 웃으면서 그의 손을 잡았다.

병심은 자신의 인생에서 좋은 스승을 셋이나 만났다고 고백한다. 엑스레이 기술을 배우라고 길을 열어준 결핵 환자의 어머니 여성숙 선생, 실습생 시절 제중병원에서 만난 닥터 카딩턴, 그리고 애양재활병원의 닥터 토플이었다. 세 사람 모두 남들이 꺼리고 외면하던 결핵 환자와 나환자에게 거리낌없이 다가가 진찰하던 참의사이며 진정한 그리스도인이었다.

어느 날 토플 원장이 병심을 불렀다.

"미스터 배, 당신이 엑스레이 촬영 한 가지 일만 하면 손해입니다. 당신은 더 많은 능력 있습니다."

그는 병심에게 운전도 배우게 하고, 물품목록 정리에서부터 병원 행정 일까지 보게 했다. 그리고 사진용 카메라와 슬라이드용 카메라 두 대를 마련해주었다. 그 카메라로 병심은 사진을 찍기 시작했다. 환자들의 수술 전, 수술 후, 특이한 병변이 있는 환자 등을 찍어 슬라이드로 만들었다. 애양원과 애양병원의 행사 사진들도 찍었다. 이것들이 하나둘씩 병심의 책상 위에 쌓여갔다. 이 사진 기록들이 장래 한국 현대사 가운데 한센병을 기록하는 박물관의 생생한 역사적 자료가 될 줄, 자신이 그 박물관의 큐레이터가 될 줄 그때 그는 알지 못했다.

* * * * *

내 이름은 철떡이

"걸어보세요…… 앞으로 갔다가…… 뒤로도 걸어보세요."

초등학교 4학년, 열 살 철성이는 애양재활병원 진찰실에서 낯선 미국인 의사의 말에 따라 절뚝거리며 걸었다. 옅은 호밀색 머리가 어느새 하얗게 바래 젊은 할아버지 같게 된 닥터 토플은 친절했다. 철성은 바짝 긴장한 탓인지 넘어지진 않았다.

안식년 동안 미국에서 2년의 전문의 과정을 마친 닥터 토플은

1971년 8월에 애양재활병원으로 돌아왔다. 코스의 마지막은 캘리포니아주 다우니에 있는 랜초 로스 아미고스 병원이었다. 이 병원은 미국에서 역사가 깊고 규모가 큰 재활병원 중 하나로 유명했다.

애양재활병원으로 복귀한 닥터 토플은 전보다 더욱 바빠졌다. 소아마비 환자들이 전국에서 몰려든 탓이었다. 환자들 사이에서 입소문이 나서 광고도 한 적 없는데 매해 두 배씩 수술 건수가 늘었다. 이제는 나환자 재활 수술보다 소아마비 수술이 월등히 많았다. 예진을 받고 또 일 년을 기다려야 수술을 받을 수 있을 정도였다. 토플 원장은 열 살 전후의 어린이를 우선으로 수술했다. 뼈가 자라는 시기가 있어 십 대 환자들은 되도록 일찍 수술을 해야 효과가 좋았다.

철성이는 소아마비였다. 왼쪽 다리의 병변이 더욱 심해 오른쪽 다리보다 절반이나 가늘었다. 절뚝대며 겨우 걸을 순 있으나 다리에 힘이 없어 툭하면 넘어지는 철성이를 보고 아이들은 "철퍽이"라고 부르며 놀렸다. 무르팍은 늘 멍투성이였다. 술래잡기나 사방치기나 철성이가 낄 수 있는 놀이는 없었다. 철성이가 들어가면 지게 되니 아무도 끼워주지 않았다. 멀리 떨어져 아이들이 노는 모습을 바라보기만 할 뿐이었다.

소아마비는 주로 소아의 뇌나 척수 같은 중추신경계에 폴리오라는 일종의 장바이러스가 감염되어 심하면 목숨을 잃거나 후유증으로 신체 마비와 변형이 생기는 무서운 감염병이다. 우리나라는 1950년 후반부터 1960년대까지 매해 1-2천 명의 환자들이 폭발적으로 발생했다. 전쟁을 치르면서 불결한 환경과 영양 부족이 원인이 되었을 것이다. 1958년부터 소아마비 백신이 부분적으로 보급되고 점차 대량 접종이 시행된 이후로 소아마비 발생률은 급격히 감소되었다.[1] 그러나 이미 병에 걸려 장애인이 된 환자들이 적절한 수술과 재활 치료를 받을 수 있는 병원과 시설은 매우 부족했다.

철성이네 집은 남원이었다. 어느 날 선교사들이 남원의 나환자 정착촌인 보성마을에 왔다가 거리에서 전도지를 나눠 준 적이 있었다. 그때 마침 철성의 어머니가 지나가다 전도지를 받아들고 눈물로 하소연했다.

"우리 아들이 돌잔치를 한 다음 열이 펄펄 끓더니 일어나질 못해요. 고쳐만 주신다면 하나님을 믿지요."

선교사가 어머니에게 말했다.

"애양병원으로 꼭 오세요. 거기 소아마비 수술을 아주 잘하는 서양 의사가 있습니다."

"돈이…… 많이 드나요?"

"아닙니다. 아주 쌉니다."

얼마 후, 철성이와 어머니는 기차를 타고 신풍역에 내렸다. 기차역에서 애양병원까지 2킬로미터 되는 길을 어머니는 철성이를 업고 걸어갔다.

"제 죄를 용서하시고 부디 우리 아들을 고쳐주시옵소서."

예수님을 모르는 어머니는 세상의 모든 신들에게 기도했다. 장애아의 어머니들은 자식의 고통을 죄 많은 자기 탓으로 돌렸다.

곧바로 진료를 받을 순 없었다. 찾아오는 사람이 너무 많아 예진을 거쳐야 했고, 그것도 당일은 어려워 근처 여인숙에서 하룻밤을 자야 했다. 구멍가게가 딸린 초가집 큰방에 수십 명이 눕지도 못하고 벽에 기대어 쪽잠을 잤다. 철성이는 다음 날 새벽부터 대기하다가 진찰을 받았다.

"여기 앉아보세요."

닥터 토플은 철성이의 무릎과 발 여기저기를 만져보았다. 자신의 다리를 만지는 서양 의사의 팔에 난 수북한 털과 파란 눈은 열 살 철성이에게 신기하게 보였다.

"네, 수술할 수 있겠습니다."

토플 원장의 그 한마디에 어머니는 눈물부터 왈칵 쏟아졌다.

"두 다리 다 해야 합니다. 먼저 왼쪽부터 하겠습니다. 날짜를 정해서 연락하겠습니다."

"고맙습니다, 고맙습니다."

어머니는 수술할 수 있다는 말만 들어도 기뻐서 몇 번이고 절을 했다. 수술 날짜는 일 년 후로 잡혔다.

이듬해 아주 더운 여름날 수술이 시작되었다. 철성이는 두려움에 벌벌 떨며 수술실에 누워 있었다. 천장에서 돌아가는 팬을 본 것 같은데 스르르 잠이 들었고 말할 수 없는 고통에 눈을 뜨니 입원실이었다. 다리에는 하얀 석고로 깁스가 되어 있었다. 여러 부위를 째고 인대를 이식하고 뼈를 와이어로 고정하는 대단히 어려운 수술이라고 했다. 깁스에는 피가 배어 있었다. 얼마나 아픈지 평생 '철퍽이'라고 놀림을 당해도 그냥 소아마비로 사는 편이 낫겠다는 마음이 들

정도였다.

입원한 어린 철성을 간호하고 상처를 치료해주는 의료 보조원들은 어딘가 좀 달라 보였다. 눈썹이 없었다. 병원 복도에서 더 심한 외모의 환자들도 볼 수 있었다. 나환자들과 나란히 앉아 진료를 받는 날도 있었는데, 처음엔 어색했지만 점차 아무렇지 않게 되었다.

토플 원장은 철성의 수술 비용을 받지 않았다. '아주 싸다'는 선교사의 말은 거짓이 아니었다. 수술 후 철성은 남원 집에 돌아가 벽을 잡고 스스로 일어서는 법을 연습했다. 하루 또 하루가 지나면서 어느덧 철성은 넘어지지 않고 걸어 다닐 수 있게 되었다.

철성은 공부를 잘했다. 그는 자신을 고쳐준 닥터 토플처럼 가난한 사람들을 위해 인술을 펼치는 의사가 되고 싶다는 소망을 막연하게 품었다. 철성의 어머니는 선교사에게 약속한 대로 예수님을 믿기 위해 교회에 나갔다.

닥터 토플의 수술방은 밤까지 열려 있었다. 걷기도 힘든 환자들이, 교통이 불편한 애양병원까지 어렵게 온 것을 그는 잘 알고 있었다. 매주 월요일 외래를 볼 땐, 밤이 늦어도 병원에 찾아온 환자들을 다 진찰했다. 당시에는 밤 12시부터 새벽 4시까지 야간 통행금지가 있었다. 애양병원 직원들은 통행금지에 걸려도 처벌받지 않도록 경찰들이 손에 도장을 찍어주었다. 닥터 토플은 계속되는 격무에 지쳐 저녁을 먹다 말고 식탁에 머리를 박고 잠이 들 때도 있었다.

그를 도울 사람들이 필요했다. 애양병원에서 일할 사람들은 일반인과는 다른 가치관을 가지고 있어야 했다. 우선 이사진에 경북대 의대 교수인 김익동 박사를 영입했다. 그는 쉐프린 나병연구소에서 폴 브랜드에게 수술을 배웠고, 우리나라 최초로 한센병 환자의 손 재건 수술을 시작한 의사였다. 아무도 돌아보지 않는 그늘에 있는 사람들을 조용히 돌보는 신실한 그리스도인인 그는 오랫동안 '애양호를 이끌어 가는 훌륭한 선장'이었다. 또 한 사람, 닥터 토플이 마음에 둔 한국인 정형외과 의사가 있었다. 소록도병원에 있는 유경운 선생이었다.

"괜찮아, 사람은 다 똑같단다"

"닥터 유, 나와 함께 애양병원에서 일하지 않겠습니까?"

토플 원장이 유경운 선생에게 말했다. 순천선교부 안에 있는 그의 집으로 유 선생 부부를 초대해 식사를 하는 자리였다. 전남대 의대 출신인 유 선생은 정부가 운영하는 나환자 수용소 소록도병원의 의무과장으로 근무하고 있었다.

"나는 언젠가 애양원을 떠나 미국으로 돌아갑니다. 한국인 의사가 병원을 맡아줘야 할 시간이 다가오고 있습니다."

닥터 토플의 말에서 간절함이 묻어났다.

유 선생도 닥터 토플의 권유에 마음이 움직였다. 닥터 토플에게 나환자뿐 아니라 소아마비 환자의 진보된 재활 수술도 배우고 싶었다. 그러나 5년이나 근무했던 소록도병원을 떠나는 것은 쉬운 결정이 아니었다.

"아내와 함께 생각해보고 결정하겠습니다."

"네. 한국이 하나님의 복을 받으려면 이런 힘든 일 스스로 해야 합니다. 꼭 기도해보세요."

애양재활병원은 새 건물을 짓고 나서 급증하는 소아마비 환자 수술과 이동진료를 감당할 전문인력이 필요했다. 유 선생은 소록도에서 오랫동안 경험을 쌓았고, 세계보건기구 장학금으로 인도의 쉐프린 나병연구소에서 한센병 환자들의 손 발 불구 교정 수술을 수련받은 인재였다. 쉐프린 나병연구소는 토플 원장 부부도 부임 초기에 7개월간 지내면서 나환자에게 필수적인 수술법을 익힌 곳이었다. 토플 원장은 매년 열린 나학회에서 유 선생을 유심히 지켜보고 애양재활병원에 꼭 필요한 의사라는 것을 알았다.

사실 유경운 선생은 닥터 토플이 애양원에 온 지 얼마 안 되었을 때 그를 찾아온 적이 있었다. 유 선생은 애양원에서 일하길 원했다. 하지만 당시에는 두 명의 의사가 일해야 할 만큼 환자가 많지 않았고 예산도 빠듯해 닥터 토플은 그에게 다른 직장을 권했었다. 유 선생은 소록도병원에서 일하고 있었다. 닥터 토플은 일 년 동안 소록도를 오가면서 그를 만나고 차츰 친분을 쌓았다.

유 선생은 대학 시절 폐결핵을 앓았다. 어려운 형편에 의과대학에 들어가 가정교사를 하면서 학비를 벌던 유 선생은 자신이 결핵에 걸렸다는 사실을 알고 나서 세상이 무너지는 것 같았다. 당시 폐결핵은 죽음에 이르는 병이었다. 마침 광주기독병원 원장으로 있던 닥터 카딩턴은 의대생 환자들을 무료로 입원시켜 치료해주고 있었다. 유 선생은 그곳에 한 달간 입원해 치료를 받았다. 하지만 몸과 마음까지 쇠약해진 그는 하나님에 대해 원망과 불평이 늘고 자살하고 싶은 절망감에 시달렸다. 비몽사몽 중 눈을 감고 있으면 죽창 다발이 날아와 그의 가슴을 마구 찌르는 환영을 보기도 했다.

'이제 죽음 말고는 길이 없나보다.'

그는 삶의 의욕을 다 내려놓았다. 고향에 내려와 요양하던 어느 날, 옆방에서 아버지의 간절한 기도 소리가 들려왔다.

"하나님, 우리 경운이가 너무 불쌍합니다. 꼭 치유해주시고 하나님께 큰 영광 돌릴 수 있는 기회를 주십시오."

밭을 매다가도 낯선 사람이 지나가면 얼른 손을 닦고 나가 전도할 만큼 신앙이 좋은 아버지는 경운이 고등학생 시절부터 목회자가 되길 바랐다. 그는 아버지의 바람을 거절했고, 아버지는 "어리석은 놈"이라고 질책했다. 병이 들어 집에 내려왔을 때도 아버지는 "네가 죽는 것도 하나님 뜻이고 사는 것도 하나님 뜻이다"라고 냉정하게 반응했다. 그는 몹시 서운했다. 그러나 사실 아버지는 밤이 새도록 앞산과 교회를 오가며 아들을 위해 기도하고 있었다. 그 기도 소리를 듣고 하나님과 아버지를 향해 쌓여 있던 미움의 벽이 와르르 무너졌다. 심신에도 큰 변화가 찾아왔다. 살아 있다는 것에 감사와 기쁨을 느꼈다. 얼마 후 그는 폐결핵 완치 판정을 받았다.[2]

유경운 선생이 처음 소록도에 간 것은 군의관을 마치고 돌아왔을 때였다. 선배에게서 연락이 왔다.

"소록도에 환자가 넘치는데 의사가 단 둘뿐이라 어렵네. 좀 와서

도와주면 안 되겠는가?"

그날은 수십 명의 환자들이 단체로 발을 내놓고 궤양을 치료하는 날이었다. 그 광경은 유 선생에게 악몽과 같았다. 장갑과 마스크, 온몸을 가리는 가운을 입고 환자 구역으로 들어갔지만 살이 썩는 냄새는 견딜 수 없었다. 의대 시절 처음으로 시체 해부를 했을 때 토했던 일이 떠올랐다. 그는 나환자들을 다시 보고 싶지 않았다. 고민 끝에 그는 아내에게 자신은 소록도에 갈 수 없겠다고 말했다. 그의 아내가 만류했다.

"여보, 불쌍하고 어려운 환자들이 있는 곳에 가서 일하는 것도 의사로서 보람 있는 일이지 않아요?"

아내의 격려로 그는 소록도에 가서 의무과장으로 일하게 되었다.

그의 아내 임보배 선생은 교사 출신이었다. 소록도 안에는 나환자의 자녀들이 다니는 학교가 분교 형태로 따로 있었다. 아이들은 감염되지 않았기 때문에 부모와 떨어져 기숙사에서 따로 살았다. 한 달에 한 번 단체로, 그것도 5미터 떨어진 길을 사이에 두고 부모를 먼발치에서 보는 게 다였다. 학교에는 현직 교사들이 부임을 기피하는 바람에 가르칠 선생이 없는 상태였다.

"그렇다고 아이들이 공부할 기회를 놓치면 안 되지."

임 선생이 교사로 지원했다. 3-4학년을 맡은 첫날, 그녀가 한 아이의 머리를 쓰다듬었다. 임 선생의 손이 닿자마자 아이는 머리를 획 돌려 빠져나갔다. 아마도 다른 사람이 미감아인 자신을 만지는 것을 스스로 조심하고 피하는 모양이었다. 그 모습이 안쓰러웠다.

"괜찮아. 사람은 다 똑같단다."

그 뒤로 임보배 선생은 아이들을 자주 만져주었다. 사남매 자녀를 둔 엄마의 마음으로, 그들이 자연스럽게 다른 사람의 손길을 받아들일 때까지…….

유경운 선생 부부가 이렇게 정든 소록도를 떠나기는 힘들었다. 소록도병원의 원장은 대안을 내놓았다. 한 달에 한 번 소록도에서 수술을 해주면 애양재활병원으로 가도 좋다는 것이었다. 유 선생이 이 조건을 닥터 토플에게 전하자 그는 기꺼이 그러자고 했다.

"닥터 유, 한 달에 한 번이 아니라 여러 번, 환자들을 위해 얼마든지 가서 수술할 수 있습니다. 나도 같이 가서 수술 돕겠습니다."

닥터 토플과 아내 미아 토플은 그 약속을 지켰다.

유 선생은 훨씬 많은 수술과 더 힘든 일들, 더 많은 책임이 기다리고 있는 애양재활병원으로 가기로 결정했다. 유 선생은 겸손하고 유머가 있으며 새로운 지식을 빨리 습득하고 성실했다. 그의 아내 임보배 선생은 닥터 토플을 '진짜 보배'라고 불렀다. 임 선생은 이동진료팀에서 환자 상담 일을 맡았다. 어려운 가정에는 쌀과 연탄, 배급품을 나눠 주었고, 아이들이 장학금을 받을 수 있도록 주선했다. 두 사람은 닥터 토플과 미아 토플의 좋은 동역자가 되었다.

도깍쟁이 우리 원장님

나환자가 엑스레이를 찍으러 올 때마다 배병심 선생은 고통스러웠다. 상처에서 나는 썩는 냄새 때문에 머리가 다 아팠다. 어느 날 배 선생이 나환자의 가슴 사진을 찍으려고 보니 피부 밑이 울퉁불퉁했다. 댑손이 나오기 전에 나병 치료제로 쓰던 대풍자유가 뭉쳐 있는 자국이었다. 그 주사는 너무 아파서 환자들이 도망 다닐 정도였다는데 맞고 나서 오랜 세월이 흘러도 여전히 피부 밑에서 흡수되지 못하고 있었다. 환자의 다리에는 상처가 나서 고름이 흘렀다. 역한 냄새는 그곳에서 나고 있었다.

엑스레이 촬영을 마치고 환자가 나간 후, 배 선생은 창문을 열었다. 2월 한겨울의 차갑고 상쾌한 바람이 들어왔다. 겨우 한숨 돌리려는 순간이었다.

"네, 미스터 배…… 돈 나갑니다."

깜짝 놀라 돌아보니 토플 원장이 서 있었다. 난방 보일러를 틀어 실내가 따뜻하니 창문을 열지 말라는 소리였다.

"도깍쟁이 원장님!"

직원들은 지나치리 만큼 아끼고 또 아끼는 토플 원장을 뒤에서 그렇게 불렀다. 누군가 걸레를 빨려고 물을 세게 틀거나 수돗물을 꽉 잠그지 않아 한 방울씩 떨어지는 것을 보면 꼭 한마디했다.

"네, 물 한 방울 밤새 떨어지면 낭비입니다. 내 호주머니에서 돈 안 나간다고 막 쓰면 안 됩니다."

한 직원이 바람 때문에 자꾸 닫히는 사무실 문을 고정하려고 붕대를 쓴 일이 있었다. 토플 원장이 이것을 보고 깜짝 놀라며 말했다.

"이 붕대 여기 쓸 수 없습니다. 환자들에게 써야 합니다."

그 붕대는 미국 교회의 여전도회 회원들이 낡은 침대 시트를 잘라 일일이 손으로 말아서 만든 붕대였다. IMA(미국교회간 의료지원회)로부터 무료로 공급받은 일회용 종이기저귀는 멸균한 다음, 고름이 많이 나오는 상처에 거즈 대용으로 쓰거나 석고붕대를 감을 때 눌림 방지 패드로도 썼다. 토플 원장이 미국에서 오는 구호품들, 아무리 하찮아 보이는 기저귀나 붕대조차 직원들이 함부로 쓰지 않도록 한 것은, 그것을 보낸 사람들의 정성을 귀중히 여겨주길 바랬기 때문이었다.

수술실에선 하루에 열 건도 넘게 수술이 이루어졌다. 지금은 바늘에 실이 꿰어 나오지만, 그 시절에는 간호사가 일일이 바늘에 봉합사를 꿰어야 했다. 수술실의 박정애 간호사가 실을 좀 길게 잡아 수술 부위를 꿰매고 자투리가 남을 것 같으면 토플 원장의 입에서 이 말이 나왔다.

"네, 이 실 신풍역까지 가겠습니다."

실이 더 길게 남으면 한숨까지 푹 쉬며 말했다.

"아이고, 여수까지 가겠습니다. 아껴 써야죠."

토플 원장은 처음에 비용이 싸고 성능이 좋은 낚싯줄을 멸균해 수술용 실로 쓰고, 골절 수술에 쓰였던 금속판과 금속정을 세척하고 소독해 다시 쓰기도 했다. 지금은 재사용이 금지되어 있지만 모든 물자가 귀했던 시절이라 용납되었다. 수술 가운과 수술포는 시장에서

천을 사서 재봉사 출신 직원의 감독 아래 직접 만들었고, 초기에는 석고붕대도 뻣뻣한 크리놀린 천을 사다가 석고 가루를 입혀 자체적으로 제작했다. 토플은 달력 종이를 잘라 처방전으로 쓰고 환한데 불이 켜 있으면 끄고 다녔다. 그나마 행정관인 더럼 목사는 어두운 데 있으면 사람들의 눈이 나빠진다고 뒤쫓아다니며 다시 불을 켰다. 물품 구입과 관리 감독을 맡은 그도 토플 원장 못지않게 낭비하는 것을 그냥 넘기지 않았다. 수술 용품을 조금 많이 신청하면 담당 간호사에게 큰소리를 냈다.

"미스 박, 예수님 오실 때까지 쓰려고 물건을 이렇게 많이 신청합니까?"

더럼 목사는 필요한 물건이 있으면 일본, 런던, 홍콩 등 생산자들에게 직접 편지를 써서 가장 적절한 가격의 제품을, 그것도 값을 깎아서 구입했다.

한국 시골, 논과 밭 가운데 덩그렇게 지은 현대식 병원이 적자로 문을 닫지 않고 설립 초기의 모토를 지키며 가난하고 어려운 사람들을 치료하려면 마른 수건이라도 다시 한번 짜내는 절약이 필요했다. 토플 원장과 더럼 행정관은 미국의 교회와 단체, 제약회사, 지인들을 총동원해 무료로 얻을 수 있는 건 다 얻었다. IMA(미국교회간 의료지원회)와 미국 조지아주에 있는 MAP(의료지원계획)로부터 수천 달러 상당의 의약품을 공급받았고, 수술재료 회사와 병원, 친구 의사들에겐 쓰던 장비와 의료 소모품을 얻었다. 비록 무료 지원이라도 가장 좋은 품질의 물품을 요청했다.

애양병원에선 가난한 사람들의 수술 비용 부담을 줄여주기 위해 할 수 있는 모든 방법을 썼다. 마취할 때 에테르를 썼고, 유럽에서 널리 사용하는 척추마취를 했다. 감염 예방과 치료를 위한 첫 번째 항생제로 저렴하고 효과가 좋은 페니실린을 사용했다. 페니실린은 과민성 쇼크를 일으킬 우려가 있어 다른 병원에선 잘 쓰지 않았다. 다행히 애양재활병원에선 단 한 명의 환자도 이 쇼크로 잃지 않았다. 수술비에 약, 마취, 의료 재료비는 포함되었으나 수혈과 엑스레이, 석고붕대 제거, 봉합, 상처 소독 비용은 받지 않았다.

환자들의 입원비를 줄여주기 위한 방안도 여러 가지로 모색되었다. 병원에선 환자들이 가족들과 함께 지낼 수 있는 기숙사를 지어 저렴한 비용으로 제공했다. 침구와 식기는 환자들이 직접 가져와야 했다. 그래도 도움이 필요한 환자들은 넘쳤다. 결국 병원 근처에 사는 직원들이 자기 집에 방을 만들어 의족을 맞춘 환자와 수술을 기다리는 환자에게 빌려주었다. 간호사들은 하루에 한 번 이곳을 순회하면서 주사를 놓고 상처를 치료했다.[3]

'도깍쟁이' 원장을 위해 하나님은 돕는 사람들을 계속 보내주셨다. 애양병원에서 50킬로와트 용량의 새 발전기를 미국에 주문했을 때, 여천공단에 있던 다우케미칼 플라스틱 공장의 한국인 기술 책임자가 1천 달러 이상 들어가는 자동스위치 장치를 만들어 무료로 달아주었다. 교회 장로인 그는 큰 기중기까지 보내 병원에 발전기를 무사히 장착할 수 있게 해주었다. 또 다른 다우케미칼의 전기 분야 책임자는 교회 성가대 지휘자였는데, 애양병원의 전기요금 체제를 바꿔

전기료를 53퍼센트나 절약할 수 있도록 했다.

닥터 토플은 수술실에서 가스로 작동하는 톱과 드릴을 사용했다. 그것이 전기 작동기보다 안전하고 효율적이었지만, 서울에서부터 무거운 질소 통을 받고 또 빈 통을 돌려보내기가 번거로웠다. 여천공단 내 비료공장에 다니는 사람이 사정을 듣고 이렇게 말했다.

"우리 공장에서 질소는 비료를 생산할 때 나오는 부산물인데 너무 남아서 걱정입니다. 우리 공장으로 빈 통을 보내주세요. 무료로 재충전해서 드리겠습니다."

이렇게 비용을 절약한 덕분에 일반 병원에서 근로자 한 달 치 월급에 해당하는 수술비를 애양병원에선 5분의 1로 줄일 수 있었다. 가난한 사람들과 목회자 및 그 직계 가족들은 무료로 진료를 받을 수 있었다. 부자들에게 돈을 더 받거나 특별 대우를 하진 않았다. 토플은 부자라고 해서 '더 많은 매'를 맞는 것은 기독교의 정신이 아니라고 생각했다.

닥터 토플의 절약하는 습관은 가정이라고 해서 다르지 않았다. 하루는 토플의 딸이 친구 집에 놀러갔다. 친구는 애양병원에서 일하는 한국인 직원의 딸이기도 했다. 마침 점심때가 되어 함께 밥을 먹는데 토플의 딸이 김을 무척이나 잘 먹었다. 친구 어머니가 물었다.

"김을 좋아하는구나. 집에서도 많이 먹니?"

"아니요. 너무 비싸서 못 먹어요."

누군가가 토플 원장에게 병원 운영 비결에 대해 물었다.

"미국의 기업 임원이나 의사 한 사람의 수입보다 더 적은 예산으로 어떻게 이 큰 병원을 운영해나갈 수 있나요?"

토플 원장은 대답했다.

"무엇보다, 하나님께서 우리에게 필요한 모든 걸 예비하고 계심을 알아야 합니다."

그리고 유머스럽게 말을 마쳤다.

"그다음으론, 선교사들이 뻔뻔하게 남의 등을 치는 사람이라는 것을 고백할 수밖에 없네요."

기부금과 원조를 받기 위해 뻔뻔스러울 정도로 사람들을 귀찮게 한다는 뜻이었다. 그럼에도 세계 유수의 나요양소들을 둘러보았던 미국나병선교회 회장 하셀블라드 박사는 애양원을 방문한 후 이렇게 보고했다.

"내 모든 경험을 통틀어 윌슨 나요양소에서 일어난 일만큼 극적이고 의미 있는 변화를 본 적이 없습니다."[4]

싸구려를 쓸 순 없습니다

미국에서 돌아온 후, 미아 토플은 피부과와 안과에서 일했다. 처음 피부과 외래에는 하루 열 명 남짓한 환자가 찾아왔으나, 나병도 고치는 좋은 약을 쓴다는 소문에 급격히 숫자가 늘어 일주일에 이틀을 진료했다. 첫날은 나환자와 새로운 환자들을 진료했고, 다음 날은 일반 재진 환자들을 보았다.

일반 환자로는 무좀과 여드름, 그밖에 많은 피부병 환자들이 왔다. 발에 생긴 심각한 무좀을 호소하는 환자들이 많았는데 알고 보니 당시 일반적이던 고무신을 신은 탓이었다. 점점 환자들이 많아지고 미아 토플 혼자서 감당할 수 없을 지경이 되었을 때 하나님이 힘을 보탤 의사를 보내주셨다. 아키코 오바라, 일본인 여성 의사였다.

오바라 선생은 간호사 자격증을 가진 피부과 의사이며 신학교를 졸업한 목사였다. 치바 대학 의학과 재학 중에 오키나와를 포함한 일본의 나환자 시설 16곳을 모두 순방했고, 의사가 된 후에는 대만에서 3년간 나환자들을 치료했다. 그녀의 아버지는 전쟁을 반대하다가 감옥에도 갇힌 적이 있는 목사였다. 어머니는 일본 귀족 가문 출신이었으나 가난한 목사와 결혼했다는 이유로 친정에서 외면당한 전도사였다. 그들은 10명의 자녀를 두었는데, 막내였던 오바라 선생에게 아버지는 이렇게 당부했다고 한다.

"네가 한국에 가서 일본이 저지른 죄를 봉사로 갚아야 한다."

산부인과와 수부외과, 나병을 전공한 오바라 선생은 토플 부부와 함께 이동진료를 다녔고, 한 달에 한 번 소록도에 같이 들어가 진료했다. 새벽에 순천을 떠나 버스와 배를 타고 소록도에 들어가 진료를 마치면 늦은 밤에야 집으로 돌아오는 고된 일정이었다.

오바라 선생은 한국어, 영어, 중국어, 그리스어까지 하는 지적인 여성이었으며 키가 자그마했다. 한번은 음식점에서 저녁을 먹고 나왔는데 오바라 선생의 신발이 없어졌다. 선생은 당황했다.

"없네. 어디 갔을까? 내 신발이 없네."

알고 보니 장난기 많은 토플 원장이 군함같이 커다란 더럼 목사의 신발 안에 조그만 오바라 선생의 신발을 감춰놓고는 시치미를 떼고 있었던 것이다.

오바라 선생은 그녀를 돕는 그리스도인 친구들 11명의 후원으로 한국에 왔다. 처음에는 2년만 있을 예정이었으나 8년을 애양병원에서 보냈다. 환자들을 향한 관심과 배려는 끝이 없을 정도였지만, 사무실에서 개인적으로 쓴 전화요금을 일일이 계산해 돌려줄 정도로 공사 구분이 엄격했다. 특히 나이 물어보는 것을 질색했다. 독신으로 평생 나환자들을 사랑한 오바라 선생은 일본으로 돌아간 후에도 봄과 가을이면 애양원과 소록도에 와서 진료하고 나환자의 자녀들에게 장학금도 주었다.

토플 원장은 오바라 선생에 대해 이렇게 말했다.

"그녀보다 더 준비된 사람을 본 적이 없습니다. 수줍지만 대담하고 조직적이고 확고한 그녀의 믿음은 우리 모두에게 감동을 주었습니다."[5]

미아 토플은 매주 월요일에는 안과에서 일했다. 나병 환자들의 눈에 나타나는 합병증을 초기에 발견하는 데 중점을 두었다. 나균이 눈꺼풀을 뜨고 감는 신경에 침범하면 눈을 감지 못하게 되고 외부 물질이나 상처에 감각이 없어져 시각장애인이 될 가능성이 높았다. 마비성 눈꺼풀, 눈썹 소실, 눈물 도관의 폐쇄와 백내장도 흔했다.

미아 토플이 환자들을 선별해놓으면 한국의 안과 의사들과 미8군병원의 의사들, 그리고 미국과 영국에서 방문한 선교 의사들이 수술을 맡았다. 안과 의사가 없는 소록도와 정착촌의 환자들도 찾아왔는데 한 번에 40명이 수술을 받은 적도 있었다. 눈을 감을 수 없는 환자들은 귀 앞의 저작근의 일부분을 90도로 돌려서 눈, 코 접합부에 연결해, 씹을 때 눈꺼풀을 감거나 움직일 수 있게 해주었다. 이들에겐 재활치료를 위해 일부러 풍선껌을 씹도록 했다. 이 훈련을 위해 미국에서 보내온 많은 풍선껌을 보고 닥터 토플의 딸들은 '환자가 되고 싶을 정도'로 부러워했다.

방문 안과 의사 가운데 토플의 친구이자 텍사스주 안과학회장을 지낸 닥터 로버트 락은 80건 이상의 백내장을 수술했다. 그는 애양원과 소록도에 있는 환자 700명을 대상으로 심도 있는 조사를 하기도 했다. 미국에서 성형외과 전공의 과정을 마친 젊은 의사 존 프리스트는 애양병원에 도착해 짐을 풀 새도 없이 나병 때문에 주저앉은 코, 얼굴의 상처, 선천성 기형, 화상과 그 외 변형을 가진 환자들의 수술을 맡았다. 눈썹이 소실된 나환자들에겐 두피의 모낭을 채취해 눈썹이 있던 피부에 일일이 심거나, 두피와 공급 혈관을 눈썹 모양으로 절취해 원래 눈썹이 있던 자리에 이식하는 방법을 썼다. 그가 2년 동안 행한 교정 성형 수술은 질병과 사고로 기형이 된 사람들에게 사회로 돌아갈 힘을 주었고, 애양병원 재활 프로그램에 큰 도움이 되었다. 전주 예수병원의 닥터 존 쇼와 광주기독병원의 닥터 애드리안 월브링크도 애양병원에 와서 닥터 토플의 수술을 도왔다. 그들은 농담 삼아 이곳을 '호남 정형외과'라고 불렀다.

그리스도인 안과 의사 폴 기서는 아내 릴리언과 함께 매년 애양병원을 방문했다. 그는 미시간 의과대학을 졸업한 안과 전문의였다. 닥터 기서는 미국에서 값비싼 인공수정체를 직접 가지고 들어와 나환자들의 백내장 수술에 사용했다. 이전에 왔던 의사는 나환자들의 혼탁해진 수정체를 떼어내고 두꺼운 안경을 씌어주는 것이 전부였다. 한 젊은 의사가 닥터 기서에게 물었다.

"환자들이 책을 읽는 것도 아닌데 왜 비싼 인공수정체를 씁니까?"

당시 우리나라에선 인공수정체가 비싸기도 했지만 구하기가 어려워 부자들만 사용할 수 있었다. 닥터 기서가 말했다.

"예수님 이름으로 치료하는데 어떻게 싸구려를 쓸 수 있습니까?"

젊은 의사가 반박했다.

"우리도 나환자들에게 비싼 수정체를 쓰고 싶습니다. 그걸 구입할 돈이 없어서 그렇지요."

닥터 기서는 진지하게 대답했다.

"최선을 다하면 예수님께 무엇이든 다 받을 수 있습니다."

젊은 의사는 아무 말도 하지 못했다. 그 후로 그는 어떻게든 가장 좋은 재료로 환자들을 수술하려고 애썼다.

닥터 토플이 기억하는 백내장 환자가 있다. 그는 나병에 걸렸다가 백내장으로 오랫동안 앞을 보지 못했다. 소록도에 수용되어 있었는데 애양병원에서 수술을 받은 후 다시 볼 수 있게 되었다. 시력을 회복한 후 소록도로 다시 돌아가는 날, 그가 갑자기 사라졌다. 하루가 지나도록 행적이 묘연했다. 경찰에 신고해야 하나 고민하고 있던 차에 그에게서 연락이 왔다. 고향에 왔다는 것이었다.

"딱 한 번만…… 환한 눈으로 어머니를 뵙고 싶었습니다."

기억 속에서만 희미하게 남아 있던 어머니의 얼굴을 마지막으로 두 눈에 담아 가고 싶었던 것이다. 그는 곧 소록도로 돌아갔다.

닥터 토플은 광주기독병원에 와 있던 닥터 월브링크와 함께 수천 명의 환자들에게 인공관절 치환 수술을 했다. 월브링크는 메이요 클리닉에서 인공관절 수술을 정식으로 배운 미국에서도 몇 안 되는 전문의였다. 닥터 토플은 홍콩과 영국에서 인공관절에 필요한 골시멘트와 인공관절, 그 밖의 기구들을 저렴한 가격에 수입해 와서 수술 비용을 낮출 수 있었다.

닥터 토플이 애틀랜타에서 외과 훈련을 받을 때 알게 된 닥터 밥 윌링햄은 아내 앤과 함께 여러 차례 애양병원을 방문했다. 그는 세계적으로 유명한 인공관절 회사 미국 드퓨이사의 지원으로 시멘트 없는 인공관절 12세트를 가지고 왔다. 이로써 획기적인 수술이 가능해졌다.

닥터 윌링햄은 원래 독실한 그리스도인이 아니었다. 밤늦게까지 파티를 즐기고 술에 취한 채 운전하다가 교통사고를 일으켰다. 그날 사고로 아내를 잃었고 자신은 사고 후유증으로 다리를 절게 되었다. 그렇다고 그의 삶이 크게 달라지진 않았다. 그는 여전히 의사로 일하며 많은 돈을 벌었고 다른 여자와 재혼해 새 가정을 꾸렸다.

어느 날 그는 한국의 애양병원을 방문해 어린 여자아이의 고관절 수술을 하게 되었다. 수술이 진행되는 동안 문제가 발생했다. 출혈이 멈추지 않았고 신경을 찾기도 쉽지 않았다. 위급 상황이 계속되면서 자칫 환자의 목숨이 위태로울 수 있다는 생각이 들자 닥터 윌링햄은 스트레스가 점점 높아졌다. 그 순간 어린 환자가 노래를 부르기 시작했다. 아이는 척추마취를 받은 상태여서 수술 중에도 의식은 완전히 깨어 있었다.

"주님 뜻대로 살기로 했네…… 주님 뜻대로 살기로 했네…… 주님 뜻대로 살기로 했네…… 뒤돌아서지 않겠네."

닥터 윌링햄은 한국어는 몰랐지만 아이가 부르는 곡이 복음성가인 것을 알았다. 가난하고 다리까지 아픈 아이가 죽을지도 모르는 위급한 상황에서 저렇게 예수님을 찬양하는데, 정작 많은 것을 누리는 자신은 어떤 상황에서도 감사할 줄 몰랐다는 것을 깨달았다. 그 순간 그의 입에서 자기도 모르게 기도가 나왔다. 회개와 감사가 뒤섞인 기도였다. 어느덧 문제가 해결되고 수술도 무사히 마칠 수 있었다. 이날의 경험으로 그는 달라지기 시작했다.

닥터 윌링햄이 사망했을 때, 닥터 토플 부부는 미국으로 가서 그의 장례식에 참석했다. 장례식을 집도하던 목사는 닥터 윌링햄이 애양병원에서 수술하던 그날 어린 소녀의 찬송을 듣고 회심했다는 이야기를 들려주었다. 그의 관이 교회 밖으로 나갈 때 조문객 모두가 일어섰다. 그들은 그날의 복음성가를 부르며 천국으로 가는 친구의 마지막을 배웅했다.

믿을 수 없는 말, "이 병은 축복입니다"

'그냥 여기서 떨어져 죽을까?'

청년은 덜컹거리는 기차의 출입문에 기대어 서 있었다. 철교 밑으로 강물이 흘렀다. 그는 막막했다.

"얼굴이 왜 그렇게 부스스하게 부었냐?"

최전방의 철책선에서 근무하다 휴가를 나온 그에게 한 친구가 물었다.

"글쎄…… 너무 추운 데서 보초를 서서 그런가? 철원이 좀 춥냐."

"아니야, 좀 이상해. 아무래도 너 병원 한번 가봐야겠다."

친구는 나병에 지식이 있었다. 병원에 갔더니 의사가 청년의 눈썹 위 피부를 조금 떼어내 조직검사를 했다.

"나병입니다."

불길한 예감은 늘 맞았다. 그 청년은 의가사제대를 했다. 갈 곳이 없었다. 도저히 집으로 갈 순 없었다. 이 병에 걸린 사람들은 누구나 한 번쯤 생각하는 자살의 유혹이 그에게도 찾아왔다. 그때 누군가 애양병원으로 가라며 써준 주소 쪽지를 그는 꺼내 다시 한번 읽었다. 그는 종이를 구겨 버릴까 하다가 다시 주머니에 넣었다.

'그래, 여기에 한번 가보고 그다음에 죽어도 늦지 않아.'

금방 진찰은 받을 수 없었다. 피부과의 미아 토플 선생은 매주 화요일에 새로운 환자들을 보았다. 그는 일주일간 병원 앞에 있는 여인숙에 묵어야 했다. 기다리는 시간은 지루했다. 그는 하릴없이 병원 근처를 어슬렁거렸다. 병원 앞 소나무 아래, 시멘트로 둥글게 만든 벤치에 사람들이 많이 모여 있었다. 다리에 깁스를 하고 목발을 짚은 사람들, 휠체어에 앉은 사람들이 빙 둘러앉아 누군가의 얘기를 듣고 있었다. 그 사람은 검은 안경을 쓰고 지팡이를 짚고 선 채 카랑카랑한 목소리로 말하고 있었다.

"우리가 이 병에 걸리지 않았으면 예수님 믿을 사람들이오? 나부터가 아닙니다. 내가 면장 아들이오. 키도 크고 잘생기고 공부도 잘했으니 대통령감 아니오?"

사람들이 와~ 하고 웃었다.

"여기 처음 왔을 때 내가 선교사들한테 대들던 사람이오. '병 고치러 왔지 예수 믿으러 온 거 아니오!' 하고 말이오. 그런 내가 윌슨 원장님과 손양원 목사님 덕분에 예수님을 믿게 되었소. 눈도 멀고 손도 못 쓰는 나를 사람들은 불쌍하다고 생각하겠지만 절대 아니오. 예수님이 다른 것은 보지도 말고 나하고만 사랑하자고 이렇게 만드신 것이오. 일본의 나가다라는 분이 나병은 천형병이 아니라 천혜병이요, 저주로 주신 병이 아니라 축복으로 주신 병이라고 했소. 하나님이 이 병을 우리에게 주신 것은 강제로 자녀 삼고 사랑해주시기 위함이오. 그러니 이 병이 저주겠소, 아니면 축복이겠소?"

사람들이 "아멘" 하고 큰 소리로 화답했다.

"이제 어두워졌으니 그만 숙소로 가시지요."

누군가가 말했다.

"난 맹인이라 내가 눈 뜨면 그게 아침이고 눈 감으면 그게 밤이여."

사람들은 깔깔 웃었다. 청중을 울리고 웃기면서 예수님을 전하는 그 사람은 애양원의 정신적 지도자 양재평 장로였다. 그는 중학교에 다니던 열다섯 살에 나병에 걸렸다. 그의 아버지는 외아들을 차마 수용소에 보낼 수 없어 4년간 집에 숨기며 보살폈다. 온갖 치료를 시도해봤지만 병은 깊어졌다. 1942년 애양원으로 온 그는 한창 나이에 실명까지 했다. 단 한 명뿐인 맹인 학생이었지만 그는 한성신학교를 수석으로 졸업했다. 그는 애양원 식구들과 성경암송반을 만들어 신약을 외우고, 시간 나는 대로 입원실과 물리치료실, 병원 앞 소나무 아래에서 전도했다. 병원에 온 나환자들과 소아마비 환자들은 그의 유창하고 힘있는 설교를 듣고 예수님을 영접했다.

'이 병이 축복이라니 제정신인가?'

청년은 예수님을 믿지 않았다. 하지만 양 장로의 말에 귀 기울이면서 어쩐지 속이 시원해지는 것 같았다.

토플 원장은 의사의 직분에도 충실했지만, 처음부터 선교사로서 예수님을 전하는 것을 가장 중요하게 여겼다. 그는 자신을 포함한 모든 직원들을 통해 자연스럽게 이루어지는 전도에 대해 이렇게 설명했다.

"농부인 김 씨가 소아마비에 걸린 아들 윤필이를 데리고 우리 병원에 옵니다. 맨먼저 병원 지붕의 하얀 십자가를 볼 것입니다. 병원 현관에 들어서면 곳곳에 하나님의 말씀을 선포하는 성경 구절이 눈에 들어올 테지요. 우리 병원 복도에는 벽화가 그려져 있습니다. 열 명의 나병 환자들이 예수님께 깨끗이 고침을 받은 누가복음의 이야기가 그림으로 묘사되어 있지요.

　김 씨와 그의 아들이 대기실에서 앉아 기다릴 때, 손과 얼굴에 나병 흔적이 있는 직원 손 씨가 환자들 앞에서 우리 병원의 역사와 설립 목적, 그리고 나병이 어떤 병인지 정확한 사실을 이야기할 것입니다. 그런 다음 하나님께서 병과 죄악과 고통을 겪고 있는 우리를 위해 어떻게 그분의 아들을 보내셨는지 간단하지만, 시간을 초월한 영생의 말씀을 들려줄 것입니다.

　진찰실에 들어오면 간호사나 의사가 그들이 신자인지 물을 것입니다. 만약 신자가 아니라면 기독교에 관심이 있는지, 거주지 주변에 교회가 있는지 등을 질문하지요. 의사는 진찰이 끝나면 이렇게 말할 것입니다. '하나님 말씀인데 한번 읽어보시겠습니까?' 그리고 그들이 집으로 돌아가는 길에 읽을 수 있도록 쪽복음서와 전도지, 소아마비 안내 책자 등을 줄 것입니다."

　그다음은 이런 식으로 진행된다. 두 달 후 소년이 수술을 받으러 병원에 오면 수술을 시작하기 전에 의사와 마취사, 간호사, 의료 보조원들이 환자가 누워 있는 수술대 주위에 모여 기도한다.

　"주님, 윤필이가 수술을 잘 받고 속히 회복하며 가족과 함께 모두 구원받길 간절히 기도합니다."

　수술 후 교회 목사와 병원 찬양대원들이 입원실에 찾아와 기도하고 찬양을 들려준다. 성경암송반 맹인 회원들의 하모니카 연주가 뒤따른다. 눈도 멀고 코도 무너지고 몇 개 없는 손가락에 비뚤어진 입으로 부는 하모니카 연주가 얼마나 유쾌한지 모른다. 신나게 춤까지 추는 모습은 있는 그대로 간증이다. 불행의 총집합체 같은 그들이 천국의 행복을 누리는 것을 보고 사람들은 마음의 문을 연다.

소년이 석고붕대 제거와 물리치료, 보조기 맞춤을 위해 병원에 올 때마다 병원 직원들은 그에게 다정하게 말을 건다.

"윤필아, 요즘 생활은 어떻니? 교회는 다니고 있니?"

그 소년이 병원에 드나들며 만나는 의사와 직원들의 관심과 사랑 안에서 예수님을 영접하게 될 것은 확실하다. 토플 원장은 병원 앞 큰 나무 아래에서 자신을 둘러선 환자들의 이름을 친근하게 부르며 그들과 함께 찬송하고 인생과 믿음에 대해 진지하게 이야기를 나누는 양재평 장로와 그의 동료들을 보며 늘 은혜를 받았다.

"육신의 눈은 멀었으나 영적 눈은 밝은 사람들이, 육신의 눈은 떴으나 영적으론 캄캄한 마을 소년을 신앙으로 인도하는 놀라운 장면 아닙니까? 어린 환자들의 회심으로 부모와 가족, 온 마을이 믿음으로 인도되는 것은 이곳에서 드문 일이 아닙니다."[6]

병원 앞 여인숙에서 일주일을 기다려 미아 토플의 진료를 받은 그 청년은 다행히 나병 초기라 약만 먹으면서 병을 고쳤다. 그러나 고향으로 돌아가지 않고 음성환자 마을에 정착했다. 그는 원래 시계와 라디오를 고치는 기술자였으나 정착촌 근처에 가게를 내고 돼지와 닭을 키웠다.

청년은 잘생기고 성실했다. 금방 중매가 들어와 그 마을 처녀와 혼담이 오갔다. 그러나 정착촌 안에선 세례를 받지 않으면 결혼할 수 없었다. 청년은 교회 주일학교에 나가 성경을 공부했다. 밤새워 공부하고 세례를 받은 후 결혼했다. 그 후로 그는 눈이 안 보이고 손도 불편한 양재평 장로를 모시고 집회를 많이 다녔다. 양 장로는 한국과 일본의 여러 교회에서 초청을 받았다. 나병에 걸려 앞도 못 보고 몸도 성치 못한 양 장로이지만 자신이 얼마나 큰 하나님의 사랑을 받은 자인지 고백할 때 사람들은 감동을 받았다.

청년은 어느덧 나이가 들어 교회 장로가 되었다. 문득문득 자살 충동과 싸우며 애양원으로 왔던 날을 기억한다.

"얼마나 감사한가! 병에 걸린 것이……. 죽지 않고 애양원에 온 것이……."

이 병에 걸린 것이 축복이고 예수님의 사랑이라는 그 믿을 수 없었던 말은 진실이었다.

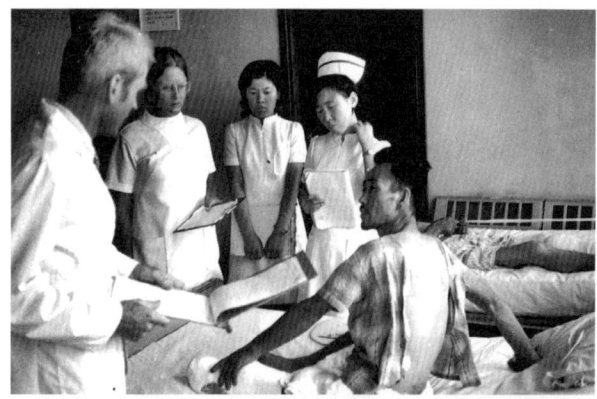

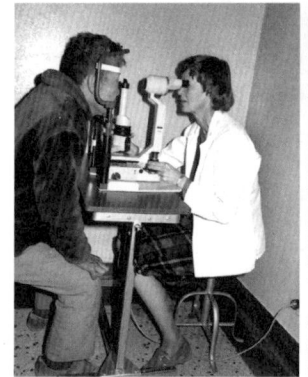
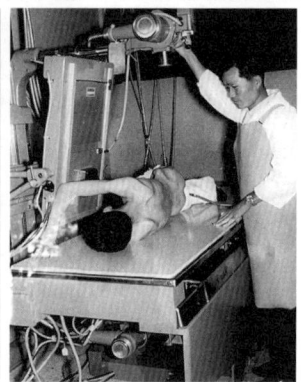

1. 회진 중에 환자의 상태를 묻고 있는 닥터 토플. 애양재활병원에서는 한센 환자와 일반 환자가 한 병실을 사용했다. 2. 안과 진료를 하고 있는 미아 토플 3. 엑스레이 사진을 찍고 있는 배병심 기사

5. 도깍쟁이 우리 원장님

6 우리가
   맡은
   최선의 역할

섭리는 종종 우연을 가장해 필연처럼 나타난다.

울산의 한 화학회사에 다니던 이봉수는 길에서 외국인을 만났다. 회사 근처에서 오다가다 자주 본 사람이라 예의상 인사를 건넸다.

"어디 가십니까?"

그 외국인이 대답했다.

"네, 저기 태화교 밑에 장애인들이 모여 사는데 거기 갑니다."

마침 그날은 봉수가 직장에서 쉬는 날이었다.

"쉬는 날이니 저도 같이 갈까요?"

그는 무엇에 이끌린 듯 외국인을 따라갔다. 그 외국인은 1965년 호주에서 온 배리 맥스웰 로우(한국 이름 노승배) 목사였다. 로우 목사는 울산공단의 노동자 사역과 함께 노숙하는 장애인들을 데려다가 기술을 가르쳐 사회로 돌려보내는 일을 하고 있었다. 같은 그리스도인인 이봉수는 시간이 나는 대로 로우 목사와 함께했다. 그렇게 일 년이 흘렀다.

어느 날이었다. 저녁 7시쯤 되었는데 아무 연락 없이 로우 목사가 봉수의 집을 찾아왔다. 평소에 없던 방문이라 무슨 급한 일이 있나 싶었다. 로우 목사는 선교사 모임에 다녀오는 길이라고 했다. 그는 다짜고짜 물었다.

"이 선생, 여수의 애양재활병원에서 장애인 기술훈련을 시작한다고 합니다. 내가 당신을 추천했어요. 토플 원장이 당신을 만나고 싶어 합니다. 당신 그곳에 가겠습니까?"

봉수는 당황했다. 사실 그는 오랜 꿈이 있었다. 언젠가는 어려운 사람들, 특히 도움이 필요한 노인들을 위해 일하고 싶었다. 아마도 일찍 부모를 여의었기 때문일 것이다. 그러나 아직은 회사를 그만두고 갈 상황은 아니었다.

"저를 추천해주셔서 감사합니다만 지금은 때가 아닌 것 같습니다."

봉수의 거절 의사를 들은 로우 목사는 낙심한 표정으로 돌아갔지만 다음 날도 또 그다음 날도 계속 찾아왔다.

"일단 한번 가보고 얘기합시다. 토플 원장은 당신더러 아내와 아이들도 함께 오라고 합니다."

로우 목사는 끈질겼다. 봉수는 로우 목사의 권유에 할 수 없이 가족과 함께 애양병원을 방문했다. 막상 병원에 가보니 온갖 외양의 환자들이 한데 섞여 아수라장 같았다. 그는 도저히 이곳에서 일할 수 없을 것 같았다. 닥터 토플을 만나면 단호히 거절하리라 마음먹고 그의 진료실로 들어갔다.

닥터 토플은 잔뜩 굳어 있는 이봉수의 표정을 보더니 부드럽게 말했다.

"제가 한 젊은이를 수술했습니다. 소아마비 환자입니다. 그가 나를 원망했습니다. 죽게 그냥 두지 왜 수술했냐고요. 어차피 나가서 일도 못하고 인간처럼 살 수 없는데 왜 살렸냐고요."

어느새 닥터 토플은 눈물이 글썽글썽했다.

"이 사람들 기술 가르쳐야 합니다. 직업 갖게 해야 합니다. 그래야 살 수 있습니다."

봉수가 한참을 머뭇거리다 입을 뗐다.

"사실 아까 병원 화장실에 가려다가 선뜻 손잡이를 잡지 못했습니다. 나균이 묻어 있을까 봐요. 너무나 꺼림칙해 손바닥이 빨개지도록 손을 씻었습니다. 이런 제가 어떻게 여기서 일하겠습니까?"

닥터 토플이 웃으면서 봉수를 다독였다.

"함께 기도해보고 결정합시다. 나는 기다리겠습니다."

울산으로 돌아온 봉수는 혼란스러웠다. 마음 한구석엔 닥터 토플의 제안이 계속 남아 있었다. 그러나 앞으로 치를 고생이 훤히 보이는 듯했다. 그 고생은 혼자만의 것도 아니었다. 아이들의 미래는 어떻게 하나? 더구나 아내를 설득할 자신도 없었다. 결혼하고 교회를 처음 다니기 시작한 아내에게 큰 시련이 될 게 명백했다.

애양병원을 다녀온 후 꽤 시간이 지났다. 어느 날 퇴근하고 돌아온 봉수를 아내가 기다리고 있었다.

"여보, 우리 문제를 매듭져야겠어요."

아내는 작정한 것 같았다. 아내의 단호한 모습에 봉수도 모든 걸 내려놓고 말했다.

"우리가 그 일을 감당하긴 어렵겠어요. 포기해야겠지요?"

아내가 정색하며 말했다.

"그렇게 말하지 말아요. 먼 나라에서 와서 고생하는 사람들도 있는데……. 일단 가보기로 해요."

예상치 못한 반응에 봉수는 얼떨떨했다.

"가면 고생일 텐데……."

"하다가 힘들면 그때 또 길을 찾아봐요."

그렇게 말해주는 아내가 고마웠다.

서른아홉 살, 아내와 두 아이를 책임진 가장 이봉수는 안락한 직장인의 삶을 접고 이삿짐을 꾸렸다. 음성나환자와 소아마비 환자를 위한 직업훈련이라는 새로운 모험을 위해 순천으로 향했다. 닥터 토플은 그를 반가이 맞이했다. 그리고 의미심장한 웃음과 함께 이런 농담을 건넸다.

"이제 미스터 리의 이름은 이봉수 아닙니다. 이봉사입니다. 봉사하러 왔으니까요."

* * * * *

밭 갈던 소도 멈춰 서다

"나 지금 배우합니다."

토플 원장이 더럼 목사와 함께 커다란 항아리를 끌고 무대로 나왔다. 크리스마스였다. 애양병원에선 봄 가을에 운동회와 야유회를 가졌고 야외무대에서 영화도 상영했다. 여름에는 수영대회를 열었고 배구나 축구, 탁구 등 여러 스포츠도 즐겼다. 크리스마스에는 모두 모여 촌극과 노래자랑을 했다. 토플 원장은 종종 가족과 함께 무대에 올랐다. 어느 땐 동물 탈을 쓰고 나와 노래를 부르기도 하고, 둘째 딸 시슬의 바이올린 연주에 맞춰 캐롤을 부르기도 했다.

"네, 우리는 오늘 아주 힘센 김치를 만들겠습니다."

토플 원장과 더럼 목사는 항아리 안에 말도 안 되는 재료들을 하나씩 넣었다. 인근 호남정유에서 얻어온 화학물질이었다. 이것들이 섞이면서 연기가 자욱하게 피어올랐다. 지켜보던 사람들은 뭔가 엄청난 일이 벌어질까 눈이 또랑또랑해졌다. 그 순간 토플 원장은 항아리 안에 있던 냄비를 꺼내 그 '무시무시한 내용물'을 객석에 퍼부었다. 형형색색의 종이조각이 흩날렸다. 잔뜩 긴장했던 사람들은 비명을 지르다가 이내 박장대소했다. 그렇게 두 사람은 '힘센 김치'를 만들고 의기양양하게 퇴장했다.

크리스마스에는 행사가 많았다. 병원 직원들과 자녀들을 초대해 파티를 열고 선물을 주었다. 토플 가정에선 매년 크리스마스에 애양원의 양로원인 '평안의 집'(평안사)에서 생활하는 노인 환자들을 차로 모셔와 집에서 근사한 식사를 대접했다. 병으로 인해 결혼도 못하고, 혹 자녀가 있어도 여러 가지 이유로 만나지 못하고 외롭게 남겨진 노인들이었다.

평안의 집은 1972년 봄에 완공되었다. 옛 병원 건물을 새로 고친 그곳에, 정착촌으로 갈 수 없는 시각 및 지체장애인 36명의 남자 노인들이 거주하게 되었다. 1만 5천 달러의 비용이 든 이 양로원에는 목욕탕과 이발소, 세탁소, 휴게실, 단체급식을 할 수 있는 조리실, 식당이 있었다. 처음에는 자립하지 못하는 장애 노인들만 모아 고려장을 치르는 것이냐, 하며 반대가 많았으나 막상 들어가 살아보니 그렇게 편하고 좋을 수 없었다. 이를 본 생활 능력이 없는 여자 노인들도 양로원에 들어갈 수 있게 해달라고 요구했다. 애양원교회가 비용을 들여 이듬해까지 건물의 절반을 개조해 여자 환자들도 사용할 수 있도록 했다. 그렇게 해서 평균 67세의 남녀 노인 64명이 평안의 집에 거주하게 되었다. 그들을 돌보는 도우미들을 고용하고, 식료품 구입과 살림살이에 드는 비용은 병원 소유의 좋은 토지를 대여해 거기서 나오는 임대료로 감당했다. 1973년 애양원에는 500명의 환자들이 있었고, 그중 32명만이 활동성 나병을 앓고 있었다. 대부분이 전염성은 없으나 감각 상실, 신경통과 실명의 고통은 겪고 있었다. 양로원은 돌아갈 곳이 없고 자립 능력이 없는 장애 노인 환자들을 위한 가장 좋은 대안이었다.

평소에 검소한 차림으로 생활하던 미아 토플은 양로원 노인들을 집으로 초대한 날에는 제일 좋은 옷을 입었다. 거실에는 두 개의 식탁에 하얀 린넨 테이블보를 깔았으며, 제일 아끼는 도자기 그릇에 음식을 담아냈다. 혹시 차린 서양식 음식이 입맛에 맞지 않을까 해서 한국인 밥상에 꼭 오르는 김치도 따로 준비했다. 눈이 안 보이고 숟가락 들기도 어려운 환자들 옆에선 토플 원장의 딸들이 테이블을 돌며 시중을 들었다. 후식으로 커피와 케이크까지 대접한 후에는 미아 토플의 피아노 반주에 맞추어 다 같이 노래를 불렀다.

즐거운 파티 후에 돌아가는 길은 조마조마했다. 차를 타고 외출해 본 경험이 거의 없는 노인들에게 순천선교부에서 애양원까지 가는 40분 길은 너무 멀었다. 가는 도중에 차 안은 멀미로 인해 난장판이 되곤 했다. 운전기사는 다음 날 출근하기 전까지 노인들이 게워낸 토사물을 치우느라 고생했다.[1]

나병에 걸린 환자 중에는 정신질환과 우울증을 앓는 사람들이 많았다. 댑손이라는 나병 치료제 탓이라고도 하지만 약과 관련해 명백한 부작용으로 입증된 것은 없었다. 아마도 병의 특성상 흉하게 변해버린 외모, 사회와 가족에게 버림받은 상처로 인해 왜곡된 자아상을 갖게 되었기 때문이라는 게 좀더 맞을 것이다.

닥터 토플이 애양원에 와서 맞닥뜨린 환자들 중에도 이런 정신적 문제를 가진 이들이 있었다. 그들은 갑자기 난폭해져 병원 기물을 바닥에 던지고 발로 밟고, 분노를 터뜨리거나 협박을 하고 괴상한 소리를 질렀다. 종종 대변을 벽과 방 주위에 뿌리거나 소변으로 자기 몸을 더럽히고 유리창을 깨뜨리는 등 위험한 일을 저지르기도 했다. 그런 환자들은 옛 병원 건물 안에 따로 격리해 수용했다. 다행히 1960년대 초에 항정신질환약품인 토라진이 개발되어 환자 관리가 용이해졌다.[2]

그러나 나환자의 정신적 문제를 해결하고 정서 치료에 가장 큰 역할을 한 것은 신앙이었다. 애양원 환자들 가운데 정신질환에 걸린 사람은 다른 수용소에 비해 현저히 적었다. 그것은 애양원 환자들 90퍼센트 이상이 신앙을 가진 덕분이었다.

애양원의 하루는 새벽예배로 시작되었다. 병원에서도 업무를 시작하기 전에 직원들이 모두 모여 예배를 드렸다. 정오를 알리는 종이 울리면 밖에서 일하는 사람이든, 길을 걷던 사람이든, 심지어 수술실에서도 잠시 일을 멈추고 믿지 않는 가족과 영혼을 위해 3분간 조용히 기도했다. 밭 갈던 소도 종소리를 들으면 멈춰 선다고 했다. 1930년부터 이어온 전통이었다.

애양원교회는 손양원 목사 같은 훌륭한 지도자 밑에서 신앙 교육을 잘 받아 성경공부와 성경암송, 기도와 찬양, 그리고 그리스도인으로서의 행함까지 균형을 이루려고 애썼다. 장년 주일학교에선 성경공부가 활발해 봄과 가을로 시험을 보았고 성경암송대회를 열었다. 장로들은 성경을 줄줄 외웠다. 애양원 안에서 성도들은 농사, 축산, 목공, 이발 등의 일을 해서 적으나마 헌금을 하고 죽을 때에는 자신이 가진 모든 것을 교회에 남겼다. 그들은 애양원에서 신앙과 사랑을 배우며 치유를 경험했을 뿐 아니라 인격의 성숙함을 배웠다. 더 나아가 그들은 지역 사회의 지도자가 되었다.[3]

닥터 토플이 한국에 온 즈음부터 나병에 대한 한국의 정책도 변화되기 시작했다. 1963년 전염병 예방법이 개정되어 나병의 강제격리 조항이 폐지되었고, 1972년에는 나환자를 부모로 둔 어린이에게 공교육 입학이 허락되었다. 하지만 일반 사람들의 편견과 차별은 사라지지 않고 그 후로도 오랫동안 지속되었다. 닥터 토플은 사람들이 가지고 있는 나병에 대한 공포심을 없애기 위해 애양병원에서 여러 분야의 세미나를 열었고, 그밖에 필요한 교육 프로그램을 만들었다. 대한나학회를 두 번이나 개최했고, 서울대학교병원 정형외과 전공의들과 미국 에모리 대학의 전공의들이 3개월씩 함께 지내며 수련을 받도록 했다. 또 보건소 나병 담당자들이 모이는 세미나도 병원에서 열었다. 2-3일간 세미나가 진행되는 동안 담당자들은 병원에서 숙식을 했다.

네 명의 소녀로 시작한 학교

달리는 열차 안 바닥을 기어다니며 한 남자가 승객들에게 구걸을 하고 있었다. 소아마비를 앓아 두 다리에 폐타이어 조각을 댄 오십 대 남자였다. 닥터 토플은 서울 출장에서 돌아오는 길이었다. 그는 구걸하던 남자에게 말을 걸었다.

"걷고 싶습니까?"

낯선 외국인이 능숙하게 한국말을 하자 남자는 깜짝 놀라 닥터 토플을 올려다보았다.

"나와 함께 순천역에서 내리면 내가 당신 다리를 무료로 고쳐드리겠습니다."

남자는 긴가민가한 표정으로 닥터 토플을 바라보았다.

"나는 의사입니다."

남자는 자신을 의사라고 소개한 닥터 토플을 무작정 따라갔다.

순천역에서 닥터 토플의 차를 타고 애양병원에 온 그가 맨 먼저 한 것은 목욕이었다. 목욕으로 깨끗해진 몸으로 닥터 토플에게 진찰을 받았다.

"수술 몇 번 하면 걸어 다닐 수 있겠습니다."

닥터 토플의 희망적인 한마디에 남자는 기뻐하며 입원했다. 그러나 다음 날 아침, 그의 침대는 비어 있었다. 도망간 것이었다. 같은 병실에 있던 환자들이 말했다.

"그 사람 다리 고치고 걸어 다니면 더 이상 동냥을 못 한답니다. 배운 것도 없고 가진 것도 없대요. 그러니 기어다녀도 구걸하는 게 먹고살 길이랍니다."

너무 어이가 없었지만 안타까운 현실이기도 했다. 닥터 토플은 병이 있더라도, 또 장애가 있더라도 '세금을 내는' 직업을 가져야 떳떳하게 살아갈 수 있다고 생각했다. 그는 구체적인 계획을 세워야 할 때가 왔음을 알았다.

1974년 한 해 동안 애양재활병원의 수술 건수가 1,048건으로 처음으로 천 건을 넘어섰다. 대도시가 아닌 지방 병원으로선 대단한 기록이었다. 특히 나환자 재활 수술은 120건이었고, 그에 비해 소아마비 환자 수술은 세 배가 넘는 449건이었다.[4] 서지도 걷지도 못하던 소아마비 환자들이 수술을 받고 스스로 혹은 보조기를 차고 걸어 나가는 모습을 보는 것은 말할 수 없이 기쁜 일이었다. 하지만 닥터 토플은 알고 있었다. 그들이 돌아갈 곳은 자기 집 말고는 없다는 것을……. 나환자들이 그랬던 것처럼 소아마비 환자들도 사회 구성원으로 인정받지 못했다. 마치 장애가 그 사람 탓인 것처럼 사회는 그들을 멸시하고 외면했다. 닥터 토플이 항상 하는 말이 있었다.

"나환자나 소아마비 환자나 모두 두뇌에는 아무 이상이 없는 사람들입니다."

닥터 토플은 소아마비 환자들이 기술을 배우도록 직업재활훈련 계획을 구체적으로 세워나갔다. 우선 소아마비 장애인에게 기술을 가르치는 학교를 세운 배리 로우 목사를 만났다. 배리 로우 목사는 호주 오몬드 신학교를 졸업하고 간호사였던 아내 조앤 워런과 두 딸과 함께 한국에 선교사로 왔다. 그는 당시 막 조성 중이던 울산공업단지 안의 울산산업선교회에서 사역했다. 그는 장애인들이 길거리에 앉아 구걸하고 다리 밑에서 기거하는 것을 보고 그들을 데려다가 공장 기술자들의 도움을 받아 라디오와 텔레비전 고치는 기술을 가르쳤다.

1969년에 정식으로 설립한 양지직업훈련센터는 규모가 커져 1972년에는 부산으로 옮겨 전자제품 수리, 진주 목걸이와 은 세공 같은 전문기술도 가르쳤다. 대부분의 학생들은 이곳에서 기독교 신앙을 갖게 되었고, 졸업 후에는 취직하거나 자기 가게를 열어 경제적으로 자립했다.

닥터 토플은 로우 목사로부터 울산의 화학회사에서 근무하던 이봉수 씨 부부를 소개받았다.

이봉수 씨는 아이들에게 양재(옷을 재단하거나 재봉하는 일) 기술을 가르치기로 했다. 양재 기술은 남녀 장애인 모두 배울 수 있고 앉아서 할 수 있으며 비교적 경기를 타지 않고 취업과 자영업이 가능했다. 교육 기간은 일 년으로 잡았다. 옷을 만들고 수선까지 가능하도록 처음 6개월은 재단 디자인을, 그다음 6개월은 봉제를 가르치기로 했다.

이 선생은 우선 애양병원에서 수술받은 네 명의 소녀들을 선택했다. 소아마비 장애는 있으나 직업을 가지려는 의지가 있는 아이들이었다. 토플 원장은 음성나환자 소녀 한 명을 더 넣고 싶었지만, 갑자기 그 소녀에게 궤양이 생기는 바람에 취소했다.

장소가 마땅치 않아 우선 이봉수 씨 집에서 재활직업학교를 시작했다.[5] 방 두 개짜리 13평 남짓한 집에서 그의 가족과 소녀들이 함께 기거했다. 재봉틀 넉 대를 구입하고 합판으로 재단대를 만들었다. 청각 장애가 있지만 신앙 좋은 재단사 한 사람을 선생으로 모셔왔다.

막상 직업훈련이 시작되자 생각지 못한 문제들에 부딪혔다. 아이들은 장애 때문에 학교를 제대로 다니지 못해 수학을 몰랐다. 재단을 하려면 계산 능력이 필요하기에 이 선생은 우선 수학부터 가르쳤다. 또 한 가지 문제가 있었다. 장애가 있다고 부모들이 일을 안 시켜

서 그런지 아이들은 지나치게 의존적이었다. 밥도 지을 줄 모르고 파와 마늘도 구분하지 못했다. 자립하려면 요리와 빨래, 청소 등을 스스로 할 줄 알아야 했다. 이봉수 선생의 아내가 아이들에게 석유 풍로를 켜는 법부터 시작해 하나하나 살림을 가르쳤다.

무엇보다 신앙이 중요했다. 아침에는 예배로 하루를 시작하고 저녁에는 성경공부와 기도회를 가졌다. 기술이 그들에게 밥을 먹게 해줄 수 있다면, 신앙은 그들이 헤쳐 나갈 세상에서 좌절하지 않고 버틸 힘이 되어줄 것이었다. 소녀들 가운데 한 명이 말했다.

"엄마랑 살다가 엄마가 돌아가시면 나도 그냥 따라 죽을 작정이었어요."

닥터 토플은 소녀들의 학습 진도를 확인하기 위해 수시로 이봉수 씨 집에 들렀다. 하지만 장소가 너무 협소하기도 했고, 세를 준 집주인들이 장애인이 모이는 것을 싫어해 이곳저곳을 옮겨 다녀야 했다. 그러는 동안에도 교육생이 늘어 한 번에 10명에서 15명을 가르치게 되었다. 남자 장애인도 교육생으로 받아들였다. 다섯 번째로 이사한 곳은 순천선교부 안, 예전에 휴 린튼 선교사 가족이 살았던 빈집이었다. 닥터 토플은 5만 달러의 비용을 들여 집을 수리했다.[6] 장애인을 위한 별도의 화장실과 목욕 설비를 갖추고 드나들기 편하도록 경사로를 냈다. 수업료와 기숙사비는 무료지만 소정의 실습비와 식비는 받았다. 그마저의 돈도 없는 아이들을 위해선 장학금을 지급했다.

학생들의 75퍼센트가 여학생이며 평균 16-23세입니다. 그중 95퍼센트는 애양병원에서 수술받은 환자였습니다. 대부분은 소아마비였고, 세 명의 음성나환자를 포함해 만성골수염, 외상이나 종양에 의한 하지절단, 선천성 척추만곡 등 다양한 장애를 가졌습니다. 약 90퍼센트의 학생들이 비기독교인이었습니다.[7]

학생들은 오전 6시 반에 아침 예배를 드리고, 오전 9시부터 오후 4시 반까지 수업을 받았다. 주일이면 근처 중앙교회에 출석해 일반 성도들과 어울리며 사회성을 길렀다. 시장에 가서 물건 사는 법도 배우고, 애양원에 가서 노인들과 더 약한 사람들을 위해 봉사도 했다. 앞으로 자영업을 하게 될 때를 대비해 재정과 경영 교육도 받았다. 시간이 지나면서 차츰 그들은 자신이 가장 불쌍한 존재라는 자기연민과 원망에서 벗어났다.

어느 날, 한 교육생의 어머니가 떡과 과일을 싸들고 재활직업학교를 찾아왔다. 이봉수 소장을 만난 어머니가 의심스러워하며 물었다.

"이 옷이 정말 우리 아들이 만든 옷인가요?"

어머니는 입고 온 블라우스와 바지를 가리키며 물었다.

"왜요? 아닌 것 같습니까?"

이봉수 소장이 웃으며 되물었다.

"믿을 수 없어서요. 우리 아이가 이런 옷을 만들 수 있다는 게……."

그새 어머니는 눈시울이 붉어졌다.

학생의 집은 시골이었다. 어머니가 아침 일찍 밥상을 차려놓고 들에 나가면, 소아마비로 움직이지 못하는 아들은 해가 중천에 뜰 때까지 자다가 배가 고프면 일어나 차려진 밥을 먹고 다시 잠을 잤다. 어머니는 속이 끓었다.

"저것이 나 죽으면 어떡하나⋯⋯ 굶어 죽을 텐데."

막막해 하던 어느 날 장애인을 가르쳐 먹고 살게 해준다는 소문을 듣고 대뜸 아들을 이곳에 보내버렸다. 하루종일 집안에 틀어박혀 사는 아들이 불쌍하기도 하고 답답하기도 해서 차라리 눈앞에 보이지 말았으면 하는 마음도 있었다.

"아무 기대도 없었는데⋯⋯ 글쎄 하루는 이 윗도리가 소포로 왔지 뭐예요. 그다음엔 치마가 오고요. 또 바지가 오고⋯⋯. 도저히 믿기지 않아 오늘 내 눈으로 직접 보려고 이렇게 왔습니다."

어머니의 궁금증은 곧 놀라움으로 변했고 말할 수 없는 기쁨으로 가득 찼다. 아들이 어머니에게 안겨준 기쁨은 거기서 끝나지 않았다. 아들은 훈련 과정을 마친 후 곧 자기 가게를 차렸고 결혼해 번듯한 가정을 이루었다.

학생들은 결혼할 때, 아버지 같은 토플 원장과 이봉수 소장에게 주례를 부탁했다. 두 사람은 기쁘게 주례를 섰다.

닥터 토플이 마음 쓰는 부부들이 있었다. 보통은 장애 정도가 비슷한 사람끼리 만나 결혼하는데, 그중 몇 쌍은 외관상 건강한 사람과 짝을 맺었다. 사람들은 혹시 건강한 배우자가 장애가 있는 남편 혹은 아내를 떠날지도 모른다고 걱정했다. 그것은 기우였다.

학교를 마치고 사회로 나간 교육생들은 동창회를 만들었다. 기금을 조성해 어려운 졸업생들을 돕고 사업 자금도 빌려주며 후배 학생들에겐 장학금도 지급했다. 처음부터 재활직업학교를 섬기며 많은 장애 학생들의 자립을 도왔던 이봉수 소장은 후에 선교사로 헌신해 중국으로 갔다. 닥터 토플은 이봉수 소장을 이렇게 기억했다.

"그는 따뜻하고 침착하며 정직하고 성실한 사람입니다. 젊은이들과 관계 맺는 데 놀라운 재능을 가진 그리스도인이었지요."

후임으로는 그동안 함께 일해왔던 수 킨슬러 선교사가 일을 맡았다. 수 킨슬러는 대를 이어 한국 선교사로 헌신한 아서 킨슬러의 아내로 장애를 가진 어린 딸이 있었다.[8] 수 선교사는 재활직업학교의 학생들과 함께 생활하는 동안 자신에게서 태어난 뇌성마비 딸 일레인이 하나님의 선물임을 깨달았다고 고백했다. 그녀는 평생을 장애인 사역에 헌신했다.

"우리가 얼마나 훌륭한 의사와 함께 있는지"

"이거이 시방 병원이여? 환자가 왔으믄 진찰을 하든가, 수술을 하든가! 저녁까지 기다리게 만드니 뭔 놈의 병원이 이 모양이여?"

우락부락한 사내가 고함을 쳤다. 월요일, 토플 원장이 외래를 보는 날이면 몰려드는 환자들로 병원은 북새통이었다. 사내는 진료를 기다리다 화가 난 모양이었다. 밖이 소란스럽자 토플 원장이 나와 사내를 진찰실로 불렀다.

"네, 오래 기다려서 화났지요? 환자 너무 많은데 우리 병원 의사

적습니다. 우리도 어렵습니다. 의사도 밥 먹고 쉬기도 하고 잠도 자고 해야지요. 순서대로 하니까 기다려주세요."

한바탕 뒤집어엎을 기세로 들어왔던 사내는 토플 원장의 차분한 말투에 도리어 기가 죽어 진찰실을 나갔다. 병원에는 환자들만 오는 게 아니었다. 잦은 일은 아니지만 건달 같은 사람들이 와서 시비를 걸기도 했다. 닥터 토플은 그런 사람들도 정중하게 대하고 함부로 말하지 않았다. 그의 차분한 태도와 말투에는 거친 사람들도 진정시키는 힘이 있었다.

그렇다고 토플 원장이 호락호락한 사람은 아니었다. 간혹 애양원에서 병도 고치고 여러 가지 특혜를 받았음에도 불구하고 뭔가 더 달라고 떼쓰며 직원들을 힘들게 하는 사람들이 있었다. 닥터 토플은 이런 상황을 보고 받으면 웃으며 이렇게 말했다.

"네, 오리발입니다."

시치미를 뗀다는 뜻의 "닭 잡아먹고 오리발 내민다"는 한국 속담이었다.

"자기가 유리할 땐 닭발이고 불리하면 오리발 내놓는 사람이니 안 주셔도 됩니다."

한번은 병원에 여수 관세청 직원들이 예고 없이 들이닥친 적이 있었다. 그들은 세관에 신고한 물품에 상이한 점이 있다며 토플 원장을 만나겠다고 했다. 닥터 토플은 환자들 보기에도 빠듯한 시간을 이런 일에 쓰는 것을 좋아하지 않았다. 행정관인 더럼 목사와 실무자인 그의 아내 루스 더럼이 그들을 맞았다.

당시 애양병원으로 들어오는 모든 소모품과 의료 기구, 재정 지원은 WRF(윌슨재활재단)를 통한 해외 원조에 의존하고 있었다. 그 물건들은 우선 한국 세관에서 검사하고, 그다음 여수지방 세관에서 다시 검사했다. 더럼 목사가 수입 통관을 위한 서류를 작성하면, 루스 더럼 선교사가 기록들을 보관하고 물품들을 필요한 부서에 분배했다. 마침 담당자인 더럼 목사가 휴가를 떠났을 때, 약품이 세관에 도착했다. 더럼 목사는 약의 상품명으로 수입 허가를 받았는데, 이에 대해 모르는 토플 원장이 일반 명칭으로 신고해 차질이 생긴 것이었다.

모든 것을 철저하게 관리하는 루스 더럼 선교사가 이런 내용을 충분하게 설명했음에도 불구하고 세관원들은 10만 원의 벌금을 부과했다. 그들이 원하는 건 따로 있는 것 같았다. 더럼 목사는 하는 수 없이 토플 원장을 불렀다. 토플 원장은 사무실로 내려오다가 마침 병원 복도를 지나가던 사정이라는 이름의 나환자를 만났다.

"나와 함께 잠깐 사무실로 갑시다."

하얀 지팡이를 짚고 닥터 토플의 손에 이끌려 사무실로 들어오는 사정이를 본 세관원들은 얼굴이 하얗게 질렸다. 사정은 애양원에 오래전부터 살고 있는 환자인데 병으로 인해 코도 없고, 눈썹도 없고, 손도 오그라진 맹인이었다. 닥터 토플은 사정의 어깨를 다정하게 안으며 말했다.

"벌금 내는 그 돈을 이런 환자들을 위해 쓰는 것이 훨씬 낫지 않을까요?"

사정은 손님들로 보이는 세관원들에게 친절하게 뭔가를 말하려고 다가갔다. 질겁을 하며 자리에서 일어난 세관원들은 인사도 하는 둥 마는 둥 하며 병원을 떠났다. 벌금도 매기지 않았다. 사정이는 루스 더럼 선교사와 함께 숙소로 돌아가면서 이렇게 말했다.

"우리가 얼매나 훌륭한 의사들과 함께 있는지 그 사람들에게 말해야 허는디……. 워메, 그걸 못항께 속이 상하요이."

병원으로 몰려드는 환자들을 바쁘게 진료하는 것과 별개로, 닥터 토플은 병원으로 올 수 없어 마냥 방치되는 환자들과 장애인들에게도 관심을 기울였다. 그들은 병원까지 가는 것이 어려운 외딴 지역이나 고아원 같은 시설에 거주하는 환자들이었다. 그는 이미 의사가 환자들에게 가는 방법을 알고 있었다. 나환자를 조기에 발견하기 위해 만들었던 이동진료였다. 닥터 토플은 병원에서 가까운 전라남도와 경상남도 남부의 나환자 정착촌과 고아원, 학교 등을 방문해 그 지역의 환자들을 만났다. 몇몇 고아원은 장애아를 수용하고 있는 곳이었다.

닥터 토플은 장기간의 수술 및 치료가 필요하면 그들을 애양병원으로 데려왔다. 몸이 불편해 혼자서는 이동할 수 없는 아이들과 생업을 접고 간병할 수 없는 부모들의 형편을 고려해 같은 지역에 사는 장애아들을 몇 명씩 그룹 지어 입원시켰다. 같은 지역의 아이들을 한 번에 수술하고, 간병할 어른은 한 사람만 오게 해 나중에 함께 집으로 돌아갈 수 있도록 배려했다.

1975년 여름, 이동진료팀이 경상남도의 한 정착촌으로 진료를 나갔을 때였다. 이동진료를 위해 마련한 더블캡 트럭에 두 명의 의사와 간호사들, 그 외의 보조 인력들이 수술 기구와 의약품 등을 가지고 아침 일찍 길을 나섰다. 포장이 안 된 도로는 전날부터 하루종일 폭우가 쏟아져 사정이 험악했다. 좁고 가파른 데다 온통 진흙탕으로 변해 어디가 길인지 분간조차 되지 않았다. 새로 구입한 이동진료팀 트럭은 좁은 진창의 언덕길을 가기엔 너무 크고 무거웠다. 기다리고 있을 환자들을 생각하면 병원으로 되돌아갈 수도 없었다. 진료팀은 차를 돌려 가까운 마산으로 향했다. 곧장 마산 시장을 찾아가 도움을 요청했다.

"이동진료를 나왔는데 길이 좁아 저희 트럭으론 갈 수 없습니다. 작은 차량을 빌릴 수 있을까요?"

마산 시장은 자신의 검은색 관용차를 기꺼이 빌려주었다. 미군이 쓰던 오래된 지프였지만 관리가 잘 되어 있었다. 내부는 더 깨끗했다. 의자는 하얀 면포로 감싸고, 창문마다 예쁜 술이 달린 천으로 빙 둘러 장식해놓았다. 이동진료팀의 짐이 많아 차 안에 가득 싣고 나머지는 앞뒤 범퍼에 묶었다. 닥터 토플이 차를 직접 운전해 다시 목적지로 향했다. 시장의 관용차는 진흙 언덕길을 무사히 통과했다. 하지만 차는 엉망이 되었다. 이동진료팀을 목 빠지게 기다리고 있던 환자들과 마을 대표들이 그들을 반가이 맞이했다. 너무 늦게 도착한 터라 이동진료팀은 잠시도 쉬지 못하고 학교 안에 설치된 진료소에서 진찰하고, 이발소에 마련된 임시 수술실에서 수술을 했다. 수술하고 나서 석고붕대를 마지막으로 감고 났을 땐 이미 해가 저문 후였다.

진흙으로 범벅된 지프를 몰고 마산으로 돌아왔을 때, 시장도 그의 운전기사도 연락이 되지 않았다. 닥터 토플은 자동차 열쇠를 지프에 꽂아놓고 순천으로 돌아왔다. 토플은 고마운 마음으로 시장에게 감사의 편지를 보냈다. 시장으로부터 답장이나 연락은 없었지만, 그는 충분히 이해했다.9 토플 원장에게 그날은 평생 기억에 남을 만큼 힘든 하루였다.

쌀 한 가마니 값의 자립

"아주 공짜는 아닙니다. 땅값은 쌀 한 가마니 가격입니다."

1975년까지 전국적으로 매년 천 명 이상 발견되던 나환자 수가 뚜렷한 감소세를 보였다. 약으로 완치할 수 있고, 오랜 기간의 격리도 필요하지 않기 때문에 애양원으로 들어오는 활동성 나환자들도 줄었다. 그래도 이 시기에 애양원에 거주하는 환자들은 약 500여 명에 달했다. 닥터 토플이 처음 한국에 왔던 1959년도에 비하면 절반으로 줄어든 수였다. 토플 원장은 이 가운데 건강한 음성나환자들의 정착과 자립을 위해 애양병원이 소유하고 있던 땅을 나눠 주기로 했다.

남원의 보성마을처럼 다른 지역의 땅을 매입해 이주시키기엔 문제가 많았다. 음성나환자에 대한 인식이 여전히 나빠 이주를 반대하는 지역 주민들과 갈등을 빚어야 했다. 보이어 원장은 보성마을을 세우는 동안 생명의 위협까지 받아야 했다. 애양병원이 소유한 땅에 정착촌을 만들면 이런 문제는 없을 것이었다.

우선 남자 환자들의 숙소가 있는 땅 14만 평을 개간하고 이곳에 정착할 건강한 음성나환자 205명에게 한 가구당 340평씩 땅을 분배해주기 시작했다. 구입 금액은 명목상 당시 80킬로그램 쌀 한 가마니 가격으로 책정했다. 이는 거의 무상이나 다름없었다. 대금을 한 번에 치를 수 없는 사람들은 나눠 낼 수 있었다. 당시 정부의 공식적인 쌀 한 가마니 가격은 18,367원이었다.[10] 반면 신체 장애가 어느 정도 있는 환자들은 계속 애양원에 머물면서 바닷가 쪽 땅에 농사를 지었다. 이들은 자기 이름으로 된 땅을 소유하게 되었다는 기쁨과 자부심을 한껏 누렸다.

닥터 토플은 1975년 여름, 세 번째 안식년을 맞았다. 그와 가족들은 토플의 부모님이 사는 조지아주 디케이터에 머물렀다. 닥터 토플은 에모리 의과대학 정형외과 부교수로 들어가 그곳에 있는 보훈병원에서 일했다. 병원 근무 외에도 그는 대학에서 강의하는 한편, 수시로 지역 교회들을 다니며 의료 선교사의 삶에 대해 간증했다. 미아 토플은 미국 의사자격증 시험을 치르기 위해 공부했다.

토플 부부는 식사 중에도 인체에 관한 열띤 토론을 자주 벌였다. 뼈와 피, 내장, 그밖에 질환들에 대한 구체적이고 전문적인 대화가 꽤 노골적으로 오갔다. 부부는 아이들이 식탁에서 어쩔 줄 몰라 하며 듣고 있다는 것을 뒤늦게 알아차리고 사과하기도 했다. 하지만 부모가 식탁에서 나누는 이런 대화와 엄마 미아 토플이 의사로서 보인 모습이 딸들에겐 큰 자극이 되었고, 둘째 딸 시슬이 의사로 진로를 정하는 데 영향을 미쳤다.

아이들은 큰 탈 없이 자랐다. 한국에서 태어난 네 딸들은 어느새 7학년, 6학년, 4학년, 3학년에 들어갔다. 토플 부부는 아이들이 무럭무럭 커가는 것이 감사하면서도 앞으로 그들이 겪어야 할 문제들에 대해 진지하게 고민했다. 딸들의 외모는 영락없는 서양인이었다. 그러나 정서는 한국 문화에 깊은 영향을 받았다. 이곳에도 저곳에도 속하기 힘든 경계인으로서 겪는 혼란은 많은 선교사 자녀들이 극복해야 할 걸림돌이었다. 닥터 토플은 선교사 자녀가 선교지의 부모와 떨어져 미국에서 홀로 교육받을 때 그 삶이 무너지는 것을 종종 보았기 때문에 이를 위해 기도하고 있었다.

토플 가족이 미국에 머물던 1976년 5월, 애양병원에선 두 가지 사업이 마무리되고 있었다. 우선 경상남도 진주시에 외래 진료소가 개설되었다. 그동안 여수, 순천, 고흥, 광양, 구례, 곡성 등 전남 동부지역에서 이루어지던 나환자 중심의 이동진료 사업이 진주까지 확대되어 인근의 환자들을 치료할 수 있게 되었다. 두 번째는 애양병원 소유의 땅을 분배하는 것으로 시작한 정착촌 건립 사업이 완료되었다. 정착민들은 이 마을의 이름을 '도성농원'이라고 지었다. 자신들에게 살길을 마련해 준 토플 원장에게 고마움을 표하기 위해 그의 한국 이름 '도성래'에서 딴 명칭이었다. 그들은 협동조합을 만들어 처음에는 마늘 같은 농작물을 재배했으나 점차 양계와 양돈 같은 축산업

토플 부부와 네 딸들. 왼쪽부터 엘렌 도로시, 앤 클레어, 시슬 케이, 크리스틴 슈

으로 옮겨갔다.

　안식년을 보내고 한국에 돌아온 토플 가족에게도 큰 변화가 생겼다. 미아 토플은 정식으로 미국 의사자격증을 땄다. 큰딸 앤과 둘째 딸 시슬은 선교사 자녀들을 위한 기숙학교인 한국기독학교에 다니기 위해 대전으로 갔다. 당시 대전은 순천에서 기차와 버스로 여섯 시간이나 걸리는 곳이라 방학 때에나 집에 올 수 있었다. 셋째 엘렌과 넷째 크리스틴은 여수 인근 다우케미칼 공장 외국인 직원의 자녀들이 다니는 작은 학교로 통학했다. 순천의 아름다운 선교 단지에서 함께 지내던 가족의 시간이 끝나가고 있었다.

　토플 가족은 매년 여름마다 지리산 왕시루봉 부근에 있는 선교사들의 오두막에서 휴가를 보냈다. 왕시루봉 선교사 휴양지는 지리산 왕시루봉에서 살짝 비껴 있는 해발 1,200미터 지대에 있었다. 그곳에는 나무와 흙으로 지은 예배당과 열두 채의 오두막, 물길을 막아 만든 간이 수영장, 그리고 작은 테니스장이 있었다. 오두막들은 선교사들의 국적과 취향에 따라 영국식 농촌주택, 일본식 오두막, 노르웨이식 나무집, 미국 북미식 등으로 다양했다.

닥터 토플이 한국에 온 지 얼마 안 되어 미아와 결혼했을 때, 휴 린튼 목사는 왕시루봉에 선교사 여름 휴양시설을 짓기로 했다. 린튼 목사는 삼대째 한국 선교사 집안에서 자라 지리산 노고단에 있었던 옛 선교사 휴양시설에서 지낸 경험이 있었다.

1895년, 한국에 왔던 그의 외할아버지 유진 벨 목사는 초기 선교사들이 풍토병으로 자꾸 죽자 "철수하기보단 전염병이 창궐하는 6월 말부터 9월 말까지 서늘한 고지에 피해 있다가 다시 복귀하는 방법"을 제안했다. 해발 800미터 이상의 시원한 곳에선 병원균이 번식하기 어렵다고 알려져 있었다. 1922년, 지리산 노고단에 미국 남장로교 수양관이 세워지기 시작해 1930년까지 60여 동의 건물이 들어섰다.[11] 불행히도 노고단 선교사 휴양시설들은 일제 강점기와 한국전쟁을 겪으면서 폐허가 되었다.

닥터 토플은 새로 생긴 왕시루봉 휴양지에 1,200달러 정도의 비용을 들여 나무로 집을 지었다. 여름이면 토플 가족은 지리산에 올랐다. 토플은 지리산을 진심으로 좋아했다. 토플 부부는 종종 왕시루봉에 올라 다른 지역에서 온 여러 선교사들과 함께 예배하고 성경을 공부하며 하이킹을 즐겼다. 전기나 수도시설이 없는 곳이라 밤이면 등유로 불을 밝히고, 양동이에 물을 길어오고 장작으로 불을 피워 요리했다. 닥터 토플은 이곳에 머물면서 어릴 적 청소년 여름 캠프를 떠올리곤 했다. 선교사가 되기로 다짐했던 고등학생 시절의 스탠리로 돌아가 새롭게 비전을 가다듬었다. 밤이 되면 하늘의 별들이 쏟아질 듯하고 각종 새들의 울음소리, 바람과 물소리 등이 가득한 지리산의 자연은 일 년 내내 휴식 없이 달리기만 했던 그가 지친 몸과 마음을 회복하기에 충분했다.

어느새 그가 선교사로 한국에 온 지 17년이 되었다. 그동안 한국의 경제 성장은 놀라울 정도였다. 의료 수준에서도 한 단계 올라섰다. 환자들이 많이 몰리는 것만 빼고 애양병원은 한국인 의사들과 직원들의 헌신으로 안정적으로 유지되고 있었다. 하지만 '안정적인 유지'는 선교사가 가장 경계해야 할 단어였다. 선교사에겐 늘 '모험'이 필요하다. 그래야 하나님을 의지하고 나아갈 수 있기 때문이다. 지리산 휴양지에 머물면서 닥터 토플은 앞으로 자신이 어떤 길을 걸어가야 하는지 하나님의 뜻을 구하고 있었다. 선교사로서의 마지막 임기도 다가오고 있었다. 지리산 왕시루봉의 밤은 깊어갔다.

이제 넘길 때가 되었습니다

1977년 여름, 반가운 손님들이 애양병원을 방문했다. 1968년부터 일 년 동안 애양병원에서 물리치료사로 일했던 로버트 호텐토트가 드디어 정형외과 의사가 되어 돌아왔다. 의과대학을 졸업하고 미시간에서 레지던트로 일하기 전 한 달간 애양병원에서 봉사하기 위해 온 것이었다. 닥터 윌링햄도 아직 건강할 때여서 재혼한 아내 앤과 두 아들과 함께 왔다. 닥터 윌링햄은 애양병원에서 수술하던 중 한 어린 소녀의 찬송을 듣고 회심한 후, 아들들에게도 봉사의 삶을 가르치고 싶어 동행했다. 물리치료사로 일하면서 가졌던 정형외과 의사의 꿈을 이룬 로버트 호텐토트는, 점심을 굶어가며 자신이 교육시킨 의지제작실 직원들이 전국에서 손꼽힐 정도로 훌륭한 의족과 의수, 보조기 등을 만들어내는 것을 보고 감격했다. 미국에서 온 의사들은 애양병원 의사와 직원들의 헌신과 추진력을 보고 놀라워했다. 그들의 나라에선 찾아볼 수 없는 모습이었다. 그들이 함께한 한 달 동안 애양병원의 정형외과 수술 건수는 최고 수준을 기록했다.

토플 원장은 그해 9월 미국에 있는 친구들에게 편지를 썼다.

"주 우리 하나님의 은총을 우리에게 내리게 하사 우리의 손이 행한 일을 우리에게 견고하게 하소서 우리의 손이 행한 일을 견고하게 하소서"(시 90:17).

친애하는 친구들에게

윌슨 나요양소는 한국에서 가장 오래된 곳으로 올해 68년이 되었습니다. 건물을 새로 지어 개원한 지 10년 차에 들어선 애양재활병원은 전국 어느 병원보다 많은 장애 아동과 나환자에게 수술과 치료를 하고 있습니다. 의지제작실은 매년 400명의 환자들에게 의족과 보조기를 제공하고 있습니다. 우리의 직업재활학교는 규모는 작지만 소아마비 장애로 위축

되어 살아온, 시골과 도시에서 온 수십 명의 젊은이들에게 경제적 독립과 사회적 안정, 그리고 그리스도 안에서 놀라운 차원의 새로운 삶을 제공하고 있습니다.

나병센터의 피부과는 올해 1만 2천 명 이상의 환자들을 진료할 예정입니다. 피부과와 이동진료를 통해 새로운 초기 나병 사례들을 지속적으로 발견해 치료하고 완치시키고 있습니다. 심각한 기형과 궤양, 시력을 위협하는 다양한 나합병증을 가진 환자들이 공공보건 시설과 소록도에서 매달 수백 명씩 목격되고 있습니다.

우리가 하고 있는 이 사역에 아름다운 점이 있다면, 그것은 '위에 계신 우리 주님의 아름다움' 덕분일 것입니다. 이 사역에 진정한 실체가 있다면, 그것은 주님이 '우리의 손이 행한 일을 견고하게 해주신' 덕분입니다. 주님의 아름다움과 견고하게 해주시는 능력과 결실이 없다면 우리의 노력은 헛되고 공허할 뿐입니다. 덧없는 삶이 펼쳐질수록 이 모든 것이 얼마나 명백해지는지요!

여러분이 보내주신 선물과 기도에 감사드립니다. 우리 주님이 주신 아름다움이 모두에게 임하길 바랍니다. '우리의 손이 행한 일을 견고하게 해주신 주님'을 향해 감사와 찬양을 함께 부릅시다.

스탠과 미아 토플[12]

이 편지를 보내고 한 달 후인 1977년 10월, 토플 원장은 병원 이사회에서 원장직 사임 의사를 밝혔다. 뿐만 아니라 임기가 끝나는 1981년에 한국을 떠날 것이므로 속히 한국인 원장을 세워줄 것을 요청했다. 말 그대로 폭탄선언이었다. 그는 말했다.

"이제 한국 사회와 교회는 선교 초기에 비해 경제적으로나 신앙적으로 성장했습니다. 더 이상 선교사가 주도하는 체제는 부적절합니다. 애양재활병원과 애양원은 한국인의 리더십 아래 운영되는 것이 바람직합니다."

그는 미국으로 돌아가 아이들이 교육을 마치는 대로 더 가난하고 어려운 나라에서 선교 사역을 이어갈 것이라고 덧붙였다. 병원 직원들과 애양원 식구들의 반응은 충격 그 자체였다. 애양재활병원이 한국의 여느 병원에 못지않은 시설을 갖추고 수술 잘하기로 유명해진 것은 토플 원장이 있기 때문이었다. 그뿐 아니라 그는 천형이라도 받듯 버림받았던 나환자들을 치료하고 정착촌으로 독립시켜 새 삶을 살도록 리더십을 발휘했다. 1909년부터 요양소와 병원을 이끌어온 선교사들과 해외 지원에 익숙해 있던 병원 직원들과 애양원 식구들은 그의 사임을 받아들일 수 없었다. 당연히 그를 만류했다. 앳된 얼굴의 청년 토플이 의료 선교사로 애양원의 삼중 철문을 들어선 때부터 줄곧 그의 진료와 보살핌을 받았던 할머니들은 그를 붙들고 울었다. 그러나 토플 원장의 의지는 굳었다.

제가 한국에 오기 전부터 소망이 있었습니다. 하나님의 은혜로 애양병원이 한국 그리스도인들의 지도 아래 독립적이고 진정한 병원으로 발전하는 것이었습니다. 성경과 역사가 우리에게 증언하는 바가 있습니다. 선교사가 맡은 최선의 역할은 개척과 발전이지 결코 현상 유지가 아니라는 것입니다. 이를 통해 한국 교회에 주는 도전과 자극은 값을 매길 수 없는 가치가 될 것입니다. 저는 지금 우리에게 이 시간이 왔음을 직감합니다.[13]

그는 병원 이사장을 맡고 있는 김익동 박사가 유능하고 진취적이며, 예전엔 선교사들로 구성되었던 병원 이사진이 지금은 대부분 한국인이라는 점을 강조했다.

애양재활병원의 주위 환경도 놀랍게 달라졌다. 논과 밭, 언덕이 있던 곳에 여수비행장이 들어섰고, 기차를 타고 신풍역에 내려서 한참을 걸어와야 했던 환자들은 이제 비행기를 타거나 자기 차로 병원에 올 수 있게 되었다. 민둥산과 고기잡이배만 보이던 병원 건너편의 광양만에는 거대 자본이 투입된 석유화학단지가 들어섰다.

앞서 미국 남장로교가 세운 광주기독병원은 1976년, 원장이 디트릭 선교사에서 한국인 허진득 박사로 바뀌었다. 닥터 토플은 애양재활병원도 이 수순을 밟아야 옳다고 믿었다. 그래서 그는 1976년도 이사회에서 임기가 끝나면 한국을 떠날 것이라고 이미 말했고, 향후 애양병원의 국가 관리와 지원을 위한 계획서를 제안했다.

애양재활병원은 그동안에도 미국 장로교회의 헌금 5만 달러로 병원 상층 및 하층 110평을 증축했다. 하지만 병원 직원들과 애양원 식구들은 토플 선교사가 떠난다는 충격에서 벗어날 수 없었다. 그들은 병원과 애양원의 미래가 불투명해졌다며 모일 때마다 걱정했다. 그들도 알고 있었다. 토플 원장은 한마디도 하지 않았지만 애양재활병원의 건축비 상당 부분은 그의 아버지가 교회를 통해 낸 헌금이란 사실을, 그리고 애양병원에 그토록 많은 소아마비 환자들이 몰려오는 것도 실력 있는 명문 의과대학 출신 미국인 선교 의사가 미국에서 가져오는 좋은 재료로 수술한다는 소문이 났기 때문이라는 것을…….

"그 후광이 사라지면 우리 병원과 애양원은 문을 닫게 될지도 몰라."

다 알아서 먹이고 입혀주던 부모의 품을 떠나 폭풍우 속 같은 세상으로 독립해 나가야 하는 사회 초년생처럼 직원들은 일이 영 손에 잡히지 않았다. 그러나 토플 원장과 미아 토플 선생은 묵묵히 자기 역할을 감당하며 마지막 임기를 채워갔다. 닥터 토플이 보기에, 한국인 직원들은 한 번도 스스로의 힘으로 걸어본 적이 없어 자기가 가진 능력을 잘 알지 못했다. 닥터 토플은 자신이 떠난 후에도 애양병원의 한국인 의사들과 직원들이 잘해나가리라 믿고 있었다.

이상적인 의사의 모습이 살아 있는 곳

애양병원의 겨울 바닷바람은 매섭기로 유명했다. 1978년 1월, 토플 원장의 사임 선언으로 어수선한 애양재활병원에 키가 훤칠하고 외모가 반듯한 한 청년 의사가 찾아왔다. 그는 국립소록도병원에서 봉사하고 있던 김인권 선생이었다. 당시 전문의 자격시험을 보기 위해선 레지던트 4년 과정 중 6개월을 무의촌에서 봉사해야 하는 제도가 있었다. 국립소록도나병원의 신정식 원장은 소록도에서 봉사할 정형외과 레지던트 파견을 서울대학교에 요청했다. 레지던트 김인권 선생이 자원했다.

"위험한 전염병 지역은 네가 거절할 수 있어."

담당 교수가 말했지만, 김인권 선생은 소록도에 가기로 마음먹었다. '그곳도 사람 사는 곳이고, 내가 그래도 그리스도인인데……'

김인권 선생네 가족은 증조부 때부터 기독교 집안이었다. 증조할아버지와 증조할머니는 이웃에 살던 닥터 홀(윌리엄 제임스 홀) 선교사의 인도로 그리스도인이 되었다. 닥터 홀은 미국 북감리선교회에서 최초로 파송한 대한제국 서북지방 개척 선교사이며 평양에 진료소를 연 의사였다. 김 선생의 증조할아버지 김재찬은 목사가 되었고, 증조할머니 노살롬은 평양과 강서지방 선교의 개척자였다. 증조할아버지의 동생인 김재선은 닥터 홀의 진료소에서 조수로 일하다가 의사가 되었다.[14]

두려움이 없진 않았지만, 김 선생은 서울에서 기차와 배로 거의 열 시간이 걸리는 긴 여정을 거쳐 소록도로 들어갔다. 처음으로 끔찍한 외모의 환자들을 만났다. 하지만 그가 본 것은 무너진 겉모습에 가려진 본연의 인간이었다.

소록도에는 이미 좋은 사람들이 많이 와 있었다. 그 가운데 한국의 슈바이처라 불리던 신정식 원장과 구호단체 다미안재단에서 파견한 오스트리아 출신의 간호사 마리안느와 마가렛 수녀가 있었다.

김인권 선생은 환자들에게 해줄 수 있는 더 좋은 치료 및 재활 방안을 고민했다. 누군가 애양재활병원이 나환자에게 필요한 많은 수술을 하고 있다고 전했다. 그는 궁금했다. 그래서 신정식 원장에게 일주일 휴가를 허락 받아 애양재활병원을 방문했다.

처음 만난 토플 원장은 아직 젊은데도 눈썹이 희고 조심조심 걸어 다니는 모습이 마치 할아버지 같았다. 만나는 환자들에게도 할아버지처럼 자상하고 친절했다. 하지만 수술실에서 보여준 그의 테크닉은 간결하고 정확했다. 수술 시스템은 절차가 단순하고 물 흐르듯 진행되었다.

애양재활병원은 정형외과 수술이 대부분이었으므로 접수부터 수술, 퇴원과 물리치료, 그 후의 보조기 착용까지 예측이 가능해 효과적인 시스템을 만들 수 있었다. 수술실에선 큰 수술을 할 수 있는 다섯 개 이상의 소독된 수술 기구 세트가 전날 미리 준비되어 있었다. 소독은 철저했다. 환자는 병실에서 이미 한번 온몸을 깨끗이 목욕시키고, 수술실로 옮겨 다시 한번 닦은 후 옥도정기와 알코올로 소독했다. 수술이 끝나면 환자가 아직 마취 중일 때 수술실에 붙어 있는 석고실로 옮겨 석고붕대를 했다. 그 시간에 수술실에선 다음 환자의 수술을 위해 청소와 소독을 실시했다.

간호사들은 수술 후에 어떤 문제가 발생하는지, 견인 환자는 어떻게 해야 편안한지, 부종을 예방하는 방법이나 관절의 강직을 방지하고 근육 강화를 위한 운동, 석고붕대를 가르는 일 등에 대해 잘 알고 있어 따로 지시 없이도 스스로 알아서 일했다. 물리치료실에선 근육전이 수술을 한 15명에서 20명의 환자가 동시에 물리치료를 받을 수 있었다. 이 시간은 수술 받은 환자들에게 성경을 읽어주고 전도하는 좋은 기회가 되기도 했다. 의료 보조원들은 석고붕대 교체나 상처 소독, 금속핀 제거와 봉합 같은 일을 했다. 장기 입원 중인 환자들은 붕대를 준비하는 일 등 병원에서 필요한 일에 자원했다. 모든 구성원이 능숙하게 이런 일들을 감당해준 덕분에 의사들은 더 많은 환자들을 수술할 수 있었고 비용도 절감했다.[15]

김인권 선생은 애양재활병원에서 나환자와 일반 환자가 같은 병실을 쓰고, 음성나환자인 직원들과 일반 직원들이 거리낌 없이 같이 먹고 지내는 것에 놀랐다. 소록도에선 절대로 환자들이 직원 영역으로 들어올 수 없었다. 무단으로 들어오면 벌을 받았다. 김인권 선생이 더욱 놀란 것은 수술 비용이었다. 당시 서울대병원에서 인공관절 수술을 받으려면 한쪽에 적어도 500만 원이 들었다. 거의 집 한 채 값이었다. 그러나 애양병원에선 10분의 1인 50만 원에 불과했다. 미국에서 가장 좋은 인공관절 제품을 기증받아 싼 비용으로 수술하니 환자들이 몰릴 수밖에 없었다.

애양병원에서 보낸 일주일은 김인권 선생의 인생에 큰 영향을 미쳤다. 그는 의대 후배들도 이곳에 와서 견학하고 수술을 배울 기회가 있으면 좋겠다고 생각했다.

토플 원장은 이 젊은 의사가 마음에 들었다. 밝고 자신감이 넘쳤으며 기독교적 가치관이 확고했다. 무엇보다 소록도를 봉사 지역으로 선택한 그 청년은 세상의 화려한 조명이나 관심으로부터 한발 물러서려는 의지와 높은 소명 의식이 있어 보였다. 그러나 그는 소록도에 6개월간 봉사하러 온 것이고, 전문의 자격을 딴 이후에 그를 탐낼 도시의 대형병원은 수두룩했다. 인간적으로 볼 때, 이 청년 의사가 일은 고되고 월급은 박한 애양재활병원으로 올 이유가 없었다. 토플 원장이 할 수 있는 것이라곤 간곡한 요청과 간절한 기도뿐이었다.

1978년 2월 13일, 애양재활병원 이사회는 특별위원회를 열어 도성래, 그러니까 토플 원장의 사표를 수리하기로 결정했다. 후임으로 부원장인 유경운 박사를 승진시켰다. 닥터 토플은 고문 자격으로 1981년까지 병원에 머물며 진료하다가 미국으로 돌아가기로 했다. 닥터 토플은 신임 원장으로서 애양재활병원과 애양원을 이끌어갈 유경운 선생에게 격려를 아끼지 않았다.

"당신과 직원들은 충분한 자격이 있습니다. 한 번도 스스로 능력을 펼칠 기회가 없었을 뿐입니다."

같은 해 5월 16일, 토플 원장은 5.16민족상 사회 부문 본상을 받았다. 외국인으로선 처음이었다. 공적 내용을 간추리면 다음과 같다.

토플은 나병 치유자들을 독립시켜 정착하게 해주었고, 소아마비인과 장애인의 재활 수술과 함께 양재, 양장을 가르치는 재활기술학원을 설립해 100여 명의 기술자를 양성하여 사회에 복귀시켰다. 또한 나환자의 가족과 자녀들에게 장학금을 주어 1977년도까지 114명에게 500여만 원을 지원했다. 1966년부터 여수, 순천, 진주 등 3개 시와 여천, 승주, 광양, 구례, 곡성 등 5개 군의 재가 나환자 치료 및 신환자 발견을 위한 이동진료 사업을 13년간 실시해 약 500명의 신환자를 발견해 등록하고 치료했다. 결론적으로 그는 한국의 나환자와 소아마비 환자의 복지사업과 의료사업에 20여 년의 세월을 헌신적으로 봉사해왔으며, 그 사업을 수행하는 데 수반되는 각종 악조건을 극복하며 연간 30만 달러의 예산으로 현재까지 꾸준하게 나환자 구제사업을 계속해오고 있다. 토플이 한국에서 다수의 업적을 쌓은 것은 우리나라 나병 퇴치사에 길이 남아 기록될 것이다. 이러한 사업은 후대의 귀감이 되고 나병퇴치사업 수립에 기초 자료가 될 것이며, '문둥이'라는 낙인을 지우고 사회의 일원으로 떳떳하게 사회에 복귀하여 생을 보낼 수 있게 한 사회 공헌 정신은 인종과 국경을 초월한 인간애의 발로로서 숭고한 사랑의 사도이며 성스러운 사명의 수행자인 것이다.

토플 원장은 상을 받고 병원에 돌아와 이런 소감을 남겼다.
"오늘의 이 영광을 먼저 하나님께, 그리고 같이 일한 우리 모든 직원들에게 돌립니다. 제가 한 일이 아니고 우리 모두가 한 일입니다. 상을 받는 기쁨의 자리에 함께하지 못해 몹시 서운합니다. 그래서 저는 식장에서도 여러분을 생각했습니다."
5.16민족상을 받은 후, 애양병원에 정부 관계자가 방문했다. 그는 토플 원장에게 말했다.
"무엇이든지 병원에 필요한 것을 말씀하세요. 건물을 더 크게 지어도 좋고 의사 수를 늘려도 좋습니다. 정부가 도와드리겠습니다."
직원들은 토플 원장이 병원 앞의 도로를 내달라거나 발전시설, 아니면 아직도 공업용수와 바닷물이 섞인 지하수를 쓰고 있는데 수도를 놔달라고 요청하길 은근히 기대했다. 그러나 토플 원장의 대답은 의외였다.

"지금도 잘해주고 있습니다. 선생님, 황소 한 마리로 대한민국을 다 갈 수 있겠습니까? 우리 병원 크게 하지 말고 의사 많이 두지 말고 부산, 대구, 전주, 대전, 서울에 있는 병원에서도 우리와 같은 일을 할 수 있도록 도와주시길 바랍니다."

직원들이 바랐던 대답은 결코 아니었다. 하지만 토플 원장의 놀랍고 감동적인 이 말을 사람들은 두고두고 입에 올렸다.

7 당신은
   왕으로
   대접했습니다

아프리카 적도 부근 케냐의 한낮은 살을 태울 듯 뜨거웠다. 케냐의 수도 나이로비에서 20킬로미터 떨어진 카지아도의 키쿠유 병원 앞 나무 그늘 아래엔 검은 피부의 사람들이 옹기종기 모여 있었다. 팔다리를 잃은 사람들에게 의족과 의수를 만들어주는 이 병원의 의지제작실 책임자 최서동을 기다리는 사람들이었다. 그들은 편치 않은 몸으로 새벽부터 당나귀나 마차를 타고 오느라 굶었을 것이다. 점심을 먹고 일터로 돌아오던 최서동은 그들을 보고 미안한 마음이 들었다. 그리 오래지 않은 시절 한국에서도 애양병원에 오기 위해 지게와 손수레, 혹은 폐타이어에서 떼어낸 고무 조각을 대고 기어서 오던 소아마비 환자들이 떠올랐기 때문이었다.

　최서동이 키쿠유 병원에 온 것은 닥터 토플이 요청했기 때문이다.

한국에서 20여 년의 선교 사역을 마무리하고 미국에 돌아갔던 닥터 토플은 1990년, 아프리카 동부 케냐의 키쿠유 병원으로 와서 정형외과 의사이자 원장으로 봉사하고 있었다. 그는 각종 사고로 팔과 다리를 잃은 주민들이 제대로 된 의족이나 의수를 하지 못해 보다 나은 삶의 기회를 영구히 잃어버리는 것을 안타깝게 여겼다. 그는 솜씨 좋은 의지 기술자인 애양병원의 최서동을 케냐의 키쿠유로 불렀다. 최서동은 인생의 마지막을 자신이 존경하는 닥터 토플처럼 선교하며 봉사하리라 생각하고 있었다. 그는 27년간 일하며 정든 애양병원을 사임하고 1995년 5월, 아프리카 케냐로 왔다. 그의 나이 쉰셋이었다.

서둘러 사무실 문을 열자 맨 먼저 들어온 사람은 스무 살 청년이었다. 티셔츠 밑으로 팔이 보이지 않았다. 최서동이 주소와 이름, 부족 등을 적고 물었다.

"어떻게 두 팔을 잃었나요?"

청년은 수줍어하며 대답했다.

"어릴 때 동물한테 물려서요."

케냐에선 사람들이 악어나 하마, 하이에나 등 야생동물에게 물려 팔다리를 잃는 사례가 가장 많다. 그다음이 교통사고와 임신부의 약물중독 등이다. 종종 나무에서 떨어져 부러진 다리를 방치하다가 영구 장애인이 되기도 한다.

청년은 가난했지만 성실한 사람이었다. 그의 사정을 안타깝게 여긴 동네 사람들이 의수 비용과 교통비를 모아 그에게 건네며 이렇게 말했다고 한다.

"키쿠유 병원에 솜씨 좋은 동양인 의수 기술자가 있으니 그 선생을 찾아가라."

최서동은 잘린 팔의 단면을 정밀하게 재고 사진을 찍고 석고로 본을 떴다. 3개월 후, 그 청년은 자기 피부색과 같은 딱 맞는 새로운 팔을 얻어 돌아갔다.

몇 달 후, 크리스마스가 다가오고 있었다. 최서동은 사무실 문 앞에서 누군가가 서성이는 소리를 들었다. 노크하려다 망설이고 갔다가 다시 돌아오길 반복했다.

최서동이 문을 열었더니 그 수줍어하던 청년이 서 있었다. 옷소매 밑으로 멋진 팔이 보였다.

"반가워요. 어서 들어와요."

최서동이 웃으며 맞이하자 청년은 쭈뼛거리며 말했다.

"제가 이제는 이런 것도 할 수 있게 되었어요."

청년은 새로 생긴 팔로 문을 닫았다.

"곧 크리스마스인데 여기 올까 말까 망설였습니다."

"그래요? 무슨 할 말이라도……."

"선물을 드리고 싶은데 아무것도 가져오지 못했어요."

최서동이 미소 지으며 대답했다.

"괜찮습니다. 그 마음만으로도 고맙습니다."

청년이 눈물을 글썽이며 말했다.

"대신 제 마음에 넘치는 기쁨을 선물로 드리고 싶습니다."

최서동은 청년을 힘껏 안아주었다. 최서동의 가슴에 더 뜨거운 기쁨이 차올랐다. 자신을 찾아온 수줍은 케냐 청년은 전쟁고아에 폐결핵 환자였던 스무 살 최서동, 자신의 모습이었다.

최서동은 아홉 살 때, 전쟁고아가 되었다. 네 명의 동생들과 함께 거리를 전전하다가 고아원에 들어갔다. 스무 살 때는 폐결핵에 걸렸다. 약하고 소망 없던 그를 살린 것은 의사와 선교사들이었다. 오갈 데 없는 그에게 린튼 선교사는 순천선교부에서 목공일을 하게 해주었다. 최서동은 성실하고 손기술이 좋았다. 나환자와 소아마비 장애인의 재활을 위해 전문 기술자를 양성할 계획을 가지고 있던 토플 원장은 그에게 애양재활병원 의지제작실의 책임을 맡겼다.

최서동은 닥터 토플이 나병에 걸린 사람들의 환부를 맨손으로 만지고 딱지도 떼어내고 코를 대고 냄새도 맡으며 아무렇지 않게 안는 것을 옆에서 지켜보았다.

'저 사람은 진짜 예수쟁이 의사구나.'

이후로는 그도 환자들의 환부를 맨손으로 만지며 의족을 만들었다. 그는 왜 나환자들이 애양원을 천국이라고 부르는지 알 것 같았다. 단지 사람들의 멸시와 차별을 피해 숨거나 도망치지 않아도 괜찮은 곳이어서가 아니었다. 다른 데서는 찾아볼 수 없던 사랑으로 사람들을 몰라보게 변화시키는 곳이기 때문이었다.

케냐 키쿠유 병원은 선교병원이지만 영리병원이기도 했다. 보통의 병원처럼 수익이 있어야 그 돈으로 운영이 가능했다. 그래서 아픈 몸을 이끌고 왔다가 그냥 돌아가는 가난한 환자들이 많았다.

닥터 토플은 가난한 환자들에게도 새로운 삶의 기회가 제공되어야 한다고 믿었다. 그러려면 이곳에도 애양병원 같은 시스템이 필요했다. 닥터 토플은 모금 활동을 벌여 2만 4천 평의 땅에 재활병원 건물과 게스트 하우스, 간호사 숙소, 의지제작실 등을 번듯하게 세웠다. 애양병원 직원들과 애양원 식구들도 이 일에 손을 보탰다. 키쿠유 병원의 새로 지은 게스트 하우스는 '코리아 하우스'라고 이름 지었다. 한국의 엘지그룹은 매년 큰돈을 기부해 케냐의 가난한 환자들에게 의수족을 무료로 제공할 수 있도록 해주었다.

최서동은 키쿠유 병원에서 의수 의족 제작기술을 학생들에게 가르쳤다. 그에게 배운 제자들은 케냐의 종합병원이나 미국, 사우디아라비아 등지로 진출했고 후학을 양성하는 교수가 되기도 했다. 그들은 최서동을 '아버지'라고 불렀다. 애양병원에서 자신을 포함해 사람들이 닥터 토플을 그렇게 불렀던 것처럼…….

닥터 토플과 최서동은 케냐 국경 너머로도 이동진료 활동을 나갔다. 인근 국가인 소말리아, 탄자니아, 그밖에 깊은 밀림에도 함께 들어갔다. 말라리아에 걸려 사경을 헤매기도 하고, 소말리아 시장에선 총에 맞을 뻔도 했다.

케냐에 온 지 7년째 되던 해, 나이로비의 한 식당에서 최서동의 환갑 잔치가 열렸다. 닥터 토플은 그 자리에서 축하의 말을 전했다.

"나는 바늘이고, 미스터 최는 실입니다. 바늘 가는 데 실이 따라갑니다."

* * * * *

나는 종으로 왔으나 당신은 왕으로 대접했습니다

애양재활병원의 원장직을 내려놓은 닥터 토플은 여전히 바쁘게 수술에 매달렸다. 소아마비 수술만 1979년과 1980년 각각 천 건을 넘겼다. 그는 후임으로 병원을 이끌어갈 유경운 원장을 자신의 모교인 에모리 의과대학에 보내 6개월간 연수를 받게 했다. 닥터 토플의 네 딸들도 방학이면 병원의 수술실과 약국, 매점 등에서 일을 도왔다. 토플은 자신이 떠난 후에도 지금처럼 애양재활병원이 환자 한 사람 한 사람에 대한 세심한 관심과 배려를 잃지 않길 바랐다.

병원 운영권도 미국 남장로교 한국선교회에서 애양재활병원 재단으로 이관되었다. 닥터 토플은 설립 정신을 잊지 않도록 두 가지를 조언했다. 병원 규모를 키우지 말 것과 독립법인이 되는 것이었다. 대형병원이 되면 수지타산을 맞추기 위해 가난하고 소외된 사람들을 외면하게 될 수 있고, 다른 곳으로 경영권이 넘어가면 여러 가지 간섭으로 병원의 설립 이념이 퇴색할 수 있기 때문이었다. 유경운 원장은 닥터 토플의 뜻을 이어받아 이동진료 사업과 장애인을 위한 재활 직업학교 등을 충실하게 유지해갔다. 직원 복지를 위한 간호사 기숙사와 의족실, 환자 기숙사를 세우고, 외국에서 단기 봉사로 오는 의사들을 위해 게스트 하우스를 지었다.

봉사하러 소록도에 왔다가 애양병원에서 일주일간 닥터 토플과 지냈던 김인권 선생은 1980년, 이번에는 군의관이 아니라 공중보건의가 되어 소록도로 다시 돌아왔다. 그는 소록도에서 그동안 중단되었던 나환자들의 오그라든 손 수술을 시작했다. 닥터 토플과 함께 격주로 애양재활병원에서 소아마비 환자들의 수술도 했다. 김인권 선생의 지도교수는 직접 애양재활병원에 와서 둘러본 다음, 서울대 레지던트 3년 차 전공의들이 이곳으로 내려와 3개월씩 수련을 받을 수 있도록 협약을 맺었다. 닥터 토플의 모교인 에모리 의대에선 일 년에 네 명의 레지던트들을 보내주었다. 그들은 닥터 토플의 빈자리를 메우는 데 큰 도움이 되었다.

그렇더라도 닥터 토플은 다시 한번 김인권 선생이 애양병원에 꼭 필요한 의사라고 확신했다. 그는 병원 직원들에게 부탁했다.

"김인권 선생이 소록도에서 공중보건의를 마치면 반드시 애양병원에 오도록 기도하십시오. 나도 기도하겠습니다."

유경운 원장은 그때부터 병원 안 예배실 칠판에 이 내용을 써놓고 사람들이 모일 때마다 기도했다.

작별의 시간은 빠르게 다가왔다. 1981년 5월 30일 오후 2시, 닥터 토플의 22년 사역을 마무리짓는 송별 예배가 있었다. 애양재활병원을 짓는 데 큰 도움을 준 디케이터 교회의 홈스 목사와 일본 요도가와 기독병원의 시라가다 세이아 원장이 내빈으로 참석했다. 직원 성가대의 찬양이 있었고, 닥터 토플이 "사람들을 빛으로 인도하는 시각장애인"이라 부르며 존경하는 양재평 장로가 송별사를 전했다. 그가 사랑하고 자랑하는 애양원의 하모니카 밴드부는 송별가를 연주했다.

헤어짐은 아쉽고 슬펐다. 스물일곱 살, 추적추적 내리는 가을비를 맞으며 애양원의 삼중 철조망 문을 들어섰던 젊은 청년은 머리카락과 눈썹이 일찌감치 하얗게 변해버린 노련한 선교사요, 최고 술기를 가진 정형외과 의사이며, 네 딸의 아버지가 되었다. 그동안 나환자와 소아마비 환자를 치료하고 일으켜 사회로 내보내고, 이동진료로 숨은 환자들을 찾아가고, 병원을 현대식으로 개선시키고, 식탁에 엎드려 잠들 정도로 밤늦게까지 수술하고, 재활직업학교를 세우는 등 고된 여정의 나날이었다. 좌절과 실망도 있었지만 그보다 더 많은 기쁨의 날들이 있었다. 아무것도 되갚을 길 없는 사람들을 위해 살았으면서도 그는 자신이 넘치는 사랑을 받았고 눈앞에서 놀라운 기적들을 보았다고 고백할 정도였다.

모든 사람들이 그가 이곳에 더 머물길 바랐으나, 그는 지금이 하나님의 때라는 것을 알았다. 아름다운 이별과 새로운 시작을 위해 서로 축복하며 작별을 고했다. 닥터 토플은 "안녕, 한국"이라는 글을 썼다.

안녕, 한국.

　한국, 당신과 나는 20년 이상 알고 지냈습니다. 나는 미숙한 젊은이로 오랜 세월의 전통을 가진 당신에게 왔습니다. 나는 원기 왕성하고 낙천적인 청년이었고, 당신은 수십 년에 걸친 외세의 압제와 전쟁의 참화 속에서 새 길을 찾고 있었습니다. 지금은 그 모든 것이 바뀌었습니다. 나는 나이를 먹어가는데, 당신은 인생의 두 번째 봄을 맞이한 것 같습니다. 소가 끌던 달구지는 번쩍이는 빨간색 혼다 오토바이로 교체되었습니다. 내 머리카락은 회색으로 변하는데 당신의 초가지붕은 밝고 화려한 타일로 바뀌었습니다. 노화되어가는 내 무릎관절이 삐걱거리며 앓는 소리를 내기 시작할 때, 당신의 활발하게 돌아가는 공장들은 강철로 된 버스와 대형 유조선, 매끄러운 전자 컴퓨터를 만들어냈습니다. 한때 디젤 랜드로버를 타고 울퉁불퉁한 좁은 길을 가던 나는 지금 날렵한 신형 포니와 부드럽게 움직이는 고속버스를 타고 질주합니다.

한국, 당신은 내 인생의 가장 멋진 일들이 일어난 장소였습니다. 주 하나님은 두 개의 다른 대륙에서 나와 내 아내를 데려와 이 땅에서 결혼시키셨습니다. 노르웨이나 미국에선 나와 아내가 같이 일하고 즐길 수 있는 곳을 발견하지 못하셨나봅니다. 이 땅에 '가족계획'이란 정부 캠페인이 있기 바로 직전, 전라북도 도청소재지인 전주에서 우리의 사랑스러운 네 딸이 태어났습니다. 당신의 산과 바닷가 덕분에 우리 가족은 잊지 못할 휴가를 보낼 수 있었습니다. 당신의 계단식 논과 높고 푸른 하늘, 바위투성이 해안가는 나의 일터에서 늘 보는 배경이 되었습니다. 지금 내 심장은 이 풍경을 '내 집'이라고 부르고 있습니다.

오랜 세월을 함께 살면서 당신은 내게 선생이 되어주었습니다. 다채롭고 어려운 한국어 수업이 완전히 헛되진 않았지만, 예절과 관대함과 에티켓은 더 많이 배워야 했습니다…… 당신의 그리스도인들은 내게 희생에 가까운 후원과 간절한 기도와 신뢰를 가르쳐주었습니다. 어떤 사람들은 당신의 신앙을 순진하다고 여길지도 모릅니다. 저는 그렇지 않습니다. 당신의 신앙은 영원한 진리에 대한 진실한 마음의 표현이며, 덮칠 듯 밀려오는 물질주의 시대에 당신이 표현할 수 있는 최선의 희망이었습니다.

한국, 당신은 이 너그럽지 않은 외국인에게 늘 관대했습니다…… 한국에서 나는 최고의 환대를 경험했습니다. 태평양 건너편의 땅에선 받아보지 못한 왕 같은 대접이었습니다.[1]

닥터 토플, 곧 도성래 장로와 미아 토플, 곧 안미령 선교사는 가족과 함께 청년과 중년의 황금기를 바친 한국을 떠났다. 미아 토플은 한국을 떠나는 심정을 이렇게 표현했다.

우리는 매우 헌신적인 사람들과 일할 수 있는 축복과 특권을 누렸습니다. 열망과 열정이 넘치는 한국의 그리스도인들은 우리에게 영감을 주고 변화를 일으켰습니다. 우리의 마음은 슬프지만, 한국에서 주님을 섬기며 지내게 해주신 하나님에 대한 감사로 가득 차 있습니다.[2]

닥터 토플은 사랑하는 애양재활병원에 마지막 부탁을 남겼다.
"서로 사랑하십시오. 협동하십시오. 지금까지 받던 생활에서 벗어나 이제는 모두가 주는 생활을 위해 힘쓰십시오."

아프리카를 향하여

"오늘 제가 두 번째 신혼부부를 만나는군요!"
닥터 토플과 미아가 집 근처 큰 소매상가에서 접시와 은식기, 유리잔 같은 기본 가정용품을 카트에서 꺼내 계산대에 올려놓자 두 사람을 갓 결혼한 사이로 오해한 직원이 웃으면서 말했다. 미국에 돌아온 닥터 토플은 부모님 집 근처에서 직장을 구했다. 그동안 멀리 떨어져 살아 자주 뵙지 못했기에 되도록 많은 시간을 그분들과 함께하고자 했다. 닥터 토플은 노스캐롤라이나의 샬롯 재활센터 정형외과 의사가 되었다.

한국에서 쓰던 가구와 살림살이는 팔거나 다른 사람에게 주었고 쓰지 못할 만큼 낡은 것은 버리고 왔다. 쓸 만한 것은 많지 않았다. 토플 가족이 내놓은 낡은 물건들을 보고 병원 직원들은 닥터 토플이 얼마나 검소하게 살았는지 새삼 느꼈다. 닥터 토플이 미국으로 가져간 것은 한국에서 받은 선물들과 책, 그림 정도였다. 나름대로 사연이 있는 소중한 것들이었다. 그 안에는 양성호 장로가 붓글씨로 쓴 두루마리 족자도 있었다.

"내가 그리스도와 함께 십자가에 못박혔나니 그런즉 이제는 내가 산 것이 아니요 오직 내 안에 그리스도께서 사신 것이라."

닥터 토플이 고등학교 시절에 즐겨 외웠던 신약성경 갈라디아서 2장 20절 말씀이었다. 양성호 장로는 닥터 토플과 오랫동안 함께 일한 애양재활병원 최영순 간호과장의 남편이었다. 그는 초등학교에 다니던 그의 큰아들이 교통사고로 심한 골절상을 입었을 때, 닥터 토플의 수술과 재활 덕분에 건강하게 회복할 수 있었다며 늘 고마워했다. 그는 토플이 좋아하는 성경 구절을 붓으로 써서 은퇴 선물로 주었다. 닥터 토플은 이 족자를 자신이 근무하는 병원마다 항상 걸어두었다.

샬롯 지역 이웃들은 토플 부부가 한국에서 사역하고 온 선교사인 것을 알고 친절하게 맞이했다. 토플의 집 뒤쪽 울타리를 같이 쓰는 이웃집에는 한국의 기독교방송(CBS) 설립자인 오토 디캠프 목사의 동생이 살고 있었다.

그해 가을, 미아 토플은 샬롯 서부지역 병원에 채용되어 마약중독 환자를 진료하는 오픈하우스에서 일했다. 토플 부부는 그곳에서 4년을 보냈다. 아이들은 환경이 완전히 다른 미국의 학교에 들어가서도 잘 지냈다. 첫째 앤은 휘튼 대학교를 졸업하고, 시슬은 매사추세츠 웬햄에 있는 고든 대학에서 공부했다. 엘렌은 퓨먼 대학, 막내 크리스틴은 킹 대학에 다녔다. 마침내 네 딸은 토플 부부에게서 독립했다.

닥터 토플이 일하는 샬롯 재활센터 정형외과에선 수술할 기회가 거의 없었다. 정형외과 의사로 경력을 쌓은 그는 수술을 더 하고 싶었다. 아이들이 독립해 나가 비교적 자유로웠던 토플 부부는 노스캐롤라이나 매리언으로 이사했다. 두 사람은 각각 정형외과와 피부과 의사로 개업해 같은 건물에서 함께 5년을 일했다. 틈틈이 지역 교회를 방문해 강연하거나 단기 해외 의료봉사에 참여하고, 더럼 목사와 함께 애양원을 위한 기금을 모으기도 했다. 하지만 한국에서 매일 10건 이상의 수술을 하며 기적을 일궈내던 닥터 토플에겐 편안하지만 지루한 삶이었다. 그는 주님을 신뢰하며 모험할 수 있는 두 번째 사역지를 위해 기도할 때가 왔다는 것을 알았다.

1983년 4월, 닥터 토플과 병원 직원들이 바라고 기도했던 대로 마침내 김인권 선생은 소록도에서 공중보건의를 마치고 애양재활병원에 부임했다. 그의 결심에는 닥터 토플의 영향도 있었지만 무엇보다 의사로서 그가 가진 소명이 작용했다.

"소록도 근무를 마치면 저도 애양원에 가야겠다는 생각을 많이 했습니다. 예전에 토플 원장을 만났을 때 그는 이렇게 말했습니다. 자기는 미국에서 사랑하는 사람들과 익숙한 모든 것을 내버려두고 이 먼 곳까지 왔는데 왜 한국 사람들은 안 오냐고 말이죠. 저를 똑바로 보면서 그렇게 말했습니다. 그래선지 외진 곳이라거나 월급이 적다거나 하는 것은 제게 고려 대상이 아니었습니다. 다만 애양병원은 해야 할 일이 많으니 내가 감당할 수 있을까 하는 걱정을 하면서 왔습니다."[3]

김인권 선생이 온 후로 애양병원에 소아마비 수술 외에 인공고관절 수술이 급증하기 시작했다. 1983년까지 일 년에 10건 이하였던 것이 1984년부터는 매년 20건, 31건, 49건, 93건, 122건, 그리고 1989년에는 234건으로 늘어났다.

1985년, 독특한 미국 정형외과 의사 한 명이 연수를 받기 위해 애양재활병원을 찾아왔다. 그는 닥터 리차드 브랜스포드로 아프리카 내지선교회에서 사역하는 외과 의사였다. 그는 존스 홉킨스 의과대학을 졸업하고 콩고민주공화국과 모로코에 있는 선교병원에서 봉사한 후, 1977년부터 케냐의 키자베 병원 외과 및 재활외과 의사로 일하고 있었다. 소아재활외과 프로그램의 책임자가 되면서는 소아마비 아이들의 수술을 배울 필요가 있었다. 닥터 브랜스포드는 선교본부에 자신이 수술을 배울 수 있는 병원을 소개해달라고 요청했다. 선교본부에서는 애양재활병원을 추천했다. 그는 3개월 동안 이곳에 와서 수술을 배우고 돌아갔다.

김인권 선생은 1987년 12월부터 1988년 5월까지 영국 오스웨스트리 인근 고보웬에 있는 로버트 존스 앤 아그네스 헌트 정형병원으로 연수를 갔다. 1900년에 설립된 이 병원은 고관절 수술을 비롯한 최고의 정형외과 전문 병원이었다. 한국으로 돌아오기 한 달 전, 김인권 선생은 닥터 브랜스포드가 있는 케냐의 키자베 병원을 방문했다. 그는 이 병원에서 어린 소아마비 환자들의 수술 및 치료에 지원이 필요하다는 얘기를 듣고 궁리했다. 재정 지원도 필요했지만 무엇보다 제대로 수술할 수 있는 의사들이 필요했다. 하지만 한국에서 의료지원 인력을 보내기에 아프리카는 너무 멀었다. 그는 미국에 있는 닥터 토플과 더럼 목사에게 키자베 병원에 도움이 필요하다는 편지를 써서 보냈다.

얼마 후, 닥터 토플은 케냐의 수도 나이로비에 있는 기독교의학협회로부터 강연자로 초청을 받았다. 주제는 '제3세계의 정형외과'였다. 학회가 끝난 후, 닥터 토플은 닥터 브랜스포드의 요청으로 키자베에 있는 아프리카내지선교부 병원을 방문했다. 토플은 그 병원에서 수술이 필요한 많은 장애 어린이들을 목격했다. 그는 일정에도 없던 수술을 며칠 동안 휘몰아치듯 하고 미국으로 돌아왔다. 그의 다음 사역지는 명백해졌다.

1989년 9월, 닥터 토플은 아내 미아와 함께 다시 아프리카 케냐로 들어갔다. 9월 11일부터 10월 5일까지 닥터 브랜스포드와 함께 케냐의 장애아동 기관과 병원들을 순회했다. 토플 부부는 장애아동들을 수용하는 기독교 기숙학교가 그렇게 많다는 데 놀랐고, 이 아이들이 자기 인생이 바뀔 수 있는 교정 수술을 받지 못하고 있다는 것에 더욱 놀랐다. 수술을 받기 위해서는 수도인 나이로비 대학병원까지 가야 했는데 검진과 수술을 받는 데 시간이 너무 많이 걸렸다. 대기자가 거의 천 명에 이르렀지만 한 달에 10명 미만이 수술을 받고 있었다. 그마저도 기다리다가 수술 일정이 취소되어 되돌아가야 할 때도 있었다.

　케냐 인구 2,200만 명 중 정형외과 의사는 단 18명이었다. 필요한 손길이 절대적으로 부족했다. 그나마 아프리카 의학 및 연구재단, 일명 '플라잉 닥터 서비스(Flying Doctor Service)에서 사역하는 외과 의사가 경비행기를 타고 케냐 전 지역의 선교병원들을 이동하면서 수술을 하거나,[4] 일 년에 한 번 두 주 동안 이탈리아의 외과 의사팀이 케냐에 와서 수술을 했다.

　닥터 토플은 케냐에 머무는 거의 한 달 동안 150여 명의 소아마비 어린이들을 검진했고 15명 이상을 수술했다. 그는 장애아 특수학교 두 곳을 방문해 교정기, 목발, 휠체어를 탄 아이들을 표본검사한 결과 연조직 제거, 힘줄이식, 절골술, 관절 고정술 등이 필요하다는 것을 발견했다. 수술 외에 물리치료와 의족, 의수, 보조기 제작 시스템도 거의 눈에 띄지 않았다. 아이들을 위한 직업학교는 케냐에 단한 군데 있었다. 캐나다 구세군에서 운영하는 곳이었는데, 2년 과정으로 금속 작업, 간판 만들기, 안경 유리 제작, 목공, 가죽 작업을 30명이 배우고 있었다.[5]

> 그곳에 무엇이 필요한지 물어볼 필요도 없었습니다. 다만 우리는 의심할 여지없는 하나님의 부르심을 감지했습니다.[6]

닥터 토플과 미아는 자신들에게 아직 선교사로서 소명이 유효하다는 것을 알았다. 그들은 동아프리카장로교의 대표자를 만났다. 그리고 활동할 수 있는 가장 적절한 병원을 소개받았다. 동아프리카장로교가 운영하는 키쿠유 병원이었다. 이 병원은 나이로비에서 불과 15킬로미터 떨어진 곳에 있으며, 케냐에서 가장 오래된 상설 선교병원이었다. 나이로비에서 가깝다는 것은 케냐 전 지역과 동아프리카 전역에서 접근하기 용이하다는 뜻이기도 했다. 무엇보다 이 병원에는 재활센터를 지을 수 있는 넓은 부지가 있었다.

닥터 토플은 동아프리카장로교의 지도자들이 모인 자리에서 자신의 비전을 발표했다. 기독교적 환경에서 정형외과 수술실과 의족 의수 제작실, 물리치료실 등을 갖춘 새로운 종합재활센터를 건립하는 것이었다. 동아프리카장로교는 그의 제안을 받아들였다. 자금 조달은 개인과 교회의 기부, 미국장로교와 의료자선재단 등을 통해 한다는 구체적인 계획도 세웠다. 닥터 토플 부부와 닥터 브랜스포드는 이렇게 보고서를 마무리지었다.

모든 여정을 주관하신 하나님은 이 특별한 사역을 시작하도록 우리를 이끄시는 것 같습니다. 앞으로 우리가 몇 년 동안 감당할 이 일이 하나님께 영광이 되길 기도합니다.[7]

닥터 토플 부부는 미국장로교의 파송을 받아 아프리카 케냐의 키쿠유 병원에서 의료사역을 시작할 준비에 들어갔다.

두 번째 사역지 키쿠유 병원

닥터 토플은 새로운 선교와 의료사역을 위해 1989년 거의 일 년 동안 아프리카와 캘리포니아, 워싱턴 DC, 라스베이거스, 뉴저지, 루이빌, 뉴욕 등지로 이동하며 관계자들을 만나고 협의했다. 거대한 대륙의 이곳저곳을 옮겨다니는 일은 고되고 지치는 여정이었다. 그는 집 근처에서 여유롭게 산책하고 딸들과 함께 자전거를 타던 일상이 얼마나 좋았는지 새삼 깨달았다. 하지만 딸들은 이제 독립해 나갔고, 케냐의 아이들은 장애라는 틀에 갇혀 미래를 꿈꿀 수 없는 처지였다. 자신의 의술이 이 아이들에게 미래를 바꿀 열쇠를 줄 수 있다면 기꺼이 그러고 싶었.

1990년 초, 닥터 토플과 미아는 본격적으로 두 번째 사역을 키쿠유 병원에서 시작하기 위해 케냐로 이주했다. 그러나 이들 부부가 예상하지 못한 일이 벌어졌다. 동아프리카장로교의 초청에도 불구하고

7. 당신은 왕으로 대접했습니다

키쿠유 병원 측에서는 그들을 받아들일 준비가 되어 있지 않았다. 닥터 토플과 미아 토플이 머물 숙소도 마련되어 있지 않았고, 진료는 일주일에 한 번 금요일 오후에만 가능했다. 닥터 토플 부부는 나이로비의 호텔에 머물면서 매주 금요일이면 버스를 타고 키쿠유 병원으로 출근했고, 나머지 시간에는 스와힐리어를 배웠다. 어색하고 불편한 시간이었지만 그들은 묵묵히 기다렸다. 거의 일 년이 지난 시점에 닥터 토플은 키쿠유 병원에 정식으로 부임했다. 그의 공식 직함은 키쿠유 병원 원장이었다.

키쿠유 병원은 1908년 닥터 아서가 이끄는 스코틀랜드 선교사들에 의해 설립되었다. 현재는 동아프리카장로교가 운영하는 기독교 병원이지만 영리기관이기도 했다. 애양병원에는 나병 기형, 소아마비, 골수염 등의 만성질환자가 많은 것에 비해, 케냐에는 코끼리와 하이에나 같은 짐승들에게 입은 상처와 교통사고 외상환자들이 많았다.

닥터 토플의 수술실에는 두 살에서 열두 살 사이의 방치된 만곡족(뒤꿈치가 안으로 굽고 발의 앞부분이 뒤꿈치 쪽으로 굽어 있는 기형) 환자들이 많았다. 한국에선 보기 드문 기형이었다. 만곡족은 아기가 자궁 안에서 좋지 못한 자세를 취할 때 나타나며, 태어난 후 곧바로 치료를 시작하면 걸어 다닐 때쯤 정상이 될 수 있었다. 이런 아이들이 어찌나 많았던지 닥터 토플은 안타까워하며 이곳을 "세계 만곡족의 수도"라고 부를 정도였다.

환자들은 어디서나 마음이 열려 있었다. 무슬림이라도 수술 전에 닥터 토플이 기도하면 매우 고마워하며 함께 손을 모았다. 키쿠유 병원 직원들은 그리스도인이었지만 애양병원 사람들과 비교하면 협력에 어려움이 많았다. 닥터 토플은 애양병원의 동료들이 그리웠다. 하지만 그것은 문화적 차이에서 기인하는 것으로 닥터 토플 자신이 감내해야 할 문제였다.

닥터 토플 부부가 케냐 키쿠유에 온 지 2년쯤 되었을 때, 동아프리카장로교의 총회장인 버나드 무인디 박사가 편지를 보내왔다. 그는 토플 부부가 케냐에 온 것에 감사하며 키쿠유 병원 재활센터 건립 계획에 관심이 있다고 했다. 닥터 토플의 계획에 후원자들이 구체적으로 관심을 보인 첫 반응이었다. 곧이어 미국의료자선기금(Medical Benevolence Fund)이 키쿠유 병원 재활센터 건립을 돕겠다는 소식을 미국장로교를 통해 전해왔다. 이때부터 닥터 토플은 본격적으로 재활센터 건립 계획을 실천에 옮기기 시작했다. 재활센터 건립에 필요한 기금을 모으는 방법 중 하나는 재활센터의 특정 건물, 집, 방, 그리고 병원의 전문구역을 각 교회와 개인이 나누어 후원하는 것이었다. 토플 부부는 모금을 위해 미국에 몇 달간 머물며 많은 지역 교회를 방문했다. 그동안 키쿠유 병원에는 애양재활병원의 유경운 원장이 와서 수술을 맡아주었다.

닥터 토플은 재활센터 건립 기금 마련을 위해 한국에도 찾아왔다. 한국을 떠난 지 12년 만의 방문이었다. 병원 직원들과 애양원에 남아 있던 음성나환자들, 정착촌 사람들, 토플이 다녔던 교회와 성도들이 모두 기쁜 마음으로 모금에 참여했다.

그 가운데 닥터 토플이 처음 애양원에 왔을 때부터 함께했던 정장로가 있었다. 젊은 나이에 나병이 걸리자 철로에 누워 자살하려고 했던 사람이었다. 그는 소록도에서 의학 강습을 받고 척추마취와 전신마취 기술을 배워 닥터 토플과 오랫동안 함께 일했다. 10여 년 만에 다시 만난 그는 말기 암을 앓고 있었다. 그는 닥터 토플이 추진하는 재활센터 건립을 위해 5천 달러를 기부했다. 자신의 명의로 된 논을 판 대금이었다. 닥터 토플에겐 오랜 친구이자 동료이며 하나님 안에서 형제인 사람이 마지막으로 건네는 사랑과 응원이었다.

닥터 토플은 애양재활병원을 떠날 때 사람들에게 당부했었다.

"받는 자에서 주는 자가 되십시오."

토플의 바람대로 그들은 '주는 자'가 되어 있었다.

닥터 토플은 애양원 의지제작실의 책임을 맡고 있던 최서동 장로를 케냐로 초청해 키쿠유 병원의 의지제작실 운영을 맡겼다. 최서동 장로는 호텐토트 선교사에게 의수 의족 제작을 배운 성실하고 실력 있는 기술자였다. 그는 닥터 토플의 기대 이상으로 키쿠유 병원의 의지제작실을 잘 운영하고 솜씨 좋은 후임 기술자들을 키워나갔다.

1996년, 키쿠유 정형외과 재활센터 북쪽에 아름다운 교회 건물이 먼저 완공되었다. 키쿠유 병원은 백 년의 역사가 있었지만 예배당 규모가 작고 낡은 데다 시설도 열악했다. 새로 지은 예배당 안에는 환자와 직원, 그 자녀들을 위한 작은 도서관이 딸려 있었다. 매력적인 석조 건물로 지어진 이 예배당은 닥터 토플의 어머니 도로시 코리건 토플의 이름으로 헌정되었다. 닥터 토플의 어머니는 그가 케냐에서 사역하던 1992년 여름, 뇌졸중으로 소천했다. 순수하고 굳은 신앙을 가진 어머니는 선교사 아들의 든든한 후원자였다.

언젠가 닥터 토플이 너무 많은 업무로 힘들어하자 어머니는 이렇게 말했다.

"약해지지만 않는다면 그것으로도 훌륭한 삶이다."

어려움에 지지 말고 이겨나가라는 격려였다. 케냐의 병원 뜰에 새로 지은 예배당을 보며 닥터 토플은 아들의 선교 사역을 위해 마지막 순간까지 힘이 되어준 어머니를 기억했다.

1998년에는 키쿠유 병원 정형외과 재활센터가 완공되었다. 센터 건물에는 37개의 병상이 들어간 정형외과 병동, 두 개의 수술실, 의수와 보조기 제작실, 파견 간호사를 위한 건물, 회의실과 세미나실, 그리고 36개의 침대를 갖춘 게스트 하우스도 있었다. 특별히 이 게스트 하우스는 한국의 후원자들을 기억하며 '코리아 하우스'라고 이름 지었다.

이 센터에선 정형외과 수술, 특별히 케냐 전 지역에서 찾아오는 선천성, 발달성 및 화상으로 인한 장애아동들을 주로 수술했다. 아이들은 한 공간에서 수술을 받고 재활과 물리치료, 작업치료를 받았다. 장애로 인해 가정과 보호소에 갇혀 지내던 아이들이 닥터 토플의 수술 덕분에 걸어서 학교를 다닐 수 있게 되었다. 아이 하나가 배우고 사회로 나가는 것은 그의 가족과 그가 속한 사회, 국가의 미래가 바뀌는 일이었다.

키쿠유 병원 재활센터는 빠르게 성장했다. 애양재활병원도 한국

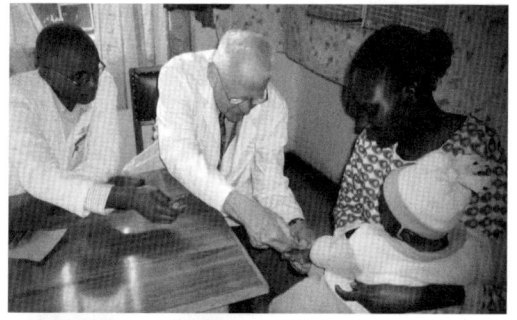
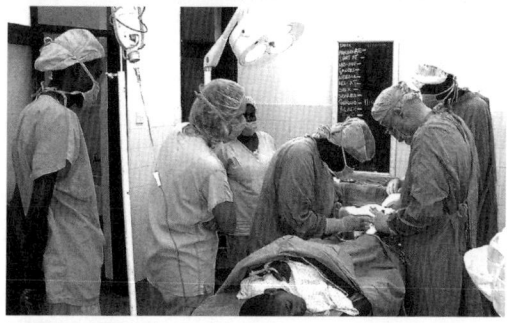

1. 케냐 키쿠유 병원에서 진료 중인 닥터 토플 2. 키쿠유 병원 정형외과 재활센터에서는 케냐 전 지역에서 찾아오는 선천성, 발달성 및 화상으로 인한 장애아동들을 주로 수술했다. 3. 의지제작실 책임자 최서동 장로와 함께 케냐 나이로비에서 탄자니아로 가는 길

인들이 스스로 운영해가듯 키쿠유 재활센터도 케냐 그리스도인들의 힘으로 자립해야 했다. 닥터 토플 부부는 케냐에서의 아름다운 사역도 마무리지을 시간이 다가오는 것을 느꼈다.

몇 번이라도 다시 오겠습니다

1998년, 스탠리와 미아 토플은 의료 선교사의 여정에서 공식적으로 은퇴했다. 가슴속의 열정은 아직 꺼지지 않았으나 나이가 들어 그들의 육체가 더 이상의 모험을 허락하지 않았다. 그럼에도 그들은 비정기적으로 케냐를 방문해 키쿠유 병원과 마우아 감리교 병원 등지에서 진료를 했다. 선교부에 매이지 않은 그들은 오히려 이전보다 자유롭게 이동하며 도움이 필요한 곳으로 갔다. 콩고민주공화국, 에티오피아, 카메룬, 아프가니스탄, 케냐, 탄자니아, 코스타리카 등지에서 정형외과 수술을 기다리는 장애 환자들을 만났다. 닥터 토플은 언제 추락해도 이상하지 않은 '플라잉 닥터'의 경비행기를 타고 정글 속으로 들어가 그곳의 원주민들도 만났다. 그럴 때면 짐승이나 사고로 팔다리를 잃은 사람들을 위해 의지 기술자 최서동 장로를 대동하기도 했다.

에티오피아 아디스아바바의 명성병원에 갔을 때, 닥터 토플은 예상치 못한 사람을 만났다. 명성병원 원장 강원희 선교사였다. 그는 닥터 토플이 애양원에 온 지 얼마 안 되었을 때, 당시 6주마다 교대로 애양원에 파견 나왔던 전주 예수병원의 인턴 중 한 명이었다. 강 선교사는 연세대 의대를 졸업하고 개업의로 활동하다가 중년의 나이에 의료 선교사가 되었다. 네팔과 방글라데시 등지에서 14년간 사역하며 '히말라야의 슈바이처'라는 이름을 얻은 그는 마지막 임지인 에티오피아 명성병원으로 온 것이었다. 뜻밖의 장소에서 만남을 이룬 두 사람은 지난날의 에피소드를 떠올리며 이날의 조우가 결코 우연이 아님을 함께 확인했다.

닥터 토플은 2002년, 북한에도 들어갔다. 가정의학과 의사가 된 둘째 딸 시슬 토플과 '조선의 그리스도인 벗들'(CFK, Christian Friends of Korea) 팀과 함께 평양과 개성을 방문했다. CFK는 북한이 홍수와 기근으로 고난의 행군을 하던 1995년부터 결핵과 간염 치료, 식량, 농기계, 비상구호품 지원 등 다양한 인도적 대북 지원 활동을 해온 단체다.[8] 닥터 토플의 둘째 딸 시슬은 이 단체의 이사로 있었다. 그들은 북한의 결핵클리닉과 요양소를 찾아가 구호 물품을 전달했다. CFK 팀이 한 교회를 방문해 함께 예배를 드리고 〈나 같은 죄인 살리신〉 찬송곡을 한국어로 부르자 북한의 성도들이 옆으로 다가와 함께 찬양을 했다. 닥터 토플은 그때 처음, 내내 경직되어 있던 북한 주민들의 얼굴에 떠오른 미소를 보았다. 앞날을 예측할 수 없고 얼어붙은 북한 땅도 하나님의 진리만이 그들을 자유케 할 것이다.

하나님의 인도하심만 믿고 나아간 두 선교사의 여정은 끝나가고 있었다. 오직 하나님의 영광을 위해 한국과 케냐에서 사역한 닥터 토플에게 미국기독의사치과의사협회(CMDA USA)는 2004년 '올해의 홀륭한 선교사' 상을 주었고, 그의 모교 데이비슨 대학교는 명예박사 학위를 수여했다. 한국에서는 2018년, 우리 사회에 훌륭한 공적을 남기고 인류의 건강한 삶을 위해 헌신한 사람에게 수여하는 제1회 석천나눔상을 수여했다. 그는 이런 수상 소감을 남겼다.

한국은 내 인생의 가장 좋은 시기에 가장 많은 것을 이룬 곳입니다. 아침부터 늦은 밤까지 열정적으로 일했고 의사로 뿌리를 내리게 해주었습니다. 그렇게 받은 게 많은데 이렇게 귀한 상을 주시니 더없이 기쁘고 영광스럽습니다. 라틴어로 타인에 대한 사랑, 자선, 애덕을 의미하는 카리타스는 미래에 일어나길 열망하는 것이 아니라 현재 진행되는 것입니다. 예수님은 우리에게 "네 이웃을 네 자신과 같이 사랑하라"고 말씀하셨습니다. 더 많은 분들이 '돌봄'과 '긍휼'의 횃불을 들고 걸어가주길 바랍니다.

기자가 물었다.
"그때로 다시 돌아간다면 역시 한국에 오실 건가요?"
"몇 번이라도!"9

거리에서 죽어가던 가련한 여자 나환자 한 명을 긍휼의 마음으로 돌본 것이 애양원의 시작이었다. 나환자들이 '에덴'으로 부르던 곳, 하나님의 사랑으로 마련된 이 동산은 병으로 육신이 무너져가는 사람들이 들어오도록 문을 열어주었다. 하늘에 죄를 지어 벌을 받는다는 식의 혐오와 냉대로 상처 입은 사람들이었지만, 예수님은 그들을 통해 "하나님이 하시는 일을 나타내고자" 하셨다 (요 9:3). 이곳에는 주님의 부르심을 따라 가장 낮은 곳에서 기꺼이 섬기러 온 사랑의 동산지기들이 끊이지 않았다. 그 가운데 닥터 스탠리 토플, 곧 도성래 선교사가 있었다. 그는 나환자들이 에덴동산이라 부르던 애양원과 세상을 가로막은 철조망을 걷어내고 나환자와 소아마비 환자의 육체와 영혼을 치유해 사회로 나아가게 했다. 나병을 앓아 시력을 잃은 양재평 장로가 이렇게 말했다.

"개가 사람이 될 수 있습니까? 우리는 나병 때문에 개 같은 취급을 받았습니다. 그러나 토플 의사의 덕택으로 우리는 개에서 사람이 되었습니다."

이것이 닥터 토플을 통해 나타내신 "하나님이 하시는 일"이었고, 그는 그 일의 성취를 위해 자신을 내어놓았다.

현재 여수애양병원[10] 앞 잔디밭에는 애양원 백주년을 맞아 세운 세 사람의 동상이 있다. 애양원을 시작한 닥터 윌슨과 미국 선교사 시대를 마감하고 한국인의 새 역사를 열어준 닥터 토플과 미아 토플이다. 토플 부부는 사랑을 가득 담은 눈빛으로 그들의 젊음을 바쳐 헌신한 병원을 바라보고 있다. 그들의 마음을 애양원에 영원히 남겨둔 것처럼…….

8   에필로그

남편이 군대 가 있는 동안 한센병에 걸려 애양원에 들어왔던 은순은 권사가 되었고 올해 94세다. 김 권사는 지금 애양원의 평안요양소(평안사, 평안양로원 후신)에서 편안한 노후를 보내고 있다. 이제는 나이가 들어 "다정한 도 원장"이 고쳐준 다리로도 걸을 수 없고 눈도 안 보이지만, 아직 귀는 성하기에 김 권사는 하루종일 라디오로 하나님의 말씀을 듣는다. 애양원에 봉사하러 왔던 대학생들이 목회자가 되고 선교사가 되어 온 세상으로 나갔다. 김 권사는 그들을 위해 매일 기도한다. 토플 원장이 아프리카 선교를 위해 모금하러 왔을 때, 김 권사도 모아둔 쌈짓돈을 기꺼이 헌금했다. 70년을 애양원에서 보낸 김 권사는 아이처럼 밝고 환하게 말했다.

"넘들은 날 짠하다고 허것제. 흉한 병에 걸려 시방은 보도 못하고 걷도 못하니께. 아니여. 난 아주 자유롭고 기쁘게 살고 있지라. 우리한테 기도의 공장이 되라고 예수님께서 이 병을 주셨응께 죽을 때까지 기도해야제. 난…… 하나님께 겁나 복 받은 사람이여."

젊은 닥터 토플의 등에 업혔던 경상도 사내와 나환자 이동진료팀 관리원이었던 이 선생, 군에서 한센병을 얻고 죽으려다 애양원에 왔던 청년 모두 자립하여 결혼까지 했고 건강한 자식들을 낳았으며 교회 장로가 되어 애양원과 도성마을에서 잘 지내고 있다. 닥터 토플은 한센병이 천형이 아니라 약만 먹으면 낫는 피부병이라는 것을 세상에 알리기 위해 20년 동안 노력했다. 지독했던 사회적 편견은 사라진 듯하지만 아직도 조심스러워 본명을 밝힐 수 없는 것이 안타깝다.

2015년 4월 25일 오전 10시, 여수시 율촌면 신풍리 애양원 언덕 위 옛 병원 자리에서 한센기념관 준공식이 있었다. 닥터 토플이 추위에 떨며 천장 유리창으로 비쳐든 햇빛 아래에서 수술했던 애양병원의 옛 건물을 리모델링하고 새로운 건물을 잇대어 건축한 연면적 1,463제곱미터의 멋진 박물관이다. 이곳에는 애양원 관련 사진 5만여 점, 관련 서적 2천여 권, 초기부터 사용된 한센인 치료 및 수술용 의료 기구와 행정 서류, 선교사들의 생활상이 담긴 자료 등이 전시되었다. 토플 원장 부부와 애양원 김익동 이사장, 정부기관장 등 백여 명이 참석한 준공식에서 배병심 장로는 가슴이 뭉클했다. 젊은 엑스레이 기사였던 그에게 닥터 토플은 이렇게 말했었다.

"당신은 엑스레이만 찍으면 아깝습니다. 사진을 찍으세요."

닥터 토플이 그에게 카메라를 준 후 그는 애양원의 모든 장면을 사진에 담아왔다. 창고에 방치되어 먼지가 내려앉은 옛 물건들도 버리지 않고 모았다. 차곡차곡 쌓인 그 사진과 물건들이 한센병의 역사를 증언하는 귀한 자료가 되어 후손들에게 전해지게 되었다. 애양병원의 행정국장을 지냈고 현재 이사로 있는 배 장로는 이 기념관의 첫 번째 큐레이터가 되었다.

하얀 머리와 하얀 눈썹의 닥터 토플이 아내 미아 토플과 함께 천천히 행사장 로비로 걸어 들어왔다. 2018년 1월, 제1회 석천나눔상 수여식이 열린 강남의 한 호텔이었다. 토플 원장을 기다리고 있던 박철성 원장의 눈에는 벌써 눈물이 차올랐다. 47년 전, 토플 원장 앞에서 절뚝대며 걸었던 열 살 소아마비 소년 철팍이로 돌아간 듯했다. 그는 닥터 토플에게 다가가 떨리는 목소리로 말했다.

"감사합니다. 당신 덕분에 제가 여기까지 왔습니다."

그는 소아마비를 고친 후 의대에 진학해 의사가 되었고, 1994년 인천 부평구에 박가정의학과의원을 개업했다. 2000년 7월, 그는 다시 애양병원을 찾아갔다. 어릴 때 마저 하지 못한 오른쪽 다리를 수술하기 위해서였다. 그가 보고 싶었던 토플 원장 대신 김인권 원장이 수술을 했다. 척추마취를 하고 이런저런 얘기를 나누다가 박철성 원장이 물었다.

"어릴 때, 제 다리를 수술하신 토플 원장님은 미국에 사시나요?"

"아니요. 미국에 계시다가 케냐로 가서 변함없이 의료봉사를 하고 있습니다."

김인권 원장의 대답에 박철성 원장은 망치로 한 대 맞은 것 같았다. 그가 소아마비에 걸렸던 다리를 고치고 어릴 때 했던 결심, 자신도 가난하고 병든 사람들을 위해 의사가 되겠다고 했던 약속이 번개처럼 그를 때렸다.

2003년, 그는 병원문을 닫고 필리핀 마닐라에서 한 시간 반 거리에 있는 해변가 빈민촌으로 들어가 1년 동안 의료봉사를 하고 돌아왔다. 개인적으로 봉사하는 데는 한계가 있어 그는 뇌전증 환자를 돕는 NGO 로즈클럽인터내셔널(당시 장미회)에 소속되어 2007년에 가족과 함께 네팔로 떠났다. 박철성 원장은 카트만두에 설립된 한국과 네팔 친선병원의 의료팀장을 맡는 등 27년 동안 필리핀과 네팔 오지의 환자들을 돌보았다. 2022년, 국민훈장 동백장을 수여받고 그는 이렇게 소감을 밝혔다.

"어릴 적 스탠리 토플 선교사를 만나 기적처럼 걸을 수 있게 되었습니다. 그분이 제게 제2의 인생을 살게 해준 것처럼 저도 누군가에게 새 삶의 기회를 주고 싶습니다."

박 원장은 아들이 다니는 미국 뉴저지주 럿거스 대학에 기부금을 전하고 실험실 한 곳을 '토플 기념실'로 헌정했다. 타인에 대한 사랑, 자선, 애덕을 의미하는 그의 카리타스 정신이 영원히 이어지길 바라는 마음에서였다.

"내가 문 의사 덕에 살아났는디 이렇게 아들이 의사가 되어 또 고쳐주니 고맙네이.”

　50여 년 만에 거문도에 들어온 문대옥 선생에게 촌로들은 그의 아버지를 기억하며 말했다. 그의 선친은 거문도의 유일한 의사였던 문국원 선생으로 닥터 토플이 그에게 애양병원 나이동진료팀의 책임을 맡기면서 그의 가족은 섬을 떠났었다. 의대생 시절, 아버지와 함께 나환자 이동진료팀을 따라다녔던 문대옥 선생은 한국에서 의대 공부를 마치고 미국으로 갔다. 바쁜 의사 생활 가운데 그는 언제부턴가 하나님의 부르심을 느끼게 되었다.

　‘내가 의사가 된 것은 힘든 곳에서 선교하라고 하나님께서 인도하신 것이 아닐까?’

　그는 신학대학에 들어가 목사 안수를 받았다. 인생의 마지막 계절을 한국으로 돌아가 의사 없는 낙도에서 의료봉사를 하며 보내기로 결정한 문대옥 선생은 오랜 미국 생활을 접었다.

　2022년, 그는 아버지가 계시던 애양병원 정형외과에서 일하는 한편, 마음의 고향인 거문도에서부터 낙도선교를 시작했다. 한국의 의료 수준은 높아졌고 의료보험도 잘 되어 있지만, 낙도의 환자들이 육지 병원까지 오고가는 길은 아직도 멀었다.

　“아따 의사 한번 보러 갈라믄 사날은 잡아야 한당께. 아픈 다리로 배 타고 나가 병원 갔다가 담날 배 타고 오믄 다리가 더 아파부러. 바람 불면 오도가도 못허고.”

　그들의 아픈 몸과 마음을 치료하며 문대옥 선생은 닥터 토플을 떠올린다. 닥터 토플이 대옥에게 청진기를 선물할 때, 장차 그가 애양원에서 이런 의료 선교를 하리라고 기대하지 않았을까? 늦었지만 이제 낙도에서 선교하는 의사가 된 것을 보면 닥터 토플은 이렇게 말할 것 같다.

"행복하지 않습니까?"

그의 대답은 확실하다.

"정말로, 진심으로 행복합니다."

"김인권 선생이 꼭 애양병원에 오도록 기도합시다."

닥터 토플이 한국을 떠나면서 직원들에게 기도까지 부탁했던 김인권 선생은 소록도병원에서 애양병원으로 왔다. 그는 한센병과 소아마비 환자가 줄어든 1990년대부터 인공관절 수술을 전문으로 삼아 애양병원을 전국 최고 수준으로 끌어올렸다. 일 년에 고관절과 무릎 인공관절 수술이 4천 건에 가까웠다. 1995년 애양재활병원 원장이 된 그는 애양원을 처음 시작했던 선교사들의 정신을 지켜나갔다. 수술 비용은 최소한으로, 수술을 기다리는 시간은 되도록 짧게, 인공관절 부품은 최대한 좋은 것을 썼다. 그는 안과의사인 닥터 기서가 한 말을 잊지 않고 있었다.

"예수님 이름으로 치료하는데 어떻게 싸구려를 쓸 수 있습니까?"

그는 미국의 의료기 회사들에 최신 의료기를 지원해달라고 요청했고, 작은 시골병원 원장의 요청을 그들은 흔쾌히 들어주었다. 그는 애양병원에서 37년간 일하면서 무릎 인공관절 수술만 5만 건 이상을 했다. 정년을 넘기고도 수술이 밀려 3년을 더 연장했다. 그는 2016

년에 애양병원에서 은퇴하고 경기도의 전문 정형외과에서 여전히 현역으로 일하고 있다. 그에게는 지금도 소록도병원과 애양병원에서 치료했던 한센병 환자와 소아마비 환자들이 찾아온다.

"오래된 친구들입니다."

김인권 원장처럼 편견 없이 그들을 치료해줄 의사를 지금도 찾기 힘들기 때문이다.

김인권 선생은 2018년 1월부터 한국한센복지협회 회장이 되어 한센인의 복지뿐 아니라 국내의 마지막 한센병 병원의 역할과 균주 연구까지 하고 있다. 우리나라는 이미 세계보건기구에 의해 한센병 완치국가로 분류되어 있다. 하지만 한센병이 완전히 없어진 것은 아니다. 매년 새로운 환자가 한 자리 숫자로 발생하고 있다.

"사스, 메르스 계열 코로나 바이러스가 갑자기 다시 퍼진 것처럼 나균도 언제든지 모양을 바꿔 다시 유행할 수 있습니다. 그때 가서 우리가 확보한 균주가 없고 연구가 하나도 안 되어 있으면 병을 파악하기 어렵습니다. 국가의 한센병 치료와 환자 복지 기능을 최소한으로라도 유지해야 합니다."[1]

한센병과 소아마비 같은 전염병과 함께 평생을 보낸 김인권 원장은 묵묵히 다음 세대를 위한 연구를 계속하고 있다.

닥터 토플 부부는 선교 일선에서 물러난 후, 은퇴 선교사들의 마을인 노스캐롤라이나주 몬트리트의 블랙마운틴으로 들어갔다. 나이가 들어 닥터 토플은 해외로 나가지 못하지만 그리스도인으로 봉사

블랙마운틴에서 토플 부부와 네 딸들

는 계속했다. 90세가 될 때까지 그들은 지역 푸드뱅크와 불우 청소년들을 위한 방과후 프로그램, 외국인을 위한 영어 교습 등을 쉬지 않았다. 닥터 토플 부부의 첫째 딸 앤은 부모님의 생활을 이렇게 전해 주었다.

"우리 부모님은 지금도 매일 밤 성경 읽기와 기도에 오랜 시간을 보냅니다. 한국과 케냐, 그리고 세계 여러 곳에서 충실히 주님을 섬기는 사람들을 돕고, 여러 페이지에 기도제목을 빼곡히 써놓고 기도하고 있습니다. 건강과 다른 여러 가지 어려움이 있어도 두 분은 결코 그 길을 떠나지 않습니다. 사도 바울처럼 그들 앞에 놓인 경주를 신실하게 달려오셨습니다. 이 얼마나 큰 축복이자 기쁨입니까!"[2]

"오직 하나님의 영광"을 위해 한국으로 가는 배에 올랐던 27세의 청년 선교사 스탠리 토플은 2022년, 만 90세가 되었다. 그는 아내와 함께 블랙마운틴의 하이랜드 팜스에서 은퇴한 목회자들과 이웃하여 건강하게 살고 있다. 그는 병들고 가난해 아무것도 갚을 길 없는 사람들을 위해 살았기에 도리어 자신은 하나님이 갚아주시는 풍족한 삶을 살았다고 고백한다.

"하나님은 우리의 피난처요 힘이라고 하셨습니다. 그러므로 아무것도 두려워하지 않고 끝까지 주님 안에 거할 수 있었습니다."

닥터 스탠리 토플, 그가 의료 선교사로 평생 모험을 즐기며 흔들리지 않고 걸어갈 수 있었던 것은 주님의 말씀에 영혼을 묶어두었기 때문이다. 낮은 곳보다 높은 곳에, 모험보다 안일함에, 아픈 이웃보다 내 유익이 앞선 탓에 긍휼의 의미를 잊어가는 우리에게 그는 묻는다.

"당신은 행복합니까?"

감사의 글

이기섭 작가

하나님은 어디서 만날 수 있을까요? 슬픔과 고난이 있는 곳이겠지요. 흉한 병으로 마을에서 쫓겨난 한센병 환자들과 소아마비를 고치지 못해 기어다니던 아이들이 있는 곳. 그곳이 어디든 절망이 있는 곳엔 반드시 하나님이 계셨습니다. 그들의 눈물을 보시고 주님은 끊임없이 좋은 일꾼들을 보내셨습니다.

여수 애양원으로 온 닥터 스탠리 토플 선교사도 그중 한 사람이었습니다. 그는 한센병 환자들을 격리했던 철조망을 걷어내고, 맨손으로 그들의 환부를 만지며 치료해주었습니다. 외모가 무너진 한센병력자들을 재활시키고, 땅과 집을 제공해 보통의 삶으로 돌아가게 했습니다. 소아마비 환자들에게 가장 앞선 수술을 해 걷게 해주었고 기술을 가르쳐 자립을 도왔습니다. 이것이 스물일곱 나이에 한국에 와서 20년, 케냐에서 10년간 사역했던 그가 하나님께 받은 소명이었습니다. 이제 한센병과 소아마비는 한국에서 잊혀진 전염병이 되었습니다. 그렇게 되기까지 낮은 곳에서 헌신했던 분들과 그들을 보내신 예수님의 사랑을 결코 잊어서는 안 될 것입니다.

　이 책이 나오도록 도움을 주신 분들에게 진심으로 고마움을 전합니다. 닥터 토플을 소개하고 애양원의 자료들을 아낌없이 제공해주신 배병심 장로님, 의학 용어들을 감수하고 역사적 사실을 바로잡아주신 김인권 원장님(전 애양병원), 이의상 원장님(현 애양병원), 인터뷰에 응해주신 여러분께 감사드립니다. 어려운 출판계 사정에도 불구하고 선교 사역을 위해 출간을 후원하신 임영국 원장님(미래한국병원)에게도 감사드립니다. 무엇보다 아직 건강해 자신의 조부모와 부모에 관한 자료와 선교 편지, 논문과 사진 등을 보내주신 닥터 토플 선교사님, 영상과 이메일로 인터뷰해주신 따님 앤과 시슬 님께 감사드립니다. 지금도 눈물이 흐르는 낮은 곳에서 당신이 사랑하는 일꾼들을 부르시는 우리 주님께 영광을 돌립니다.

연표

1932년 10월 23일	미국 일리노이주 시카고 출생
1953년 10월	데이비슨 대학 졸업
1957년 6월	에모리 대학 의학전문대학원 졸업, 의사자격증 취득
1957-1958년	오클라호마 대학병원 인턴
1958-1959년	조지아주 메이컨 종합병원 외과 레지던트
1959년 3월 10일	미국 남장로교 선교사로 임명
9월 18일	SS히말라야호를 타고 한국으로 출발
10월 9일	한국 도착, 연세어학당에서 한국어 수업
1959년 10월 23일	애양원 처음 방문
1960년 4월 15일	애양병원 선교 의사 부임
1961년 10월 28일	한국 의사자격증 획득
1962년 1월 1일	안네 마리에 아문센과 서울 연합교회에서 결혼
11월 3일	첫째 딸 앤 클레어 출생
1963년 3-10월	인도 쉐프린 나병연구소 연수
1964년 5월 19일	둘째 딸 시슬 케이 출생
1964년 7월	첫 번째 안식년,
-1965년 7월	에모리 대학병원 정형외과 레지던트
1965년 9월 8일	애양원 10대 원장으로 취임
12월 3일	셋째 딸 엘렌 도로시 출생
1966년	나이동진료 시작
1967년 9월 12일	넷째 딸 크리스틴 슈 출생
1967년 8월 3일	현대식 병원 건축 완공. 여수애양재활병원으로 개칭
1968년 6월	새 병원 건물 봉헌
1969년 7월	두 번째 안식년,

-1970년 12월	스코티시 라이트 어린이병원, 조지아 침례병원 레지던트
1971년	랜초 로스 아미고스 병원 레지던트
1974년 3월 1일	나환자와 지체장애인의 사회재활을 위한 재활직업보도소 설치
1974-1975년	세 번째 안식년, 에모리 의대 정형외과 부교수, 애틀랜타 보훈병원 정형외과 과장
1978년 2월 28일	여수애양재활병원장 사임, 고문
1978년 5월 16일	5.16민족상 사회부문 본상 수상
1981년 5월 30일	여수애양재활병원 고문 사임 및 명예원장 추대, 미국으로 귀국
1990년	케냐로 이주, 키쿠유 병원 선교 의사 및 원장
1998년	키쿠유 병원 재활센터 개원, 장로교 선교사 사역에서 은퇴
2004년	미국기독의사치과의사협회로부터 '올해의 훌륭한 선교사' 상 수상
2009년 4월 29일	데이비슨 대학교 명예박사
2018년 1월 23일	제1회 석천나눔상 수상

인명 색인

강원희 246
국희종 59
김은순 41-45, 250-251
김익동 162, 216, 251
김인권 217-221, 229-230, 236-237, 252-253, 255-256
문국원 112, 114-115, 139, 254
문대옥 140-141, 254-255
박도근 120-124, 137, 139
박철성 158-161, 252-253
배병심 154-158, 167-168, 251-252
손양원 54-55, 181, 194
양재평 180-182, 184-185, 230, 249
여성숙 157
유경운 156, 163-167, 220, 228, 230, 242
임보배 166-167
최서동 138, 139, 224-228, 243, 246
최홍종 52

데이비드 스콧(David Scott) 125-126, 130
로버트 락(Robert Rock) 176
로버트 윌슨(Robert M. Wilson, 우일선) 50-54, 65, 90, 128, 181, 249
로버트 코잇(Robert Coit, 고라복) 149-150

로버트 코크레인(Robert G. Cochrane) 37-39, 49, 103, 109
로버트 호텐토트(Robert Hottentot, 하태신) 121, 137-141, 152, 212-213, 243
로이드 보그스(Lloyd K. Boggs, 박수로) 57
로이스 린튼(Lois Linton, 인애자) 100
루비 틸먼(Ruby Tillman) 107
루스 더럼(Helen Ruth Keeble Durham, 노혜련) 203-205
리차드 브랜스포드(Richard Bransford) 236-239
마틴 스와인하트(Martin L. Swinehart, 서로득) 149
미첼 페트리(Mitchell Petrie, 미첼) 74, 96
밥 윌링햄(Bob Willingham) 178-179, 213
배리 맥스웰 로우(Barry Maxwell Rowe, 노승배) 187-188, 197-198
서시 슬랙(Searcy Slack) 129
수 킨슬러(Sue Kinsler, 신영순) 202
수잔 크람(Susan Kram) 116
아서 킨슬러(Arthur Kinsler, 권오덕) 202
아이다 스커더(Ida Scudder) 102
아키코 오바라(Akiko Obara) 174-175
애너벨 니스벳(Anabel M. Nisbet, 유애나) 148

애드리안 윌브링크(Adrian Wolbrink, 우병규)
176, 178
엘머 보이어(Elmer T. Boyer, 보이열) 39,
45-46, 48, 54, 61, 67, 70, 92-93, 94,
96-98, 110-111, 135, 150, 207
오토 디캠프(Otto DeCamp, 감의도) 235
윌리 포사이드(Wiley H. Forsythe, 보위렴)
50-52, 128, 148
윌리엄 쉐프린(Willian J. Schieffelin) 102
윌리엄 전킨(William M. Junkin) 148
유진 보스웰(Eugene Bothwell) 129
조앤 워런(Joan Warren, 원혜숙) 197
존 니스벳(John Nisbet, 유서백) 148
존 반 네스트 탈메이지(John Van Neste
  Talmage, 타마자) 54
존 서머빌(John Sommerville, 서의필) 28, 78
존 쇼(John Shaw, 서요한) 176
존 프레스턴(John Fairman Preston, 변요한)
148-151
존 프리스트(John Prist) 176
케네스 스콧(Kenneth Scott) 56
클라렌스 더럼(Clarence G. Durham, 노우암)
135-136, 144, 155, 170, 174, 191,
203-205, 235, 237
토플
  헨리 월터 토플(Henry W. Topple)
  30-33
  애니 크레이그 토플(Annie Craig Topple)
  30-33
  크레이그 헨리 토플(Craig Henry Topple)
  30-33, 132

도로시 코리건 토플(Dorothy Corrigan
  Topple)/도로시 코리건 드영
  (Do-rothy Corrigan De Young)
  31, 71-72, 243
미아/안네 마리에 아문센 토플(Ane
  Marie Amundsen Topple, 안미령)
  43-45, 73-79, 84, 85, 88-89,
  100-102, 104-105, 107, 110, 115,
  140, 146-147, 167, 173, 175, 180,
  184, 192-193, 208-211, 214, 217,
  233, 235, 238-239, 240-241, 246,
  249, 252
앤 클레어(Anne Clair, 첫째 딸) 100, 101,
  105, 146. 147, 210, 235, 257
시슬 케이(Sissle Kay, 둘째 딸) 110, 146,
  191, 209, 210, 235, 247
엘렌 도로시(Ellen Dorothy, 셋째 딸) 111,
  146, 210, 235
크리스틴 슈(Christine Sue, 넷째 딸) 130,
  146, 210, 235
페기 롱(Peggy Long) 130
폴 기서(Paul Gieser) 176-177, 255
폴 브랜드(Paul Wilson Brand) 103-104, 162-163
폴 크레인(Paul S. Crane, 구바울) 39
클레멘트 오웬(Clement G. Owen, 오원, 오기원)
  51, 149
하셀블라드(O. W. Hasselblad) 118, 173
허버트 카딩턴(Herbert Codington, 고허번)
  157, 164
휴 린튼(Hugh M. Linton, 인휴) 78, 96, 100,
  114, 130, 135, 137, 144, 155, 199, 211, 227

미주

1장

1. 영국 컴브리아의 케직에서 1875년부터 매년 열리는 복음주의 그리스도인 모임으로 그리스도의 성결을 강조한다.

2장

1. 스탠리 토플 외, 『합력하여 선을 이루라』, p.8
2. 위의 책, p.8
3. Robert G. Cochrane의 "A Report on Leprosy in Korea", 김원중, "한국전쟁 이후 한센병 정책의 의학적, 제도적 전환 - 코크레인 보고서를 중심으로, 부록1, 코크레인 보고서 번역, PP.42-91, 연세대학교 대학원 석사학위 논문, 2019
4. 조지 톰슨 브라운, 『한국 선교 이야기』, 천사무엘, 김균태, 오승재 옮김, 인돈학술총서1, 동연, 2010, P.151
5. 메리 스튜어트, 윌슨 메이슨, 『베스와 맨튼』, 사회복지법인 여수애양병원 편, 2009, P.25
6. 김봉렬, 『건축의 시간, 영원한 현재』, 플레져미디어, 2021, P.253
7. 진용철, "구라사업의 공로자 윌슨", 복지, 1996년 10월, P.23
8. 채진홍, 『나는 너희를 치료하는 여호와임이라 - 애양원, 100년의 숨결과 역사』, 한남대학교출판부, 2003, P.63
9. 진용철, "구라사업의 공로자 윌슨", pp.23-24
10. 애양원100년사간행위원회, 『구름기둥, 불기둥』, 북인, 2009, p.50
11. 손동희, 『나의 아버지 손양원 목사』, 아가페출판사, 2014, p.111-113
12. 위의 책, pp.62-63
13. 1959년 11월 27일, 닥터 토플의 편지
14. 위의 편지
15. 위의 편지

16. 스탠리 토플 외, 『합력하여 선을 이루라』, p.12

17. 위의 책, p.13

18. 1960년 4월, 닥터 토플의 편지

19. 스탠리 토플 외, 『합력하여 선을 이루라』, p.26

20. 위의 책, p.11

21. 1961년 부활절, 토플 선교사의 어머니 도로시 토플의 일기(닥터 토플 제공자료)

22. 1961년 9월 13일, 닥터 토플의 편지

23. 안네 마리에 아문센 토플, 『노르웨이를 떠나』, 애양병원, 2015, p.49

24. 위의 책, p.50

25. 위의 책, P.51

26. 1961년 9월 13일, 닥터 토플의 편지

27. 1961년 11월 20일, 닥터 토플의 편지

28. 안네 마리에 아문센 토플, 『노르웨이를 떠나』, pp.51-56

3장

1. 1962년 4월, 닥터 토플의 편지

2. 위의 편지

3. 안네 마리에 아문센 토플, 『노르웨이를 떠나』, p.5

4. 채규태, 『의성 허준은 한센병을 어떻게 보았는가』, 교문사, 2019, pp.24-26

5. 세종실록 41권, 세종 10년(1428년) 8월 30일 기유, 다섯 번째 기사

6. 채규태, 『의성 허준은 한센병을 어떻게 보았는가』, p.34

7. 위의 책, pp.32-34

8. 위의 책, pp.20-21

9. 위의 책, p.6

10. 위의 책, pp.88-89

11. 애양원100년사간행위원회, 『구름기둥, 불기둥』, p.110

12. 채규태, 『의성 허준은 한센병을 어떻게 보았는가』, pp.35-36

13. 애양원100년사간행위원회, 『구름기둥, 불기둥』, pp.110-111

14. 1962년 4월, 닥터 토플의 편지. 이 편지에서 토플은 320명이라고 썼으나 애양원 연혁에는 227명으로 나온다.

15. 애양원100년사간행위원회, 『구름기둥, 불기둥』, pp.111-112

16. 위의 책, p.113

채진홍, 『나는 너희를 치료하는 여호와임이라』, p.118

17. 엘머 보이어, 『한국 오지에 내 삶을 불태우며』, 이미준 옮김, 개혁주의출판사, 2004, p.68
18. 안기창, 『선교 이야기』, 쿰란출판사, 2006, p.61
19. 채진홍, 『나는 너희를 치료하는 여호와임이라』, pp.118-119
20. 애양원100년사간행위원회, 『구름기둥, 불기둥』, p.114
21. 채진홍, 『나는 너희를 치료하는 여호와임이라』, p. 120
22. 애양원100년사간행위원회, 『구름기둥, 불기둥』, p.116
23. 안네 마리에 아문센 토플, 『노르웨이를 떠나』, p.64
24. 도로시 클라크 윌슨, 『폴 브랜드 평전』, 이순희 옮김, 좋은씨앗, 2004, p.350
25. 위의 책, p.470
26. 위의 책, P.347
27. 김익동, 인주철, 이용태, "나환자에서 Foot Drop의 외과적 교정", 경북대 의대 정형외과 학교실, 대한정형외과학회잡지 제10권 제4호, Vol.10, No.4, 1975년 12월
28. 도로시 클라크 윌슨, 『폴 브랜드 평전』, p.376
29. 1963년 6월 8일, 닥터 토플의 편지
30. 스탠리 토플 외, 『합력하여 선을 이루라』, p.47
31. 닥터 코크레인의 보고서
32. S. C. Topple, M. D. 1960년 10월 논문, "New Beginnings at Ae Yang Won."
33. 1962년 10월 ALM 선교 보고서
34. 애양원100년사간행위원회, 『구름기둥, 불기둥』, p.145
35. 스탠리 토플 외, 『합력하여 선을 이루라』, p.22

4장

1. 1966년 12월 28일, 데이비드 스콧이 애양원에서 친구들에게 보낸 편지
2. 스탠리 토플 외, 『합력하여 선을 이루라』, p.29-30
3. 위의 책, p.394.
4. 안기창, 『선교 이야기』, p.20
5. 1968년 12월 4일, 닥터 토플의 편지
6. 스탠리 토플 외, 『합력하여 선을 이루라』, pp.53-54
7. 안네 마리에 아문센 토플, 『노르웨이를 떠나』, p.73

8. 애너벨 니스벳, 『호남 선교 초기 역사』, 한인수 옮김, 도서출판 경건, 1998, p.51
9. 위의 책, p.122
10. 조지 톰슨 브라운, 『한국 선교 이야기』, pp.133-134
11. 강성호, "존 페어맨 프레스턴 선교사와 순천선교부", 남도문화연구 제43집, 2021년 8월, pp.260-263
12. 조지 톰슨 브라운, 『한국 선교 이야기』, p.136
13. 이후, 광주 양림동 선교사 묘역에 이장했다.

5장

1. 주정빈, "소아마비의 임상경험", 대한정형외과학회지, 제23권, 제4호, Vol.23, No.4, 1988년 8월
2. 스탠리 토플 외, 『합력하여 선을 행하라』, p.60
3. 위의 책, pp.27-29
4. 위의 책, pp.26-27
5. 위의 책, P.36
6. 위의 책, pp.39-40 재구성

6장

1. 스탠리 토플 외, 『합력하여 선을 행하라』, p.45
2. 위의 책, p.18
3. 위의 책, p.19
4. 애양원 연보
5. 편의상 애양재활직업학교라고 불렀으나 정식 명칭은 애양재활직업보도소다.
6. 이곳은 현재 매산여고 학생지도 상담실로 쓰고 있는 로저스 가옥이다. 애양재활직업보도소는 이후 매곡동 선교단지 내 빈터에 현대식 건물을 짓고 이전했다가 2008년 12월 문을 닫았다.
7. 스탠리 토플 외, 『합력하여 선을 행하라』, p.42
8. 킨슬러 집안의 한국 사랑은 1928년 미국 북장로교 선교사로 한국에 와 평양숭실학교 교사로 활동하며 청소년 사역을 개척한 프란시스 킨슬러로부터 시작되었다. 장남 아서 킨슬러 부부와 딸 헬렌 킨슬러도 한국에서 선교사로 활동했다. 수 킨슬러는 킨슬러재단을 만들어 현재 북한의 장애인을 위한 사역을 하고 있다.

9. 스탠리 토플 외, 『합력하여 선을 행하라』, p.38-39
10. 연도별 쌀값, 한국은행, 농림축산식품부, 쌀 가격 연도별 추이
11. '지리산 기독교 선교 유적지 보존 연합' 홈페이지 jcms.kr/
12. 1977년 9월, 닥터 토플의 편지
13. 스탠리 토플 외, 『합력하여 선을 행하라』, p.46
14. 김영록, 『평범한, 그러나 평범하지 않은 평생교사 김성호』, 김인권 편집, 2020
15. 스탠리 토플 외, 『합력하여 선을 행하라』, p.43-44

7장

1. 스탠리 토플, "Farewell, Korea", 1981년 5월, 「코리아타임즈」 기고문
2. 안네 마리에 아문센 토플, 『노르웨이를 떠나』, p.89
3. 애양원100년사간행위원회, 『구름기둥, 불기둥』, p.172-173
4. 아프리카 의학 및 연구재단은 1957년 영국인 외과의사 아치볼드 매킨도 경, 마이클 우드 경, 미국인 톰 리스 박사에 의해 설립되었다.
5. Stanly C. Topple, MD, "Report of a travel assessment of the rehabilitation scene in Kenya", 1989년 10월
6. 안네 마리에 아문센 토플, 『노르웨이를 떠나』, p.95
7. Stanly C. Topple, MD, "Report of a travel assessment of the rehabilitation scene in Kenya", 1989년 10월
8. 유진벨 100주년 재단으로 설립되었으나 1998년 CFK로 변경했다. 한국에서 사역했던 선교사들이 많이 거주하는 노스캐롤라이나 블랙마운틴에 있는 이 비영리단체에는 린튼 가와 한국 선교사 후손들이 많이 관여하고 있다.
9. 「문화일보」 2018년 1월 24일 기사
10. 애양재활병원은 2000년 2월 23일, 여수애양병원으로 명칭이 변경되었다.

8장

1. 「연합뉴스」 2022년 1월 30일 기사
2. 닥터 토플의 첫째 딸 앤의 이메일

참고문헌

강성호, "존 페어맨 프레스턴 선교사와 순천선교부", 남도문화연구 제43집, 2021년 8월

국희종선생신앙문집발간위원회, 『믿음 그리고 사랑』, 국희종 선생의 삶과 신앙1, 2000년

김봉렬, 『건축의 시간, 영원한 현재』, 플레져미디어, 2021년

김영록, 『평범한, 그러나 평범하지 않은 평생교사 김성호』, 김인권 편집, 2020년

김익동, 인주철, 이용태, "나환자에서 Foot Drop의 외과적 교정", 경북대 의대 정형외과학교실, 대한정형외과학회잡지, 제10권 제4호, Vol.10. NO.4, 1975년 12월

도로시 클라크 윌슨, 『폴 브랜드 평전』, 이순희 옮김, 좋은씨앗, 2004년

도로시 클라크 윌슨, 『닥터 아이다』, 주지현 옮김, 좋은씨앗, 2008년

메리 스튜어트, 윌슨 메이슨, 『베스와 맨튼』, 사회복지법인 여수애양병원 편, 2009년

엘머 보이어, 『한국 오지에 내 삶을 불태우며』, 이미준 옮김, 개혁주의출판사, 2004년

손동희, 『나의 아버지 손양원 목사』, 아가페출판사, 1994년

스탠리 토플 외, 『합력하여 선을 이루라』, 여수애양병원, 2009년

안기창, 『선교 이야기』, 쿰란출판사, 2006년

안네 마리에 아문센 토플, 『노르웨이를 떠나』, 애양병원, 2015년

애너벨 니스벳, 『호남 선교 초기 역사』, 한인수 옮김, 도서출판 경건, 1998년

애양원100년사간행위원회, 『구름기둥, 불기둥』, 북인, 2009년

조지 톰슨 브라운, 『한국 선교 이야기』, 천사무엘, 김균태, 오승재 옮김, 인돈학술총서1, 동연, 2010년

주정빈, "소아마비의 임상 경험", 대한정형외과학회지, 제23권 제4호, Vol.23. No.4, 1988년 8월

진용철, "구라사업의 공로자 윌슨", 복지, 1996년 10월

채규태 지음, 『의성 허준은 한센병을 어떻게 보았는가』, 교문사, 2019년

채진홍, 『나는 너희를 치료하는 여호와임이라 - 애양원, 100년의 숨결과 역사』, 한남대학교출판부, 2002년

Robert G. Cochrane, "A Report on Leprosy in Korea", 김원중, "한국전쟁 이후 한센병 정책의 의학적, 제도적 전환-코크레인 보고서를 중심으로』, 연세대학교 대학원 석사논문, 2019년

S. C. Topple, M.D., "Farewell Korea", 「코리아타임즈」 기고문, 1981년 5월

"Lessons From a Korean Experience in Rehabilitation Mission Work", 1989년

"New Beginnings at Ae Yang Won", 1960년 10월

"The Role of Institutional Care In leprosy Today: A New System of Leprosy Admissions(Wilson Leprosy Center), 나학회지 별책, Vol. 5, No 1, June, 1968

"Report of a travel assessment of the rehabilitation scene in Kenya", 1989년 10월

"Wilson Leprosy Center and Rehabilitation Hospital", 1978년

**닥터 토플
행복을 주는 사람**

초판 1쇄 발행　2023년 8월 20일

지은이　이기섭
펴낸이　신은철
펴낸곳　좋은씨앗
출판등록　제4-385호(1999. 12. 21)
주소　서울시 서초구 바우뫼로 156(MJ 빌딩), 402호
주문전화　(02)2057-3041 주문팩스 (02)2057-3042
이메일　good-seed21@hanmail.net
페이스북　www.facebook.com/goodseedbook

ISBN 978-89-5874-391-0 03230

이 책은 저작권법에 따라 보호받는 저작물이므로 무단전재와 무단복제를 금합니다.
이 책에 실린 사진들은 애양원 역사박물관과 닥터 토플에게 사용 허락과 제공을 받아 사용했습니다.